《潮汕文库》大型丛书组委会

主　　任：顾作义　　方健宏　　许钦松

副主任：周镇松　　曾晓佳　　赵　红　　方赛妹　　罗仰鹏

委　　员：许永波　　徐义雄　　黄奕瑄　　邱锦鸿　　饶　敏

　　　　　林　农　　刘雨声　　陈荆淮　　陈海咏

《潮汕文库》大型丛书编委会

顾　　问：饶芃子　　曾宪通　　陈平原　　陈春声

主　　任：顾作义

副主任：罗仰鹏　　林伦伦　　徐义雄

委　　员：(按姓氏音序排列)

　　　　　陈海忠　　陈汉初　　陈荆淮　　黄　挺　　刘洪辉

　　　　　倪俊明　　吴二持

《潮汕文库》大型丛书编辑室

成　　员：黄晓丹　　曾旭波　　林志达

潮汕文库·文献系列

韩江闻见录

（清）郑昌时　撰

吴二持　点校

暨南大学出版社
JINAN UNIVERSITY PRESS

中国·广州

图书在版编目（CIP）数据

韩江闻见录/（清）郑昌时撰；吴二持点校.—广州：暨南大学出版社，2018.5
（潮汕文库.文献系列）
ISBN 978-7-5668-2197-3

Ⅰ.①韩…　Ⅱ.①郑…②吴…　Ⅲ.①汕头—地方史—史料　Ⅳ.①K296.53

中国版本图书馆 CIP 数据核字（2017）第 238892 号

韩江闻见录
HANJIANG WENJIANLU

撰者：（清）郑昌时　点校：吴二持

出 版 人：徐义雄
项目统筹：黄圣英
责任编辑：何镇喜
责任校对：彭　睿
责任印制：汤慧君　周一丹

出版发行：暨南大学出版社（510630）
电　　话：总编室（8620）85221601
　　　　　营销部（8620）85225284　85228291　85228292（邮购）
传　　真：（8620）85221583（办公室）　85223774（营销部）
网　　址：http://www.jnupress.com
排　　版：广州市天河星辰文化发展部照排中心
印　　刷：广州家联印刷有限公司
开　　本：787mm×1092mm　1/16
印　　张：11.75
字　　数：274 千
版　　次：2018 年 5 月第 1 版
印　　次：2018 年 5 月第 1 次
定　　价：38.00 元

总　序

潮汕文化历千年久远，底蕴渊深，泱泱广袤，又伴随着潮人的迁播而兼收并蓄，独树一帜，是中华文明中的重要一脉。

秦汉之前，潮汕囿于海角一隅，与中原殆少来往；自韩愈治潮，兴学重教，风气日开，人文渐著。宋朝文教兴盛，前七贤垂范乡邦；明朝人才辈出，后八贤称显于时。明清以来，粤东地区借毗邻大海的地理优势，与域外商贸频仍，以陶朱端木之业，成中西交汇之势，造就多元开放的文化格局。饶宗颐等学界巨匠引领风骚，李嘉诚等商海翘楚造福民生，俊采星驰，郁郁称盛。

而今国家稳步发展，蓬勃兴盛，潮汕地区凭借深厚的历史积淀，务实进取，努力发展传统文化及其产业，如潮剧、潮乐、潮菜、工夫茶、陶瓷、木雕、刺绣等，保持并革新精巧特色，在世界各地广泛传播，备受青睐。更有海外潮人遍布全球，为经济文化交流引桥导路，探索共赢模式，拓宽发展空间。

为促进潮汕文化的传承与创新，进一步推动潮汕文化"走出去"，在广东省委宣传部的大力支持下，海内外学者编写《潮汕文库》大型丛书。本丛书包括文献系列和研究系列，涉及历史、文学、方言、民俗、曲艺、建筑、工艺美术等多方面，囊括影印、笺注、点校、碑铭、图文集、口述史等多种形式，始终秉承整理、抢救传统文化的原则，尊重潮汕地区的家学渊源和治学传统。以一腔丹心，在历史沿袭中为文化存证，修旧如旧，求新而不媚俗于新；以一笔质朴，在字斟句酌中为品质立言，就事论事，求全而不迷失于全；以一纸恳切，在纷扰喧嚣中为细节加冕，群策群力，求深而不盲目于深。惟愿以此丛书，提升潮汕文化品位，凝聚海内外潮人，齐心发展，助力腾飞。

在成书过程中，广东省委宣传部高度重视，协调汕头、潮州、揭阳、汕尾市委宣传部，委托潮汕历史文化研究中心、韩山师范学院、暨南大学出版社组织编写与出版。海内外潮学研究专家倾注笔墨，潮汕历史文献收藏机构及热心人士鼎力襄助，在此一并致谢！

《潮汕文库》大型丛书编委会

2016 年 7 月

点校前言

　　郑昌时的《韩江闻见录》，是现存潮汕文献中较有价值的著作，其性质相当于子部小说家类杂事和异闻，史部地理类杂记、传记类杂录；还有少部分内容是关于文学、诗学、音韵学以至《易》学、天文、历数等的学术文章。

　　作者郑昌时，清嘉庆时海阳（今潮安）人，祖籍河南荥阳。关于其人生平，现存史籍很少记载，只有《（光绪）海阳县志》云："郑重晖，字平阶（初名昌时）。幼聪敏，读书过目成诵。弱冠补博士弟子员，食廪饩，有声。太守黄安涛以疏治韩江水道下问，重晖献策具图说进，太守深器重之，延为东隅义塾掌教。时地方多故，巡抚祁𡎴临潮，重晖进权宜时务万言策。巡抚奇其才，辟充幕府，以明经终。所著有《说隅》《开方考》《韩江闻见录》《岂闲居吟稿》行世。"除此之外，据其他有关记载，还有《鸡鸣集》《学海集》等著作。

　　《韩江闻见录》据说曾有郑氏自刻本，今未见；现在能见到的是清道光元年（1821）陈作舟等参校，道光四年（1824）文玉楼刻十卷本。广州中山图书馆、暨南大学图书馆、香港大学冯平山图书馆所藏皆是此本，也是我们据以点校的底本。而目前较易见到的是1981年初出版（书末版权页出版时间为"夏历庚申年十二月十五日"），香港潮州会馆根据冯平山图书馆所藏本，由林建翰先生勘版影印的《潮州文献丛刊》之四《韩江闻见录》，林先生勘版改正了少量错字，且有《勘版书后》一文附影印本末（见本书附录）。

　　书如其名，《韩江闻见录》大部分篇幅是据作者闻见所录，因而比较客观，不易体现作者的思想。但从其中部分纂经论学之作和一些诗歌、联语，也可略窥其生平思想和价值观念。如卷一中他引录文天祥题潮阳东山双忠庙壁的《沁园春》词，丁巳游潮阳谒双忠、大忠二祠的题句，还有题关夫子庙联、自题斋居联等；卷十中有关儒家经典的阐释，卷七后半的诗论诗话，卷九的咏人咏事、咏景咏物的诗歌等等。这些从诗言志、文载道的角度来看，都可看作郑氏思想的间接体现。卷六中有关治海防、治都里的对策，不仅显示了他经济时务之才，其儒家入世思想也跃然纸上。从以上这些间接的体现可以看出，郑昌时是属于正统的儒士，虽然在作品中也偶有一点佛道思想的流露，但正统儒士的思想学问、道德文章，是郑氏的基本取向，也是其毕生所努力追求的目标。

　　《韩江闻见录》所记主要是韩江流域（即粤东地区）的人、物和事件，因此，对于潮汕本地和旅居港澳及海外广大潮人读者来说，倍感亲切；对于其他地域的读者了解源远流长的潮汕文化，了解被称为"海滨邹鲁"的潮汕的历史、地理、人文、物产等等，也是很有帮助的。因此，无论从整个中华大文化还是从地域性的次文化的角度来看，无论从人文还是从地望方面来说，它都会有多方面的价值。

第一，它记载了潮汕一些著名人物的事迹及遗迹、著名诗文等，使一些本地区的人文文化的原貌保留了下来。这些记载，有的填补了史籍记载的空白，有的则可与史籍及别的有关记载互相参稽。如卷一就有好几篇记载在潮"兴学"的刺史韩愈及其有关的事迹、遗迹的文字，并由韩愈而及于受到韩赏识的进士赵德，又记载了宦潮的"十相"、潮之"八贤"等。又如卷四的《忠臣坟》，记明嘉靖时曾上表"极论太宰汪铉憸佞"的给谏薛子修（宗恺），而且赞扬他是"争日月光"的"忠烈"，予以彰扬。卷三所记诸人物，有如百二十岁贤母郭真顺，在明初定鼎南下征诸寨"人情恟惧"之时，挺身而出，遮军门上指挥俞良辅一首长诗，情辞恳切，真切地表达了潮汕人民渴望过着"黄犊春耕万陇云，牂羝夜卧千村月"的和平安定的生活的愿望。结果此诗起了"寨以宁"的作用，使本地人民避免了一场战争的灾难。还有潮汕地区历代唯一的文状元，二十二岁的林大钦被皇帝"亲擢第一"的著名"对策"。整篇对策从实际情况出发，分析精辟，充满说服力，并有好几处对皇帝的"圣策"提出驳议。他希望"对策"被采纳，从而能够兴利除弊，替人民争得休养生息的政治环境，这是需要很大的勇气才能做到的。作者称赞它"一线操纵，一气舒卷，掣鲸鱼于碧海"。再如记惠来神泉八岁神童苏福的三十首《咏月》诗，如《初一夜月》诗有"却于无处分明有，浑似先天太极图"之句；咏《初三夜月》诗有"何人伸得披云手，错把青天搦一痕"之句，显得很有才华和灵气。这样的诗句，确实可与最老到的一流诗人的咏月诗相媲美。这些潮汕地区杰出的历史人物事迹，颇使人惊叹于潮汕的钟灵毓秀，卧虎藏龙。

《韩江闻见录》中的一些记载，填补了地方史籍记载的空白，或可与史籍互相参稽。比如由海内外著名学者和治方志专家饶宗颐先生主纂的《潮州志》，其中采录《韩江闻见录》的不下十处，《鹦鹉碑》《诡娶黄五娘》等是全文照录，有的是摘录其中有关部分，参考其内容的则更多。这足可说明《韩江闻见录》的史料价值。卷四的《双虎棒》一则，记载了一个偷学棒法而能棒杀双虎的韩江"奇男子"，帮助清军"平岭南"诸酋寨的故事，同钮琇《觚賸·雪遘》所记吴六奇的故事颇相似。卷四的《诡娶黄五娘》一则，与潮州古戏文如嘉靖写本《荔镜记》和万历刻本《荔枝记》（均见广东人民出版社1985年影印本《明本潮州戏文五种》）的本事大不相同，与现在的经过改编还在传唱的《荔镜记》和《续荔镜记》差别更大。它主要是通过"诡计"向僵化的封建婚姻制度开了个玩笑，于诡计之中阴差阳错，而最终使才子佳人得成佳偶。郑氏所记的这个故事，似是有关陈三五娘传说的某一阶段的形态，自有其一定的历史价值。又如卷六《辞郎洲》一则，记载宋都统张达之妻陈璧娘，在其夫"扈从宋帝"之后，"独自督率义兵，与元人力战"的故事，与《潮州府志》（吴志）、《云霄县志》的有关记载，同为新编潮剧《辞郎洲》所取材。又如卷一《鳄鱼文三利溪记》中有关三利溪的作用问题，考辨详明，论析精审，不拘成说，发人所未发，提出了与地方史籍记载极其不同的见解。

此外，《韩江闻见录》的部分记述，又颇有野史味道。如民国初年王葆心（青垞）编的《虞初支志》卷二曾收入该书《双虎棒》《二太爷》《诡娶黄五娘》诸篇，并作考证，认为"《二太爷》事中之贵人，即世宗也"；《诡娶黄五娘》中的"昭代贵人洪某，则指洪文襄承畴也"。（《虞初支志》上海书店 1986 年影印商务印书馆 1921 年版）这些考证，虽不免近于臆测，也可以聊备一说。

第二，《韩江闻见录》记载了潮汕地区特别是潮州的不少名胜古迹，掌故传说和遗闻佚事，其中有部分属于志怪传奇，博物知识相当丰富。卷六中记载了粤东地区的山川形胜，详细记述它们的地理位置、特点，描绘其所以作为胜迹的奇特之处，文笔优美生动，娓娓道来，使读者如入其境，间亦插入一些作者本人或其他游览者的有代表性的歌咏之作，使山川形胜添光生色。卷六中还有些内容取材更广泛，如《暹罗陆归》一则，记录了一个亲历者的述说，说到了大陆和暹罗（泰国）的陆路通道，有板有眼；还有《外国之异》《四海》等则，记载了国外海外诸多异闻异事，有些记述虽作者言之凿凿，但看起来令人难以置信。作者采取"凡天下事，不能以耳目所常闻见定有无"的态度，是比较开放和豁达的。因而作为传奇来看，似也未为不可。另有《海潮》专篇，记载和考证广东沿海各地的潮汐现象，阐述日月盈亏与潮汐的关系，记述沿海船夫从实践经验积累的关于潮汐的民谚，分别四时潮汐的不同，辨析各海域潮汐的差异，亦颇符合实际，很有地理、水文上的价值。卷八的有关动植物之异的记载，作为传奇志异，深具博物知识。

第三，集录了作者关于地方名胜、古迹的诗歌数十首，还集录了作者怀念交游所及的并代师友（大多为官宦和士人）的"怀人"诗、"知感"诗，其内容也相当丰富，形象地评价了各人的为人和成就。这些诗作，都有较高水平。如《潮州八景》诗，至今还是历来众多的同题诗中的有代表性的作品；《潮州二十四咏》，也是凭吊和咏怀潮州古迹的有代表性之作。还有《百怀人七绝》一百多首，《知感诗》二十五首，都是郑氏怀念并代师友之作，可见作者和当地、外地官宦与士人联系之广泛。《百怀人七绝》诗前有小序云："离群顾影，寂处无俦。发空谷之音，鸟思求友；佩君子之德，花欲媚人……无令落落晨星，徒伤惨目；庶几萧萧旧雨，可逗离魂也。"《知感诗》后又有"十载春风几知己，三更旧雨《百怀人》。离群寂处谁修我？欲质微词负痛陈"之句作结，知诗作出自作者身处逆境之时。正因为有了逆境时的沧桑感，对人物的评论便可能更为准确，所以，林永青在作为总评的题句中有"诸公纸上须眉活，勿作诗看作史论"之语。这些怀人诗的价值于此可见一斑。民国初期潮汕地区的学者温廷敬选辑的《潮州诗萃》，就选入了《韩江闻见录》中九成以上的诗作。看来，洪肇基在序言中称郑氏"善于诗"，并非溢美之词。

第四，除上述外，本书涉及的内容相当广泛，如卷六的《海防》和《治都里事宜》专篇，对于广东沿海数十处港口海门，无不了如指掌，提出破除匪盗之对策："破其害之所恃"，"绝其害所自来"，"穷其害所由往"，并分别作了详细的论析；与论治都里事宜，均条理清晰，切中要害，颇得太守、邑侯等的欣赏。对于《易》学，作者更有独到之论，如卷十的《补释〈易范〉崖略》，作者只见到宋林仪曹（巽）所著并已失传的《易范》的八个篇目，便根据他自己对《易》学的理解和研究，一空倚傍地作了这篇《补释》，凡数千言，自具首尾体系。还有《"河图"说》《"洛书"说》等篇，都可看出作者确有自己的研究，确有自己的理解体系。音韵学方面几篇文章，对古汉语音韵沿流溯源，多所辨析；对潮汕方言音韵的通转，也有新颖独到的见解。在诗话、诗论方面，不少见解也是很有特色的。

以上所举，是我们见到的该书中较有价值、较具文化积极因素的部分，但只是举例性的，挂一漏万在所难免。

当然，作者从儒家正统观念出发，使《韩江闻见录》难免夹杂一些过分渲染传统社会的等级和道德观念的东西，如过分彰扬所谓贞女、节妇的事迹。而且书中若干篇章所记之事，有些带有迷信神秘的色彩，其可信性是需要打折扣的。例如卷四的《隐形术》《辟箭布》之类记载，似仍停留在巫术阶段的思维上，从科学上来看是无稽之谈。书中还有不少涉及地理风水方面的记载，作者对此颇为迷信。还有如卷五的《顶飞白鹤》《鼻出白气二事》《休粮子》《辟谷翁》等篇中，作者津津乐道于所谓"尸解"——肉身死亡而灵魂成仙而去，不仅"信其有"，并以此种归宿作为人类道德自我完善的最高境界。津津乐道这些无稽之谈，似已堕入到道教、神仙家的魔障，难免"俱属旁门"。蒲松龄的《聊斋志异》，尽管大多是神仙妖魅、牛鬼蛇神的内容，但其中写尽人生世态，讽刺社会现实，多有文化积极方面的意蕴和内涵。就以仙佛神鬼这些方面来说，《聊斋》中的"仙境"，固然亦有许多为"人间"的凡人所羡慕、所望尘莫及的，但这些仙境中的"神仙"，却多有不甘寂寞，留恋人间生活的繁华和热闹，追求人间真情的生命意识的流露。《韩江闻见录》虽然有若干篇章在形式上、笔法上可与《聊斋》媲美，但在得道神仙羡慕、追求人间真情这些生命意蕴上，却是难望《聊斋》项背的。还有如卷二的《文字前定》《临财镜》《同生证》等，宣扬神秘主义、因果报应，似乎冥冥之中，真有个什么东西在主宰人类。这些，虽都是带有消极因素的东西，但也应加以多角度的审视和分析，如果从另一角度来看，其基本出发点仍带有扬善惩恶，劝人行善，从道德上自我完善之意，故仍是有关道德教化的内容。

《韩江闻见录》在表述方法上也有其特色。作为说部之书，颇能得我国史传及古小说之妙，有些篇章，从手法上看可与历代著名小说相媲美。如卷四的《大公子》，述豪士之举，取简笔作传之法，粗线条叙述，有悬念，有归结，有野史氏评，颇得《史记》笔法；同卷的《二太爷》，记剑客之形状，来去无踪，故事情节波澜起伏，述高二之举措，大开大阖，亦有似于《史记》游侠传之类作品。又如《诡娶黄五娘》，于故事紧要关节之处，加以细致叙述，使故事情节跟着其"诡"计发展，既曲折生动，又颇近情理；其叙述手法和作品结构，酷似《聊斋》。《王氏妇嫁怒》一篇，作者叙述颇为详细，尽管自称"此委琐事，笔之聊供笑谈"；其实该篇中王氏妇的形象，血肉丰满；且由多情而生怨艾，由怨艾而生报复，人物心理变化线索清晰；故事充满悬念，结局大出意外，文笔朴实生动，情节曲折近于宋元话本。又如卷八附载的《驱蚊檄》，想象奇特，入情入理，整篇用骈体写成，引经据典，论析蚊虫为恶之大，调兵遣将，施以讨伐征剿，深得檄文文体之妙，小题大作，造意幽默，趣味横生，令人击节。细味其文，则觉其有关人生世态之冷嘲热讽，手法颇为高妙。至于类似魏晋以来志怪传奇的篇章则更多，有些简直可视为《搜神记》之续作。此外，连各卷中目录的编写和排列，也可看出模仿古小说的匠心，作者把颇为庞杂零碎的笔记短文，尽最大可能让它们的篇目配成对偶形式。

有些描写自然景观的地方，也写得生动有致。如卷六《莲花山》。写到莲花山观日出一段，作者把"日出"的过程，分出若干层次，分别作了描绘或比喻；且每于动态描写中，插入周围静态景物作对比，使景物描绘与文字表述均显错落有致。像这样的描写，在该书中是随处可见的。

此外，由于作者"善于诗"，深通古近体之音律，因而书中的诗词歌咏，均有较高的艺术水平，这里不再赘述。特别值得一提的是，该书文笔简练，惜墨如金，对其所记述之内容，决不作枝蔓的铺叙，也不随便发议论，作无病呻吟。文章之长短，全视其内容而定，因而有些篇章只有三两句，稍嫌简略，这又是其不足之处。

由于该书内容丰富而庞杂，也比较零碎，这里只能举例性地做点粗略的评介，管窥蠡测而已。本书点校错漏之处，希望方家和读者不吝赐教。

吴二持

卷之二

卷之三

卷之四

卷之五

韩江闻见录

卷之六

卷之七

卷之九

卷之十

附 录

校记：

[1][2][3][4][5][6][7][8][9][10][11][12] 括号内文字原目录缺，兹据正文篇目补上。

序

　　说部，史外一体也。其考国家之典故，述忠臣孝子、高人奇士之轶事遗言，有与史相出入，为读史所必参者。顾其体别而为二：有杂说体者，张华《博物志》、王嘉《拾遗记》是也；有兼传记体者，柳子厚《龙城录》、东坡《志林》是也。此非沿波溯源，卓然得史家之法，而博观泛览乎！体裁辨别之宜者，岂容涉笔而缀言哉！

　　予友郑君平阶，卓荦士也。性聪颖，多读等身书。为举业，高古有奇气，尤喜吟诗。但人多见平阶之善于诗，或未知其别有著作也。尝成《说隅》《开方考》二书，刊行问世。近又成《韩江闻见录》示余。余读而叹曰："才大者，固无所不可乎！《说隅》推阐《易》数，说理之书也。《开方考》依据《礼经》，考典之书也。此书之作，则又即其闻见所及，采而录之，以别为说部之书，是何不穷于所出也。经纬剪裁，一准史法，而又寓阐至理典则，事具首末，语成篇章，其殆小说家言，规以传记体，且陶铸语录考据者乎？亦可以观于世矣。"余素谫陋，未能扬榷古今，间有半解一知，亦尝泚笔记之，而不逮平阶远甚。今观此书，益惭赧不敢出。平阶诚何以得此哉？盖自十数年来，学益充，思益锐，又时遭坎壈（壈），杜门却轨，不与世事通。其胸中轮囷磅礴之气，无所发泄，一惟沉酣恣肆于著述中。自贤人君子嘉言懿行，与夫仙鬼变怪可惊可愕之事，凡有所得，皆载笔焉。太史公谓虞卿非穷愁不能著书，岂虚言也。嗟乎！以平阶之学之才，使其早入承明之庐，备纪载之选，炳耀铿訇，庸讵不足与当代名流相角胜。乃穷而多厄，不得奋其所蓄，谨自托于稗官野乘以寄意而移情，良足慨矣！

　　然士生于世，有遇不遇；而文章之得失，则有传有不传焉。其传也，遇可也，不遇可也。此书之出，吾有以决其必传。其书既传，其人斯显，虽不遇犹遇也。况天生我才，必有所用，又焉见平阶之不终遇也哉！平阶为余文字交，命余为之序，因不自揆于篇中有触发余心者，附识跋语而即弁言于简端。书凡若干卷，所闻见不尽吾郡事，颜曰"韩江"，概之也。然则是书固不仅为韩江之书，宇内有同好者，皆将属耳目焉。

辛巳阳月，愚弟松湖洪肇基拜撰

《禺山夜话》原序

(《夜话》乃《闻见录》所托始,全载录中)

　　稗可名官,野则有史。秘枕助谭,且与石渠金匮争宝贵矣。韩江老友郑君平阶,善持论,著作等身。今春寓余禺山学署,适雨丝风片竟日连宵,而浮杯剪烛之余,多所赠答,抒故乡之情话,证传闻之异词,以及一切谐笑语,胥载笔成帙。非惟有益词章典故,且大有关世道人心。题曰《禺山夜话》,成风之斤,其将以余为质焉。顾余铎于禺,不能以铎教。方思以谐教,欲有所辑,以继沈氏《谐铎》。后得君此卷,间缀跋语。君之谐,无乃即吾之铎,而振吾之铎,其亦犹运君之斤欤?韩江野史,禺山稗官,将无同相视而笑。爰为之序。

　　时嘉庆二十年岁次旃蒙大渊献如月中澣,慕蓬居士杨廷科题于番禺学署之冠蓬山房。

参校姓氏

世讲

陈作舟潮阳	洪　健澄海	杨葆谦大埔	张德楷海阳	金文蔚饶平	林炳章海阳
王云卿海阳	黄道南潮阳	杨　谦揭阳	方儒珍惠来	吕玉璜海阳	林　前海阳
陈业允海阳	林焕昌海阳	陈光前海阳			

及门

李　郁海阳	林虎文揭阳	邓兰湘丰顺	陈时敏海阳	倪明进海阳	陈琼枝海阳
黄之纪揭阳	胡万年揭阳	萧文焕揭阳	王士超揭阳	程春和揭阳	吴　魁饶平
李华国海阳	邱万选海阳	刘春光海阳	刘春辉海阳	石鸣鹤海阳	丁日升海阳
邱　陵海阳	林炳华海阳	王　谟海阳	陈吉常海阳	张朝德海阳	陈光静海阳

及门

侄　允升揭阳	国栋海阳	志治海阳	刚方海阳	光祖丰顺	远辉海阳
	远炽海阳	远炳海阳	德华普宁	佐海阳	大镛海阳	之武澄海

及门

又侄　材海阳　必达海阳　同参订

男　惟耀行炳　惟振行奋　同校字

辛巳年编次

卷之一

孝德崇祀

古之贤者，未尝簿功名；而功名之成，必本诸道德。晚近世以邀利禄为成功，取科目为成名，失其真矣。

吾邑前明殿撰林敬夫大钦先生有庸德之行，既殁，里中人商所以请崇祀乡贤者。或曰："先生以嘉靖戊辰大魁天下，策论似东坡，诗赋似李、杜，是可以祀。"时林志和熙春先生特为论定，语于众曰："否否！状元虽尝冠天下，然特科名中事，众独不见先生庸行乎？先生弱冠通籍后，不慕荣禄，旋乞归养母。凡于生事葬祭，能尽情尽礼，其孝足称矣。且先生正色立朝，与附势者不相入。后有贵人屡书招先生出。先生辞谢，知权炎之难熄也，赋《斋居》诗以见志曰：'窈窕青云子，流连沧海思。帝乡不可愿，芳草长相期。'隐与为讽，其义足称矣。提唱道学，使里党之儒不惑于佛老。尝辨之以谂其母安人。故安人之世，不焚香以徼福，不供养以幸报。平心易行，起化门内，以及于乡人。其理学足称矣。"众服其言，以孝德请。果允崇祀。

附载林忠宣公为诸生呈林太史乡贤稿

为公举翰苑名贤，以光祀典，以厉世风事。

窃惟礼隆瞽宗，（须）德行文章并重[1]；议关学校，惟事久论定为真。故才迈群伦[2]，德高一世[3]。即闾巷韦布，犹得与乎俎豆之荣；矧廊庙楩楠，可（弗）跻乎宫墙之列[4]。

兹有前状元及第翰林院修撰林大钦者，洪钧铸品，名岳降神。自其舞象之时，已有吞牛之气。孝从天赋[5]，少小笃怀橘之思；质在人先，稍长励漂麦之志。谓百氏为所当猎，《坟》《典》包缩胸中；以三苏为必可师，琳琅纵横笔下。沉潜尚友，而意适蘎盐；和悦宁亲，而情甘菽水。甫十八而丧父，多方为附身之需，犹恨其木之不美；偕优俪以事母，竭力备养志之奉，若忘其家之最贫。十事敷陈，媲李忠定之忠肝义胆；《原道》辨拆（析），规韩昌黎之孔思周情。廿岁而粤省抡魁，越年而燕台正奏。风抟九万，日对三千。太学士置之十二，岂谓眼迷五色；圣天子拔为第一，定知喜动重瞳。经品题而御墨淋漓，侍讲帷而展书顾盼。自是宠在词臣之右，咸羡忠结明主之知。倘少迟乎金马玉堂，自当跻乎经邦论道。乃举头日近，宁无恋阙之丹心；而极目云飞，转念垂堂之白发。不数月而潘舆迎养，满一岁而李疏乞归。视富贵如浮云，温饱非平生之志；以名教为乐地，庭闱实精魄之依。孺慕弥殷，怡怡然晨定昏省；宦情自冷，兢兢乎履薄临深。母安则视无形听无声，纵寒暑不辞劳瘁；母病则仰呼天俯呼地，即鬼神亦尔悲哀。母死而骨立支床，吊人陨泪；母葬而跣行却盖，观者蹙眉。惟其亲者亲，而疏者亦赖以举火；以故厚者厚，而薄者亦莫不分金。同心如谢如黄，或约婚姻，或推衣食，无为贵贱改节；刎颈若洪若许，或为修墓，或为扶榇，岂以存亡易心。盖内外既无间言，岭海亦为希觏。或见为盛名太早，祗一鸣以惊人；岂知其大节不亏，慰三迁之教子。度其初志，谓报主之日尚长；会以修文，致侍刘之日随尽[6]。真当时咸伤梁木，今日共仰著龟者也！某等父老之口说既详，子弟之耳闻亦核。虽位以年促，或惜其勋业之未宏；而行与文符，可令其苹藻之弗报。非惟乡先生之郁，抑亦二三子之差。敢具联词，用布公论。伏望宗师大人台前，特采名实，奉祀宫墙。庶激人心，亦裨风教。

校记

[1] 须，据《东莆先生文集》补。
[2] 伦，《东莆先生文集》作"英"。
[3] 德，《东莆先生文集》作"谊"。
[4] 弗，据《东莆先生文集》补。
[5] 赋，《东莆先生文集》作"授"。
[6] 尽，《东莆先生文集》作"短"。

忠节食报

忠者，人臣所自尽，本无所望于食报。而尚论者，则每乐道忠臣之食报，以快天下之心。然化碧祗沉埋，汗青多忌讳。食报当代难，食报异代尤难矣。

潮之郭正夫之奇先生，为前明南朝大学士，尽节殉难终。人或以胜国偏安于俄顷，不敢仍其相国称。圣朝乾隆四十一年，追溯前代尽节之臣，见之奇孤忠奉南朝，继且奔历闽、广、缅甸，百折不回，尽瘁以殁，恩诏赠如其官，谥忠节。是诚旷世盛典，天经地义，万古为昭矣！依覆载之无私，配日星而有耀。仅以食报垂劝云乎哉！

予甲戌谒先生祠于揭阳城东，瞻其尽节时遗像。上有绝笔七律二章云："十载艰难为主恩，居夷避世两堪论。一时平地氛尘满，几叠幽山雾雨翻。晓涧哀泉添热血，暮烟衰草送归魂。到头苦节今方尽，莫向秋风洒泪痕。""成仁取义忆前贤，异代同心几自鞭。血比苌宏新化碧，魂依望帝久为鹃。曾无尺寸酬高厚，惟有孤丹照简篇。万卷诗书随一炬，千秋霜管俟他年。"又闻先生著《稽古篇》，颠沛时未尝不以进讲，与宋陆忠贞临难讲《大学》，同一始终守正事君以道。

十相

昔之宦于潮及驻潮者，有十相：唐四人，曰常衮、李宗闵、李德裕、杨嗣复；宋六人，曰陈尧佐、赵鼎、吴潜、文天祥、陆秀夫、张世杰。后人于府治前新街，为建十相留声坊，而配之以泰山北斗，表韩公焉。《唐书·韩愈》赞愈以六经之文为诸儒倡。愈没，其学盛行，学者仰之如泰山北斗。府治旧在金山麓，后改今所，故曰新街。

八贤

　　潮之闻人有八贤：唐一人，曰赵德；宋七人，曰许申、张夔、刘允、林巽、王大宝、卢侗、吴复古。林东莆有言曰："力排异端，师宗孔孟，为韩愈之所尊礼者，吾得赵德焉。而真宗东巡，赋颂以陈灾异，极诋时弊，若许申者，可以观其忠介矣。南中诸县，清操一人，为高宗之所嘉奖者，吾得张夔焉。而岁有凶歉，免民租，辨冤狱，若刘允者，可以观其经济矣。投瓯论事，南归读《易》者，林巽也；观其策忏权贵，屡拜不就，其直道事人者乎？文章学识，直言刚正者，王大宝也；观其疏请恢复，恳建储位，其忘身殉国者乎？事亲至孝，为乡评所推许者，卢侗之行谊不多见也。而居忧庐墓，为二苏所交游者，吴复古之志趣超逸，岂易得哉！兹数君子者，出处虽不同，而正谊明道，皆足以植人伦，光史册，允吾潮人杰也。"[1]

　　又前明崇祯戊辰同榜进士，有辜朝荐、郭之奇、黄奇遇、宋兆禴、李士淳、梁应龙、杨任斯、陈所献等八人，同建坊于大街，亦题曰"戊辰八贤"。按：是科又有林铭球一人，系普宁人，入漳浦籍。

校记

[1] 作者引述林东莆文字，与《东莆先生文集》相较，虽大意相同，而文字出入颇大，特为说明。

丞相祠　丞相墓　丞相石

　　予辛亥岁谒宋陆丞相祠于韩山之麓，有句云："自挽龙须托箕尾，无劳马鬣葬衣冠。"盖谓忠贞公于厓门殉少帝难，神为列星，无论墓之有无也。而吾邑东郊有丞相冢，南湾（澳）之青澳亦有之[1]。或曰："青澳葬衣寇（冠），东郊葬木主。"庚午冬，予又作南澳之游，人为指东北隅烟霭中一巨石曰："是石下为忠贞公墓。"有守土者大书镌石上，曰"丞相石"。

校记

[1] 湾，多种大型字书皆未见此字记载，当是"澳"字之异写。以下径改作"澳"，不一一注明。"南澳"系清代潮州府澄海县东南面的一个海岛，即今南澳县，"青澳"为此岛一个港湾。

相国石　双忠祠　大忠祠

　　宋文相国文山先生，与元将李恒战于惠界之空坑。兵败，马蹶不能起，忽有一巨石坠塞隘道，元兵阻此，不获穷追，先生脱焉。后人号是石曰"相国石"。先生自是道海丰，抵潮阳，谒东山张、许双忠祠。宰白马以祭，方奠酒，祝曰："二公忠烈，予有同心。公如□予，愿饮予酒。"酒果自干。先生题词于壁，埋马庙侧而去。后人乃于双忠庙左，立祠奉先生，曰"大忠"。

　　予丁巳游潮阳，谒双忠、大忠二祠，尝题句曰："当年慷慨一杯酒，今日焄蒿双庙坛。

厉鬼有灵埋碧血，孤臣无地着黄冠。江淮保障天心在，岭海崎岖国步难。唐社再兴宋终屋，共悬青史寸心丹。"

文丞相题双忠庙壁《沁园春》词云："为子死孝，为臣死忠，死又何妨。自光岳气分，士无全节；君臣义缺，谁负刚肠？骂贼张巡，爱君许远，留取声名万古香。后来者，无二公之操，百炼之钢。"嗟哉[1]！"人生翕歘云亡，好烈烈轰轰做一场。使当时卖国，甘心降虏，受人唾骂，安得流芳。古庙幽沉，遗容俨雅，枯木寒鸦几夕阳。邮亭下，有奸雄过此[2]，仔细思量。"

校记

[1]"嗟哉"二字，夹于该词上下阕之间，加此二字，不合该词牌格律。但该庙壁石刻确有此二字，原刻本有旁批，疑是批语阑入正文，姑置引号之外。

[2]奸雄，《潮州路韩山书院记》碑刻作"奸臣"。

义士祠 幕友殉国难，邑令剿海氛。

黄义士安者，上元人也。明末幕潮阳，崇正（祯）甲申，闻国难，赴井殉。后人因井为墓，并盖祠宇，岁置祀焉。其居停邑令孟春王公，亦以出剿海氛继殁。嘉庆丁巳，予在棉署观其祠，作诗吊之曰："十七年来望圣仁，曾言一介不为臣。井间抱石悲端午，殿上鸣钟痛甲申。毕志海邦先令长，修文地府更贤宾。甘泉苦节贞莲幕，碧涨相望正气伸。""古城开落木棉花，愁听黄绸故放衙。二月鹃声悲望帝，孤忠鱼腹吊怀沙。布衣未伏陈东阙，幕次难输文相家。灼肉闳廷羞劝进，底尝扬涉保荣华。"呜呼！王公及难，责有难辞。而幕士之殉，所未前闻。昭大节于日星，灵爽宜千秋长存哉！

韩庙苏碑

苏文如海，韩文如潮。海言所就之宏深，潮言其气之盛大也。韩庙而苏碑之宜哉！人传苏文忠在惠州作韩文公庙碑之时，沉吟良久，及得"匹夫而为百世师，一言而为天下法"二语，拍案起曰："文成矣！"是为作文争起手法。然篇中议论之精，尤在"公之所能者天也，其所不能者人也"数行。予题碑阴，有句曰："两代文章配潮海，千秋穷达证天人。"谓此也。

又韩山书院内，有韩公厅。嘉庆庚午、辛未间重新，予与董厥事。落成日，予拟厅联云："《原道》配孟氏七篇，得禹汤文武周公孔子之传于三代后；谈经先宋儒一席，约《诗》《书》《礼》《乐》《易象》《春秋》之旨为百世师。"

赵进士韩文序

韩公莅潮八月耳，而潮之文教振千古焉，道化风行谅矣哉！乃说者谓潮人初不知学，则不尽然。考公到潮时，已先有海阳进士赵德其人在[1]，人称"天水先生"。公延为师，亦即以潮之人化潮之人耳。且先生品高学邃，最为韩公所重。公移袁州时，欲偕往，不可得。有"婆娑海水南，簸弄明月珠"之句留别，可想其概矣哉！先生当（尝）作《昌黎文录序》，以志宗仰。其词曰："退之先生，圣人之徒欤！其文续古之遗经，所履之道，则尧、舜、禹、汤、文、武、周公、孔、孟、扬雄所授受服行之实也，固已不杂其传。曰佛及聃、庄、杨、墨之言，不得干其思入其文也。以是光于今，大于后，金石燋铄，斯文灿然。蓬茨中手持目览，饥食渴饮，沛然满饱。顾非适诸圣贤之域，而谬志于斯者，所得盗其影响。僻处无备，特以所遇次之为卷，题曰《文录》，实请益之所依归云。"今韩文公庙配以天水先生，千秋俎豆，有以也。

　　天水先生文，所传绝少，今此作特古厚有汉气。韩公重之，足见盛德英华相吻合。君录之，深瓣香之思矣。杨璧堂

校记

[1] 原刻本"己、已、巳"三字，多处误刻，以下均径改。

王尚书韩木赞

　　潮城之东，有双旌峰焉。峰之下有树一株曰"橡木"。桃其华而红白并，簇簇附枝。郡人以之卜科名。峰为韩公刺潮故游处，木乃公所植。潮人不忘公，故号其峰曰"韩山"，木曰"韩木"。

　　宋郡人王尚书大宝元龟先生有《韩木赞》曰："召公之棠，孔明之柏。既咏勿翦，且歌爱惜。瞻彼韩木，是封是沃。匪木之渎，德化惟服。化隆而孚，华繁以符。邦人励之，此理匪诬。"闻乾隆甲子岁，橡木花稠，是科潮人科甲特盛。今存古迹，有故干盈尺，且化石作漆光色，为大埔李明经诗捷所取，略作立体，奉为韩公像。庚午、辛未，予司事重建韩山书院，及修公庙于双旌峰麓。李拟以此木奉于院中书楼，题为"橡木楼"，以闻当道，未果行。李尝属予题咏，予有句云："花开八代文章丽，干倚南天星斗高。"盖据其花繁以符者为言。又云："飘香几关科名盛，化石不知霜雪深。"则纪故干之实也。

　　管子有言曰："十年之计树木，百年之计树人。"韩公树潮之人，而潮人即重所树木。道德文章，炳焕千古，固不仅以科名之应征灵异也。洪松湖

鹦鹉碑

　　韩文公宰阳山时，尝留"鸢飞鱼跃"四字于石。刺潮无有。今祠东壁乃有《鹦鹉碑》。乙卯，胡观察果泉夫子观风试，以之命题。予跋之曰："昌黎韩公诗文，家有其书，而法帖不少概见，岂公之精神不萃于是欤？将兵燹风霜屡易，遂致湮没欤？雍正间，西蜀龙公雨苍守潮，得公手书王右丞《白鹦鹉赋》于羊城旧家。购归勒石，置韩祠东壁。体兼行草，大二寸余。飞动遒逸，论书家谓为米襄阳所自祖。呜呼！斯文元气，人人肝脾。敬公爱公学公者，诚不徒是碑，而瞻拜几筵。人摹一本以归，置诸案上，如见忠诚灏气拂拂垂臂指间也。"

留衣亭

韩公去潮，留衣别大颠。人莫知其意。颠乃于所居灵山寺前筑留衣亭。孟尚书又疑为信奉佛教，意正相反。然公于此节，亦不为明辨，第曰乃人之情而已。宋儒且以是疵公，误矣。予谓公之留衣，正欲大颠人其人，服吾服耳。故予题公庙句云："亭下留衣陈法服，为招方外好归来。"

鳄鱼文 三利溪记

潮有鳄鱼，韩公投豕羊与食，作文约使徙。鱼果遁去，诚能动物之验也。其夕雷雨，乃山川之神驱除鳄鱼所为耳。按文固檄体，人因其有豕羊云云，误以为祭文，非也。夫祭必以礼，为患之鱼，岂在祀典！文仲爰居之祀，展禽议之，而谓韩公之明，反蹈此哉！诵读家不可不辨文体如此。

备考志书，皆称西徙六十里。西者，南之误，公文云"大海在其南"可证也。予家值州城正西三十里，又三十里乃近揭阳县城，系山陆之地，并非海。且其水道乃小河，与鳄溪本不相通，后人浚三利溪通之。然亦必雨水挟河涨，始能通，非徙鳄所。纪载家不可不详地域如此。

前明陈白沙先生尝作《开三利溪碑记》，后因有客自潮来谒，云皆沙坦。公悔所作，题句云："欲写平生不可心，孤灯挑尽几沉吟。文章信史知谁是？且博当时润笔金。"先君子尝检先生文集特示昌时曰："三利溪之为利，非生长吾乡者不能深知也。盖郡西小河，西流会揭潮水南入海，咸潮数至，得此溪解之，三邑田畴利赖焉。陈公原文固当，诗乃误听人言也。"传闻之言，难洞悉民隐也又如此。

读书洞 夫子泉

郡之揭阳岭，为岭南五岭之一。岭有瀑布泉，别辟一洞，曰"飞泉岭"，为宋郎中郑澹轩先生读书处。先生，朱文公同榜进士也。文公来潮访先生，造其地，书"落汉鸣泉"四大字，镌于石壁。又题句云："梯云石磜羊肠绕，转壑飞泉碧玉斜。一路风烟春淡荡，数声鸡犬野人家。"予甲戌下帐揭阳，思探其胜，闻土人曰："是神境也，俗称为'夫子泉'。每天将雨，则泉作氤氲，竟日不散。若风清月朗之夕，恒仿佛闻弦诵声。"比阅先生家乘，亦载其地有化景。一樵夫见书阁画楼，重复迷远近。后邀人再迹之，但见水流花开而已。

家乘又云："公登宋绍兴十八年戊辰进士，原名郑翰。殿试时，高宗以其同元勋曹翰名，御笔改为国翰。初授莆田令，政治卓异。钦取兵部武选司主事，转员外郎。督师江左有功，晋本司郎中。致仕后，筑书庄于蓝田飞泉岭，集生徒讲学其中，以澹名轩。卒年八十有九，学者称为'澹轩先生'。"

洞里书声，何殊孔壁丝竹。杨璧堂

刻赋亭　伏虎石

金山庵西，有岩瞻台。台下有伏虎石，台后石刻周濂溪先生《拙赋》，并集朱晦翁"拙窝"二字为亭。亭旧号"遥碧"。按《拙赋》云："或谓予曰：人谓子拙。予曰：巧，窃所耻也。且患世多巧也，喜而赋之。巧者言，拙者默；巧者劳，拙者逸；巧者贼，拙者德；巧者凶，拙者吉。呜呼！天下拙，刑政撤；上安下顺，风清弊绝。"此系周子转运广东按潮，刻于大颠堂壁者。后通判廖公德明乃并集朱书刻金山石。伏虎石今亦刻铭曰："有汉将军，射此伏虎。不洞贯之，乃止没羽。"总戒俞公大猷作。

讲学钟　龙睡石

前明行人薛公侃讲学中离山，铭其院中钟云："晨昏二十四敲钟，声彻前锋并后峰。峰后峰前诸学士，已闻曾与未闻同。"季公本来游，又题山中龙睡石云："龙卧离山宛欲吟，石床天籁发松阴。他年若际兴云会，起作苍生四海霖。"山象离卦，结院中虚之爻，故曰"中离书院"。后人遂称薛公"中离先生"。先生又浚中离溪。

山川金石，因人以传。姚鹤洲

太守个中人

陆竹溪者，潮高士也。有明人，为宋陆丞相忠贞公之后，隐于潮之东郊。时郭青螺子章先生守潮，望东郊常有紫气，曰："此间有异人在。"询之众，莫知所应。

一日出署，道之城东，遇一醉客，从者叱之，不避。又叱曰："贵人上官至矣，尔醉僰（汉）何不避为[1]？"曰："我醉由我醉，尔贵由尔贵。水急难流滩底月，山高不碍白云飞。"郭公闻之，惊曰："吾求异人久矣，君其是耶？"遂下舆揖之。倾盖相与语，为忘分交。次日郭访陆，备车马至，不见。后携一从者肩舆往，见之。然晤面殊少，有"十扣柴扉九不开"之咏。一日，至陆家，其妻应门，陆年长于郭，以嫂称之。届午餐，便饭待。陆至，问妻何以待公，妻曰："茄豆耳。"陆曰："有茄何须豆。"他日至，与陆遇，仅以一茄款之。从者疑，郭曰："非个中人安知此味耶？"陆送郭，至门止，敬貌不少舒。从者又于道上问郭曰："陆君何以不远送？"曰："彼心送吾矣。"旁人廉之。见郭至东门，陆闻发炮声，始改容退。陆卒不轻踵郭门。

陆高隐有德，不以才艺擅。然书法瘦劲通神，人争宝之。郡中省郎、岳伯二坊，其遗迹也。为人书墓碣，不书考妣。谓考妣者，其子自称之文也。予里中有庠生省吾公墓碣，即其所书。今陆氏于东郊故居为先生墓，而立陆丞相衣冠冢其中，岁致祀焉。东郊有苗裔，为孝廉汉东先生。长于诗，与王渔洋相投契。尝珍藏一砚，乃南汉时物，见《香祖笔记》。予又尝见《汉东集》，其题古松句曰："矫矫岁寒姿，独存天地骨。"殆不失先人风矣。

论曰：陆先生固高人，然非遇忘分下交之郭太守，又何以成先生之高哉！闻邝湛若，番禺奇士，以元夕冲上官道，至下理。遂弃儒冠，游粤西，从女帅执兵符，著《赤雅》传世。何当路不能下士若此，相去远矣！虽然，士各有所长，非苟而已也。湛若非遇塞居夷，又乌从显著述文章哉！

校记

[1] 僕，当是"汉"（漢）形近之误，《汉语大字典》"僕"字仅有一义项，意为姓氏。

高僧袖里物

昔韩公之刺潮也，延海阳进士赵德为潮师。于是潮人笃于文行，千百年来，盖彬彬也。顾其时有老僧大颠者，聪明识道理。公且欲儒之，因与往来。及公移袁州，留衣为别。颠虽未能喻公微旨，章缝其缁。抑与都人士游，言孝言弟，长者多重之。

潮阳有洪长者，信悦大颠，愿纳田大颠寺。时大颠有灵术，笑谓洪曰："佛法无边，公田有畔，未知公所纳四至何如？"洪曰："惟所度。"大颠曰："田为天下物，固曰下物，请以贫衲一袖界日影表里，为公纳田畔可乎"洪曰："可。"时洪阡陌云连，百顷无间。值朝阳初朗，大颠举袖障之，袖影里得田且千亩。洪欣然曰："是禅师袖里物也。"遂立契券，送寺中。寺曰"灵山"，多莳花果。适大旱，人见大颠注一瓶渥之，终日不竭。韩公祭神之海上，造颠庐在此。郡城西南又有叩齿庵，即召大颠至州郭所住处。洪氏村在灵山前。现癸酉科冠乡闱者，有遇春洪君，固衣冠望族也。

论曰：天下之物，固天下之人所共享。今以田为天下物，公哉！高僧以袖障日影，洪遂推为"袖里物"，书券纳寺，毫无顾恋意。末俗守财虏，甘以满扑者，亦可闻风知返矣！然则谈布施者，亦自度在己之本愿。公私何如，无庸以袖影之术，近于神怪，而疑信参之也。

赵天水、陆竹溪，皆潮之贤者。而一表于韩公之刺潮，一著于郭公之守潮。士固贵自树立，亦以附青云显也。大颠，高僧耳，袖影之异，今犹传之。容非得留衣故益彰哉！此并录意。洪松湖

邻水军令

大埔杨蓼园为龙先生，宰邻水，有贤声，得士民心。嘉庆丁巳岁，邪匪王三槐，聚党万余人，围邑城。文庙且被灾，获救免。先生奋集绅士，纠乡勇作堵御，飞禀请救于督军。时鞭长莫及，而贼势益炽，计无所之。先生号祷先师大成殿下，极泥首椎心、泣尽继血状。忽有神附先生部下人语曰："得请于圣矣，已命仲氏帅，贼不足平也。立竖黑大纛一杆，大书'仲元帅军令'，可鼓行前矣。"时适绅士中有文童包顺之者，年虽少而胆略过人，带领乡民五十，薄城下，声佐讨贼。门者曰："贼众矣，五十人者何能为，盍进城？"包不之答，但大声呼曰："贼何在？"或应曰："在东村。"包自领其众，径捣东村。出其不备，杀三槐之妻并其弟三元，持首级入城。贼蜂拥至，见城上所竖大黑旗，若有电光旋绕，金甲神兵无数喧拥。主谋者惊曰："此大神通，非吾白莲教所敢敌也。"槐不肯退，尚于城北建木城，誓必破城复仇。而前降神者，复号于众曰："焚之。"有数壮士即承

命，持火药缒城出，潜至木城下纵火。见黑蠹飞卷，风势大作，烈炎熏天。先生仍恪奉军令，督率包童等，尽趋部下众及乡勇鼓噪直前。木随炮烬，贼党多毙。余溃散，围以解。修文庙，告厥成功。

先生长君耀华任广宁学博，予旧识也。丁卯岁，见予于凤城，予十稔耳是事，再诘焉，而得其详。

卫圣公于吾党历著显迹，如不享庵寺荐香结烟成字，及陆万龄拟跻魏珰入庙，立遭殛毙，皆赫赫在人耳目。今以灵旗帅神兵，扫平贼党，尤觉千载如生，文有奇气，斯亦雷霆走精锐矣。杨璧堂

文童之锋，壮士之火，皆有神助。载笔乃奕奕满纸灵光。佘希亮

阳山老人

予师陈霁畴九叙先生，古闽名进士也。乾隆甲辰、乙巳间，令吾粤之阳山。初到任，谒文庙，感其上雨旁风也，倡捐新之。而邑中殷户，每互为观望。

一日，先生出署，有拦舆递纸者，视之，则一老人呈请捐钱二百千修圣庙也。先生异之，延入内署，询其家产业几何？曰："有资本四百千，作贩米生活耳。"先生曰："老固乐善，奈何捐本之半？"老曰："公神明，小老当以实告。小老有子，顽不可诲，但日事赌博。犬马之齿长矣，行将填沟壑。不愿全贻顽男作赌资，谋以其半行善事。窃怪今人惑浮屠氏说，遇建寺宇则争先布施，捐题以行善，建圣庙则却不前。小老谓行善莫若奉圣庙，但非遇重新，时重官长命，不得其门而入。兹闻公有题修之谕，乐向风；又为不欲以财张赌孽，愿捐本之半。"先生见情词真切，许之。纳呈之明蚤，肩钱至。邑人闻风，争先捐金竣事。先生曰："是亦非常之举。祭先圣日，其破格颁老胙。"嗣是先生留意于老，每见肩负入市。久之，有少男代，询焉。则曰："顽男可诲。"先生因召其男劝谕之。再逾年，先生调任信宜，邑人拜祖道，老偕男卧辙。先生慰谢老，兼奖励厥男。老曰："小犊已驯，服公教，知食力，图恒产矣。"先生叹曰："福善天道也，子克善心奉圣人，宜速获报，化顽男为肖子哉！"

辛亥岁，先生掌教韩山书院，为昌时言此事。今忘此老姓字，谨志之，曰"阳山老人"。

吾郡丙辰新圣庙，吾邑举人廷栋黄先生首董事，时忝趋厥后，见先生任劳悴，太守韩公义嘉之。是年又应举孝廉方正科。又饶平刘翁捐数百金，厥孙映春、映华二君，以孪生兄弟，连冠府试，戊午并捷乡闱。惠来方氏，亦捐多金，书香特盛。

三山国王

三山国王，潮福神也。城市乡村，莫不祀之。有如古者之立社，春日赛神行傩礼。胙饮酣嬉，助以管弦戏剧，有太平乐丰年象焉。予淇园里赛神以正月十三，至元宵会灯而止。其三王之像，与二王异，云系改刻。予少小时，尚见一剥落旧像，置后殿佛龛中。里中父老传其逸事云：前明兵乱时，三王尝显身御寇，寇数败。每夜寇将至，则见有一异

人，高丈余，立树杪传呼。英风四卷，若有阴兵之助，寇惮之。他夕，寇阴谋先秽其树，伏人树下俟。见异人至，仆焉，则三王神像也，毁之。然寇仍畏神余威，不敢大加害里中。

按：国王乃揭阳霖田都明、巾、独三山神也。隋开皇时，某年二月廿五日，有三金甲神出巾山石穴，自称昆弟。降神之日，玉峰石界之地，有古枫树上吐莲花，适陈姓人见神乘马召言，与神俱化。既而神假人言，封陈将军，俗称化王，合祀巾山之麓。唐宪宗元和十四年，适韩公刺潮，淫雨害稼，公祷于大湖神，潮人又祷于王，遂获丰稔，故全潮祀之。至宋太宗征太原，见金甲三神突阵，大捷。后汉主刘继元降，奏凯之夕，有旗现云中，云"潮州独山神"。太宗乃命韩指挥来潮，诏封独山为惠成宏应丰国王，明山为清化明应报国王，巾山为助政明肃宁国王。赐匾曰："明贶三山国王。"其庙地又系明山脉穴也。仁宗明道二年，又敕加封广宁王。

参录志乘传闻者如此，敢为骈语括之曰："民之庥，明神是赖；国有福，受命于王。丕昭德佑于全潮，曰隋代，曰唐代；叠赉龙章于大宋，惟太宗，惟真宗。伏以揭岭征祥，天启玉峰之石理；太原奏捷，人仰金甲于云端。枫树发莲花，四照高攀，匡水陆大千世界；霞霄翻旗影，九重宏锡，振天朝百万军威。由是刺史祀大湖，山河丽，日月清，协黎庶披云之祷；指挥奉明德，纶绮昭，馨香荐，偕将军乘马以传。乃叹神之格思，五岭降灵光五岳，王亦爵也。三山崇秩迈三公，爰溯石穴于开皇。庆发祥者，及二月之二十五日，隆金章于明道。被昭旷者，绵百粤以亿万千年也。"

叙述明净，骈语腴炼。名山历著显迹，御灾捍患，宜其庙食千秋。降神日，枫吐莲花，与韩湘子花开顷刻，许真君树寄榔梅，同昭灵异。而三山近在玉峰界石，觉海上三神山尚属缥缈也。杨璧堂

风雨使者

风雨使者，雨仙也。本揭阳桃都登冈山北孙氏子，生宋乾道年间，幼失怙恃，抚于兄嫂。逾十岁，每有异征。一日，嫂命上山取薪，使者但于山上嬉戏，取牛粪作塔而已。既归，嫂责其薪。曰："无有。"嫂曰："午炊不熟，叔足胫可代火烧乎？"使者曰："可。"半炊时，使者自投足入灶，嫂惊视，则饭熟矣。足取出无恙，其邻家床椅足皆焦赤着火色。又一日，晒谷于院，大雨将至，嫂命收之。使者不之答，入室取鱼笱而已。忽谷皆为雨水所浮，嫂作急，使者安笱于院隙，而谷尽化入笱中。雨霁日出，倒笱出谷晒，无少损。于是嫂语诸兄，异之。无何，兄将之郡粜米，使者请从。时方下晚秧，四野火赤，官长为民求雨。使者至，曰："若安能祷雨，果要雨，但我祷耳。"众异其言，以闻于官。使者即与官约曰："若可作柴笼，我但卧柴上，午刻无雨，可烧我。"时使者兄之米肆不在旁，使者已如所约卧柴上，兄至已午刻矣。赤日如故，众欲烧使者。兄惊号。使者起，手笠四招而墨云合，大雨不止。众曰："足矣。"使者复手笠挥之，云以散。官长厚赏，乃归其家。

时使者仙迹已著，将飞升。遂拜别兄嫂，披发负笠出门，径入桃都登冈山。兄嫂追至山麓，使者陟石上，（石皆）见足迹[1]。至半山，忽回首望，谓兄嫂曰："未拜别姑母，

予怀殊惆怅，兄嫂可代儿谢也。"及峰巅，登一樟木上。兄追至，见彩云四起，香风绕树，使者遂杳。兄急，手攀之，得其尸解一巨足趾。里人乃取樟树安足趾，刻为使者像，仍作披发负笠状。凡水旱祷之，皆立应。地方官上其事于朝，敕封为"风雨使者"，祀之。

丙午潮大旱，多方祈祷不得雨。时制军孙公士毅为平台湾适在潮，亲迎使者像祷之，雨立至。且默祷戎事有灵应。孙公乃为别刻一像，祀于羊城三元宫。又刻一像，奉归其乡。

甲戌冬杪，予弟昌复将偕予往羊城。过登冈山下，见其足迹。一一循之登于山，至山半，果有转身双足迹，为重立望姑处。盖其姑乡在山下东麓也。山上牛粪塔化为石塔，今尚岿然。而雨仙真像，乃祀海邑斗门。

论曰：使者能以笠招云降雨，救时之急，真仙人矣。其白日飞升无足怪。足趾之留，为乃兄存骨肉之缘耳。

又拟迎神之曲曰："披发兮鬇松，负笠兮从容。使者兮安处，登冈兮仙踪。斗门兮邑南，神来兮云中，迎神于山不如于宫。凄凄兮欲雨，飒飒兮其风。监执事兮有诚，慰汝民兮三农。三日五日兮沾足，雨金雨粟兮民富而年丰。"

送神之曲曰："四野兮熙熙，布泽兮浙浙。笠挥兮云起，雷电集兮其时。神在昔兮儿嬉，能致雨兮为师。今游八极兮无不之，求辄应兮雨我公田以及私。妙舞兮婆娑，节吾兮新歌。送神归兮乐时和，神人交庆兮朱颜酡。"

名山大川，兴云降雨。故珠江祷雨则于九龙泉，榕江祷雨则于虾蟆石，潮城祷雨则迎使者。盖使者以致雨仙，必以仙掌雨。山川之灵，以人而集。古者社用勾龙，稷用后稷，人神合一之理犹是也。理正事奇，文足传之。杨璧堂

传非《史记》面目而多奇气，酷与《史记》肖；曲非《楚辞》面目而有逸气，酷与《楚辞》肖。是谓善学古人。周崑西

叙述往事，指陈古迹，本本原原，清谈无非妙理。忆君此本，托始《禺山夜话》，故载番禺学博璧堂先生评语为多。后君裒集所闻见，定为《韩江》一录，厥观益伟。然予尝观其初稿，有因常情钩削者，犹间为请念于金沙玉璞也。愚弟岱林李维桢识

校记

[1] 原刻本"石皆"二字漫漶不清，兹据林大川《韩江记》补。

三元 十相 联对数则附

"周六艺，汉九经，守先训以传家，学《诗》学《礼》；宋三元，唐十相，追远猷而报国，思孝思忠。"丙子郡垣吾郑氏大宗祠落成，予撰柱础联，太史秋皋兄所书而镌者若此。"周六艺"，谓孔圣门七十二贤中，子徒国公，身通六艺也。"汉九经"，谓仲师众公、康成元公之注经也。人皆知之。"宋三元"，则獬公；"唐十相"，则珣瑜公及絪公也。或未尽悉。考《唐书·宰相世系》，载吾荥阳郑氏，分南北祖及沧州，共宰相九人。其北祖：郑珣瑜相德宗，郑覃相文宗，郑朗相宣宗，郑馀庆相德宗，郑从谠相僖宗，郑延昌相昭宗。其南祖：郑绌相德宗，荥阳郑畋相僖宗，沧州郑惜相中宗。又协办相事者尚有若干

人。又郑綮于昭宗朝拜相六月，致仕高隐。盖最著者有十相云。又考《石林避暑录》云："《宋史》中三元者七人：王曾、宋庠、冯京、孙仅、杨寘、张纲、郑獬也。"当时只称王、宋、冯三人，不及孙、杨、张、郑者，以其官不至宰辅故也。

《论语》"五十以学《易》"，《朱注》"五十"作"卒"，章大力则直指为知命之年。予尝自题斋居长联云："五十学《易》，曰寡过，曰知非，将以后顺耳从心，胥恐、惧、修、省岁月；《三百》诵诗，为温柔，为敦厚，于此中察伦明物，得兴、观、群、怨性情。"苕原勋裕胡公，书法得《圣教序》之神，卸澄海篆，日磐桓凤城，为予书之。是时黄山长擅柳书及古帖诸长，见予方麇纂录，为书联云："门庭藩落皆置笔砚，嬉笑怒骂尽成文章。"予请易以"多识前言往行，酷好学问文章"。又因戏作一联云："积学破愚，可以益智；多文为富，何尝不仁。"宗侄次笙大镛字类山长，乃书之。

连江孙云海钟鳌先生，丁巳岁设帐潮邑署。时予尝与登东山望海，予有长句。公归亦谂予曰："'观海难为水，登高必自卑。'十字可作东山联。"公语多讽谕，又谂都会戏园联云："休恃威权当手日，应思锣鼓歇场时。"又言其乡仙霞岭联甚多，有云："到来福地未为福，出得仙霞始算仙。"足为宦闽者箴。又曰："尝见某寺联云：天地未开先有佛，英雄回首即参禅。"开元寺释平金闻之，曰："是可书作寺中武庙联。"

古闽黄星岩奎光先生，自辛未、壬申掌教韩山，且十稔。其自题讲堂一联云："朱晦翁是吾闽产，韩夫子尝此地来。"寓意高远，词极洗脱。又尝游郡南之波罗房，亦有联云："鼓吹移来蛙两部，楼台让出水三分。"皆佳句也。

黄山长诵所见关夫子庙联云："孔门未见此刚者，孟子难言是浩然。"予因记数年前有拟联云："志在春秋，足与尼山千古；目无吴魏，岂容汉鼎三分。"又忆家秋皋太史尝诵故联云："先武穆而神，大汉千古，大宋千古；后文宣而圣，山东一人，山西一人。"此两路夹衬法也。傅司马亦尝诵所见集唐云："吴宫花草埋幽径，魏国山河半夕阳。"此又以夹笔翻衬，言外取味也。

数年来潮中孙雨仙香火大行，仙素称圣者。玉窖谢进士将送联斗门庙中，得其半云："沛然下雨，惟圣者能之。"予为足成曰："粒乃烝民，与天地参矣。"予近又尝拟联云："鼓铸阴阳，以风以雨；馨香桑梓，曰圣曰仙。"

杨学博冠山国王庙联云："枫吐红莲，启明山、巾山、独山之瑞，以耀灵区，神功并懋；凤衔丹诏，显丰国、报国、宁国之庸，而扶景运，王爵常尊。"明吴太卿枫溪庙联云："枫老山门古，溪深国泽长。"书法遒炼。初失"国泽长"三字，或假书之。后得真迹，镌其旁。

卷之二

三灵方

医方所以救人，而神仙所传，厥功尤普。孙真人得灵方于龙宫秘箓，活人无数。其前事也，父执梦龙蔡公官千户，尝传普救膏方云：有一副将跌落马，积伤不愈。其人虔事观音菩萨，一夜梦其示以普救膏药方。用芝麻油二斤，鸡卵四十个，紫草四两，风葱四两，熬去渣，俟油作（炸）龙眼干肉，下水粉半斤，用桑枝和搅。起后，浸水中，经旬取出用之，其解积追风，拔毒生肌，取效如神。但熬时，需用三月三，五月五，九月九，或天医日，勿令妇人见之，勿闻鸡犬声，又当吃素。觉而录之，如法以治，遂愈。先考尝如其法熬以济人，甚验。

又传平胃茶方。上武夷茶一斤，陈皮、厚朴、仙查、神曲、枳壳各一两五钱，姜皮乙撮，防己一两，乌药一两，方药同茶炒至赤，研末。治肚胀及寒热、外感等病饮效。末二味，马大仙所加。端午日午时制更妙。

乾隆甲辰秋，先妣周孺人尝手犯疔疮症，忽外毒攻心，殊急甚。先考以让公命昌时虔祷于淇园本里乩坛李仙师，得全蝎仙方愈之。扶乩者，谢进士碧池师，及本里学究邦乘兄也。方用全蝎五个，蟑螂十个，甘草七分，灯草十段，水二大杯煎一杯，饮之内毒吐出，外用地龙、丹砂合捣烂敷之。地龙，蚯蚓也。蟑螂，油虫也。

谨按：疾为圣人所慎，康子馈药，曰："未达，不敢尝"，盖必俟审其症与方合而后尝之也。神仙所传之方固佳，妙用者自必以人济神，相其宜否。祷神者亦必出于难治危症，一时计无所之，竭其诚切，神乃应之。世俗多渎神，而神不之告。又或愚于信神，而不知以人相。吾未见其有验也。所传膏方、茶方，济人最广，何也？曰：其方平正通达，可以救一人者，即可以救人人，与全蝎之救急仙方异。然二方又以膏方之用为普。盖膏方可以祛风，可以散积，可以拔毒，可以排脓，可以生肌。又贴之在外，无虞内景。若要其取效之灵，只研冰片、麝香末少许，加膏上足矣，是外科之要药。茶方取效甚广，亦内治小疾之要药。然大约以消导为主，气虚之人不可多食，不但孕妇也。

不知反正开阖者，不可与言文理；不知阴阳相背者，不可与言地理；不知寒热虚实者，不可与言医理。医之取效最速，慎疾辨症者，宜急讲也。兹录予向所纂《辨症说》如左：

《辨症说》云：症门虽多，而寒热虚实尽之。其为热也：目仁红，目头红，心热。目尾红，相火热。口唇红，唇属脾，红则脾热。口臭，胃火。食郁舌苦，胆热。咽痛，火热。牙痛，风热。肾虚，小便赤浊，血热。血淋痛者，实热。大便秘结，实热。下血，清者为肠风虚热，浊者为脏毒积热。手足热，主热；喉渴喜食冷水，其脉洪而数。其为寒也：目带黑，唇青白，虚寒。鼻涕清，脑风，虚寒。小便白，或带浊，气虚。尿血不痛，虚。大便青冷，喉不渴，渴不饮冷水，手足冷，其脉沉而迟。夫症，证也。即外形证内景。脉，密也。察微密，知显著也。制方药，药，乐也。去其病，霍然乐也。虚补实泻，寒温热凉，各适其方耳。

又闻潮城之东有神焉，以方医人，只用所开方纸煎水服之，其人即愈。予里林医生，尝有贫人问请开方，嘱令以此方食之可愈，其人误以其方纸煎服，亦愈。此属不经之事。然昔人云：脚有抽筋疾者，以手书"木瓜"字于脚上即愈，正与此同。又古有生人面疮于足者，其耳目口鼻如人，且能效人言，百方不能治。后其人取《本草》诸药谂之，独至贝母，疮不敢效，遂以贝母单方治之，愈。亦病畏药之一证，治病者，可主其所畏而专用之矣。予尝就单方之出于古书及所经验者，集三十二则为一篇，兹不赘。抑又有治非病之神方四，曰"醒眠以茶，助气以酒，救饥以饭，愈愚以书"云。慕蓬居士

三神术

《太平广记》载驱疟鬼咒云："勃疟勃疟，四山之神，使我来缚！六丁使者，五道将军，收汝精气，摄汝神魂，速去速去，免逢此人！"凡发疟者，登时朗诵此语不辍，寒热即散，汗出而愈。袁太史云："张雨村先生业醮台州，亲试有验，传人无弗效。"亦治疟中一术。

揭邑郑制军勤恪公之侄三秀才，于公之总制北直时，在公署亲授喇嘛僧十四字咒，云可安镇一切。法用红笺一张，当中央朱书"啊喀囉吗啦嗽哆叮啦嚯嚯啦呀啡"等字，书时先用香一炷，插案之东，面向之，且谂曰："道法本无多，南绳贯北河；只用几个字，伏尽世间魔。"即以笔尖绕香三匝书之，贴室中或门上，有效，是为伏魔术。

袁太史又志：用黄纸二方如旗，朱书"右户右夜"四字，贴户牖间，驱狐鬼，一切有准。云得自息县某处书斋墙上，见金甲神执此驱邪。一效之耿家王刘化民家[1]，又验之绍兴府桂林庵中，历历可信。太史又云："四字平平，不解出于何典。"究之符咒之用，原在可解不可解间，无容深求也。存之以见世间自有此术可耳。

校记

[1] "耿家王刘化民家"，句义难解，疑有误字。

虫卉八奇

龙鳞之奇而神者，予一得之于所见，一得之于所闻。蚊蝶无所谓奇，而以变化奇，予尝见之。土中有龟，石中有蛇，不且奇而近怪乎？与莲苗于坡，瓜蔓于圹，俱新听闻，述焉以备八奇。

白龙、赤龙。予乡滨海，四五月间常见龙。然龙藏云气中，多水墨色，独记予十数岁时，见一白龙，长不过数丈，首尾了了，但浑其足角，见于田。是时云影不动，地面风生，田间之水皆上飞，如珠如玉，绕龙身，旋化云水流走。鳞甲间若白银之沸于镕，顷刻

去，水下田如故，不少损。

甲戌八月十一日丑寅刻，潮作飓风，异常，海水暴涨，雨味变苦，有砖石从空坠，不知何来，潮、揭界失人甚众，拔木不知其数。潮有宋公祠，一海船为风所拔，驾其上，辰后稍定，午后明霁。闽之漳泉人云："是夜将曙，见有赤龙三条，战瀛海西南角，移时乃散去。"

茶蚊、树蝶。庚申秋，予与普邑魏明经启泰先生同馆粤秀书院，先生云："近每日来，茶叶之渣，皆化为蚊，可怪也。"予未之信。傍晚先生涤渣水碗中，明蚤招予视之，果见渣之碎者，悉化为小水蚊，游泳水中，足目皆备。

壬申夏杪，予游揭。进士旭初巾阳张君，予故友也。时主讲揭之榕江书院，招游楼上，俯窗间，见后园木末有叶蠕蠕动，异之。少焉，清风至，蠕蠕之叶结作蝶，栩栩飞。

土龟、石蛇。予邑郑孝廉日杲翁，予连宗也。为茂才时，尝为予言厥祖考卜墓郡之西湖山，地师云："此凹头龟形也。"既发土，得土卵如瓮，工人破之，见中孕一活龟，地师云："误矣，速掩土。"因安葬其上，且曰："此地本属寅葬卯发，今误破土卵，须六十年后方出科甲，发者必高寿。"时予闻此语，戏之曰："君未老翁，不思早掇巍科，而欲效茶阳邹老仙作恩赐翰林耶？"后庚午年广其例，凡乡试七十以上，能三场完竣无疵者，皆赐副贡生。贡生再试，能三场完竣无疵者，皆赐举人。翁年已高，得再试与焉。然性谨悫自守，不奢望，自谓年老艰于北上，仅以孝廉终。

又闻邑之前陇郑氏，有祖墓在桑浦，蛇形。系一福建地师所相，师以此地可立盛财丁科甲，欲自用，不献于主人。主人之戚偕行山者，潜伺得之，适师回闽，其人私自扶柩葬。既发土，见一巨石板，平如床，工人误启去之，见有一巨蛇盘石下，抱七石卵。蛇惊逸去，而石卵存焉。工人拾玩之，有争者因各弄于身边。送葬中人有稍知地者，因曰："即此可安葬，但当还卵故处，置柩其上耳。"命取出，皆化为白土，亦因实而葬之。又一年，地师自负祖骸至，欲葬其地，不图先为人得，曰："惜哉，惜哉！"因询葬时有异物否，人备述之。师曰："此地当安葬平石上，本应立出七子，联登科甲，今灵气走失，不复贵矣，止可出财丁耳。"甲戌秋九，予因其苗裔有采芹者，抵其家燕会，详诘巅末，果如所闻。且云此祖泒（派）下[1]，生七子者，代不乏人焉。

坡莲圹瓜。邑前明侍郎赠三世尚书林忠宣公熙春祖墓，在桑浦山东麓，为莲叶盖金龟形，穴前皆平坡。每科举之年，子孙有获隽者，坡田中辄先苗莲花，历验不爽，亦一奇也。

揭邑陈茂才某，有近代祖墓，后龙系瓜藤格，相地者多言可出科甲，子孙有瓜瓞绵延之庆。其泒（派）属偶有不如意事[2]，乃归咎墓，必要迁之。某弱不能止，遂被开，见有瓜藤一本生圹中，已结一瓜。上工采而食之，味甚甘美。众以棺椁完好，仍掩之。兹尚未获吉征。

校记

[1]［2］泒，只是水名，当为"派"字形近之误。《中华大字典》注："泒，与'派'字异。"《康熙字典》注："泒，俗混入'派'字，非。"

动植四异

植物无知，而四时八卦之天道，谷也花也实应之。动物虽有知觉，究乏悟性。乃可以观书，可以探字，何狐之仙而鸡之灵耶？仙灵异矣。应以天，而与众物殊，亦异也。纪四异。

四时谷。谷有九，而大麦小麦得其二。麦之宜最广，今北五省皆以麦为正谷。北之麦，以午时作花，如南之稻也。昔明太祖之帝籍，召问老农，以麦与稻之宜而详其物性。老农曰："北宜麦，南宜稻，燥湿异也。然茹稻者，慧而多弱；茹麦者，健而多舛。抑稻之茎得三节，麦之茎乃四节？稻以春耕夏耨秋收，三时熟也。麦以今秋种，至明年仲夏始曰麦秋至，是备四时，故其茎备四节也。"帝厚赐之。见《谈荟》。

八卦花。凡草木初生甲柝，皆自一分二。然自二再分，则参错不一矣。独海棠花之始开，由一而二，由二而四，由四而八。实符《大易》太极生两仪，两仪生四象，四象生八卦之理。予尝号为"八卦花"。嗣读璧堂杨公《咏海棠》诗，亦取八卦意，先得我心也。其诗曰："四照朱葩两两分，天心静处有香闻。潜通八卦图书秘，花里神仙合算君。"

狐观书。吾邑观察傅公修官大同时，传闽省华宗傅遵陔修孟先生游其署，署中有狐仙。一夕，遵陔先生方读《聊斋志异》，过二鼓，入帐卧。瞥见一女郎，衣裳楚楚，飞动如天仙状，降立灯前，手检《志异》之书，目十行下，先生惊起，问："谁何？"女曰："借观君书，无所损，岂以未备四瓶礼，勿予贷耶？"举袂一挥，寒气逼人如冰雪。先生爪握之，而女飞空去。邻屋人闻有异，过问之。灯已灭，呼火察之，见《志异》书溅红污，先生指爪着血痕焉。因徙房住。又一夜，独闻霹雳声起帐后，取火视，有痕如指甲画纸壁，自地达栗罳。后先生中进士，宰丰顺。壬戌予阅卷署中，询之果如所闻。

鸡探字。戊辰岁，予与宗侄茂才谦观于市，有卖卜者，笼一鸡，凡为人卜，必与鸡语。语毕，开笼放鸡出，鸡不之他，直到一袋中，以口探字出，或探图出。卜者即其字与图解之，多有验。又可异者，其人云："鸡不但能识字，且能预知君来意。"予曰："何以故？"其人出问事条件若干册，付问者自取所欲问者一条，乱错众条中，付鸡啄之，果其心中所欲问者。予侄因戏匿之，佯错册付鸡啄，鸡巡视再三，竟不之啄，斯亦奇矣。

同生证

凡物之产于两间者，皆曰生。然有贵贱亲疏之等焉。草木之生疏于人，而有气无血。木纵草横，木为阳而草为阴。人禽皆有气有血，鲨虾蟹蛤之类，以介于水而碧血。人纵物横，人为阳而物为阴。是以草木对人而言，木亦为阴。阳贵阴贱，以阴养阳。《汲冢周书》所谓：以众横生，养一纵生也。顾大造以好生为心，杀而用之，自有其时，任意妄杀，必受天责。此缘不知万物与人同此生故。请录所闻数事以证。

世丈应坊李翁，山右茂才，为予言曰：晋阳有市牛者，将屠之。牵牛过市，牛见一市人，伏号于地，作哀救状。市人问其直，愿偿之。牵牛者坚持必杀，市人无如何，听之。而是夕宰牛，其人醉饱后，忽思浴，自投沸汤死。

世丈又言一学师，有子不悦学，厥状甚伟而很。学师一日对丈叹息，丈曰："何不遣此子学骑射?"时此子在侧,辄乱呵斥师,师摇首而已。子既去,乃曰:"宿孽也!将产此子时,尝无故买一口外大肥羊,烹以为羹,忽闭目,见此羊走入内寝,而妇即生此子。故终身忍受此报。"

揭阳萧少君泰暄言有一里人,艰于似续,方幸生男,在外宰一小犊为醉饱。其妻于帐中,突见小犊冲户入,儿遂啼不止。夫入,问之,夫不敢以在外杀牛对。而儿侵夭,竟乏嗣。

丰顺吴明经某,亲为予言,尝带牛肉入乡闱。三场既竣,将纳卷,忽见卷上有碟迹,卷中起草字,若虫食墨者三行,彻纸背。是科卷已出房,以三场卷违式不录。

予妻兄胡五君徽锦尝道过海陆间。有人说其里人巨富,畜一犬,异像。人曰:"此起家犬也。"富人怒曰:"必杀此,验予非以此富。"持棒击之,血殷于屋墙,毙而埋诸野。忽有一戚属求贷,富人不许,且辱之。其人见墙血,即之官诬其杀人。官至,验其血咸,果人血也。富人白为杀犬,发土验之,则化为一老人尸矣。富人坐是家落,以疑狱死于囚。

予邑明经陈淑田先生之弟淑麟,言其尝至福省药材生理。有一同伴入肆中,一雄鸡怒搏赶之,直至其人卧室。其人惊悸得疾,曰:"死矣,鸡索命也。"陈询其故。曰:"在家偶磨刀,见一雄鸡在旁,思试其刃利与否,一挥而断其首。今此鸡,无异前所断鸡也。"果不治。

庚申秋,予自省舟还,舟次,偶谈用虾蟆墨收蚊法。一人曰:"无妄用。予在阳江市中,尝见一地师,每夕用青木一枝,水一盆,咒之。群蚊皆投木枝,晨复用咒散去。忽一日出门相地,至中途,曰:'予有急务,必还馆中。'其东强止之,不可。至则大号,遂命人安排后事。人惊问故。曰:'忘散群蚊,今为小儿所杀,干天遣矣。旬日中,恐有雷厄,当戴釜守之,得免幸矣。'后数日,釜为雷碎,得不死,以后不敢复为收蚊法。"

耕牛、守犬之不宜杀,人皆知之。羊也,鸡也,所用以充馔者,似无害所杀。然杀不以时,皆有干天和。蚊则害人之虫,其为物又至微末,多杀何伤?曰:"天欲杀之,不如勿生。业已生矣,又何可以术杀?"故蚊伤人时,杀之可。即以常道扇逐,间有杀者,亦无害。用术收之,自必用术放之。神道立法,至分明矣。不之放而尽歼焉,不已大伤天地生物之心乎!术师知有雷厄,仍以术得免,天亦以误恕之耳。后不敢复用此术,能补过矣。是可以为同生之证。

临财镜

乙亥春正,清谈番禺学署。璧堂先生为予言曰:"凡得人遗金不取者,皆有天福。"予曰:"然。"因数前闻数事以证。先生曰:"盍传之?"历数日未成,而先生趋之者再四。噫!即此足见先生之所尚,可谓能以"勿苟得"教矣。予乃为著《临财镜》。

笔曰:潮之鲎腰乡有徐氏子,操舟为业。岁尽日,舟舣东炮台,入市。偶于地上得一包,内银一十元。众知,贺之。徐初亦喜不自胜,既而审视所包布乃烂垢物,忽憮(怃)然曰[1]:"无乃贫人物耶?"因守立故处俟失主。须臾,果一老妇号泣至,徐询知为卖女金,义返之。然市中已喧传至其家,内人喜,往岸上待。既徐棹舟至,妻询焉,以返失主对。妻怒曰："岁云暮矣，鼠雀皆知取物入穴中。尔终岁棹舟无所得，已得天财，乃空手归，可不必入此室处矣。"徐惭索手，勿与较，反徙舟村外，以避妇詈声。日既暮，腹已枵。自念届除夕，又奈何可乏食，视舟中尚有酒米，可作晚餐。然又乏柴火，彳亍上岸，见枯木一株，可烧也。拔取之，而白镪百什发土中，乃悉举之以入舟，棹还舍旁，自醉舟中待旦。因自慰曰："此真天财，无虑复有失主矣。"天既明，妻亦念徐饥，且曰："岁首也。"命其子携筐盛酒食至，徐笑受之，而多取白镪为压筐。子至家，妻惊喜，走出问之。徐告之故，且笑曰："微吾之返人遗金，无以得子怒；微子怒，吾无由发土中金。此造物之巧于相偿，而构其缘于子也。"徐由是家致素封。

揭之棉湖，又有林氏子，好赌博，然能轻财重义。一日之河边，得遗金三百，林念此重赏关系不小，亦守之以俟失主。既而失主至，系馨房屋田产典与某村富人以为生理资者。林审得实，亦返之。失主愿与平分，亦不受。失主归至家，语诸其妻，妻曰："生理最难得者，伙伴也。林，义人，盍不招之以为伴？"失主走谋，强而后可。合伙三年，所取息甚多。持三百赠林，林曰："是可受也。"因受之，自营业。棉湖人皆曰："是返遗金义人也。"莫不输诚与之贸易，家亦以富。予门人胡秀才万年，为予说此二事。

榕江书院掌教戴公璜者，浙归安明经也。与姚秋农状元同里，为予述状元祖德曰："状元六代祖某公，乃前明时人。初业农，受屈于世家，有感曰：'谁谓予我后人无拾朱紫者！'自念教出于富，乃弃农经商。因于市中僻所，得人遗金三百，不取，守返失主。失主愿与分，亦不取。市人闻而义之，懋迁以裕。时有西江一地师，尝寓公肆，其归家也，寄行囊焉。历十稔，不来取，公亦不之发。忽一少年地师至，称为前师子，来访公。公询之得实，举囊返之。新地师云：'先父归家不久逝，并未尝云寄囊于公也。'公固返。发之，得金五百。新地师曰：'此物落他处，必归乌有，今公高义，鄙人愿以半奉公。'公曰：'予窘时尚不分人所遗三百金，今颇不乏，而乃多分老先生所寄金乎？且此重物在舍中十稔，予岂不知其为金，予日夕守之，待先生之来返之耳。今老先生已逝而君来，物得主矣。予而今而后，释此重负矣，岂敢有所取，以干不义。'新地师感而受之，思择地以报。后一日，来公家，有咨嗟状。公请其故。曰：'地之小者不足以报公，今得大地，可累世朱紫而登鼎甲。乃在人之粮田，其人亦富人，金不能买，奈何？'公请谁氏，师举以对，则前之失三百金者。公因曰：'是可商矣，然勿之强也。'师抵掌曰：'事谐矣！乌知非天之假此使吾两人报公高义耶？'因走谋之，其人果乐以此酬。公遂毕营先人葬事。而转酬地师田主如常礼有加。后果科甲蝉联，迄六世。秋农先生于嘉庆己未大魁天下。"

江苏惠半农士奇先生之祖，亦以返金得报。传其祖某公，耕于某所山涧中，有一富人收租回，饮于涧，遗金数百，公得之，义不取，守以俟失主，而卒无影响，因构屋涧上住。至明年收租期，富人过其所，徘徊不去。公问之，富人曰："惜公去年不住此，去年住此，公可小富矣。"公曰："予惟不欲富，故住此，然君所云云，果何谓耶？"富人曰："予去年某月日收租过此，遗金数百两，前行数十里，将抵家，方查觉。时家中适有急务，不得分身来觅金。亦意金在地，入他人手，虽觅不可得，故不来。今过此，不无感事踌躇也。假公先住此，金不即为公有耶？"公笑曰："予虽老，尚不疲耕作，自食其力有余矣，无事多金为。予实得君金，故筑屋于此，守以俟君。"引入屋内，发土示之。富人曰："此为公物矣，鄙人不复敢动。"公曰："予山农守拙，实难措置此，拥之且得祸，不如归君之愈也。"富人审其情意真切，因曰："公再善守，俟予收租回。"及归期，富人载以去，曰："鄙人当谋所报公。"归至家，语诸其妇。妇曰："此古道人也，盍请其人来吾舍，恩其作吾舍管钥老，不犹愈其力作田间乎？"富人然而请之。公亦谋其老妇，遂偕往。居无何，老妇殁，而公独处。既逾年，富人妇谓富人曰："惠公虽老，然发鹤而颜朱，枯杨生梯（稊）[2]，古恒有之，盍不择予婢之少而惠者使事公？"富人如其言，无何果举一子，又无何公殁，富人择一地以葬公及其元配。然其地虽吉而多翳土石，开凿须时，因未葬。公子既长，有人觊其吉，请以别易，而兑以金。及下葬，有群鸟飞噪，若云："非是地，非是地，侵有凶征！"因起去。又一人来谋兑葬，鸟噪如前。富人乃责公子，而益助其工程，俾毕葬，鸟遂不来。人始悟鸟语为"惠氏地"也。一传毓周惕研溪先生，官词苑。再传半农先生，视学粤东，有功学校，潮人比之昌黎韩伯。予十二岁时，闻之于师族祖叔孝廉光荣园先生云。

洪孝廉天耀先生尝为予言曰："吾辈穷措大，虽几分之银不能得，有数存焉。及时运之至也，虽数万之金，无心得之若固有。然亦有鬼神守之，定数限之，不容多求也。"予问："先生有说乎？"曰："有。昔某省某公为诸生时，楼居温经应试事。晨起，见楼下有一遗带并荷包，下楼视之，则一死蛇并一死蛤也。自念晨起眼昏，遂上楼。偶复谛视，则明明带与荷包。下视则仍蛇蛤，如是者三。因自念中必有黄白物，谅非吾所有也。忽一人过，拾之，公呼之。其人曰：'是君物耶？请奉还。'公曰：'非也，请视荷包中物。'解之，仅得银六分。公叹曰：'吾固无六分之财分也。'谢之。公自是益奋志经史，绝心财利。侵发科甲，入词林，官某省学政。而学政署内，素多鬼物。公既至，一夕二鼓后，假寐于床。忽见四金甲神揖公前，公问其故。曰：'有金四万在后堂前天井角，乃公物也，予等为公守有日矣，兹请还。'公曰：'予新到任，取此安之？君等请多三年守。'其神遂不见。公觉，窃自笑曰：'予前无六分之福，而今乃获四万耶？'然尚以为梦寐事，未之信。公素好作诗文，所积等身，思付剞劂。既竣事，随考棚分给多士，因敛金焉。考事毕，将还报命，时尚住学政署。又一夜，三金甲神至，曰：'还金三万两。'公曰：'前四人至，今何三人？前云四万，金何三万耶？'神曰：'财有数，公所取多士，册价且万两矣。'遂不见。公觉，次日发天井四角，已空其一，获三万于三角，橐载以归。"

予闻前四说，知匹夫不苟得而天必为之报；闻后一说，知贵人欲多得而神已为之除。君子之有井角藏金分者，慎无多求于世，致神人挈物去也。至安分食力如惠老，且谓："拥财得祸，无多金为"，即语以藏金巨万，吾知必不之发矣。是可以镜。

又按：所传五事，惠老人品最高，能安命者也。姚亦处事得中道，有精义之学。徐、林二君，一审其包银之布，而虑其为贫人物；一骇其遗金之多，而虑其关系者大。皆是细心人，即好心人也，是谓智以成仁。某公为秀才时，辄为一带之细，登楼下楼再四，利根最深，贵日以册敛金无足怪。乃至梦寐之中，尚以三万四万，斤斤与神人计较，吾知其平日握算持筹无遗策矣。《志异》云：有一异人，能辨禽语，谈人休咎奇中。一县尹延至其署，适人送鸭至，尹问鸭何言，人曰："鸭为公会计也。其言云：蜡烛一百八，银砵一百八。"时公适将市此二物，为之一笑。异人私语人云："某公将以赃败。"果尔。又闻有一生，善计较。时隆冬风峭，好吃鱼生，一素友叩门讨吃。生适外出，仆应门，友以来意言。仆曰："欲吃俺相公鱼生，须后世来也。"友遂去。生至，问有人相访否，仆以友讨吃鱼生对。生惊曰："尔何以应？"仆曰："对以后世方能吃俺相公鱼生。"生恚曰："尔独不为吾后世计，而轻以许人耶？"然驷舌莫何矣。论者莫不讥生之悭。予独曰："此生信人也。后世尚思践仆之言，肯食今世自己言乎？视乎口惠实不至，朝济而夕设版者，度越可道里计哉！

叙次之妙，纯是太史公《游侠传》笔意。即闲笔淡语，指点传神，皆一一出自化工。读之令人色飞眉舞，洵哉足镜千秋矣！余意寓恢（诙）谐，亦非诸先生辈所能仿佛。杨璧堂

词令之妙，种种如生；序述之工，累累若贯。左耶马耶，盖以研理精思，发为《醒世通言》，真著书大手笔也。幸阅者勿以说部少之。洪松湖

有黄山人者，说乙卯潮大饥时，潮阳有某翁，乘肩舆之澄海收账，中途息神庙吃烟，在灯案上得一包，内银十数元。舆夫催上道，翁故迟之，顷失金者至，翁还之。其人感翁德，后数问翁。甲戌八月十一日，翁舟行，挈孙之郡应试。过澄，适舣舟，翁上岸访失金者，其人喜极，留翁并孙住其家。是夜飓风作，舟覆，翁及孙免与于厄。此事可并记。侄行志述

校记

[1] 爌，用于此处文意不通，当是"怃"（憮）字形近之误刻。

[2] 梯，当是"稊"字之误刻。"枯杨生稊"，见于《易·大过》。王弼注云："杨之秀也。"《郑注》云："荑木更生也。"

指南针

彭城纵秀才际华，字右白，庚申游潮。与予相得甚欢，为予述江右轶事曰：前明徐青藤先生之祖，好谈地理，尝延一地师，觅贵地。居无何，师曰："已得贵地，但迟速偏正，在吾指南一针，惟公所欲耳。"公曰："如何？"曰："某所某地，据地法，应出状元及第。然必用正针二八分金，须三世后方验，其人祇庸庸厚福。若用中缝之界，正针之冲，直顶旺气，葬后可立产异人，以布衣谒帝座，但属破体才子。"公曰："庸福状元，三年一出；破体才子，代不数人。执正执偏，尚未可定。况老夫及身见此子之生，迟之正，不必胜速之偏矣。"师乃用正冲葬法。葬后，雷起公门口，平地变一塘，塘畔突长青藤一枝。而徐天池先生以生，因号"青藤"，又名"渭"。先生诗文字画，妙绝一时，曾以代胡宗宪作《献双白鹿》文，获褒于上。已召见，侵放还，终于诸生。或云后以傲岸得疑疾，然艺苑中莫不知有先生矣。闻有题其故居者曰："海内文传《双白鹿》，里中人重一青藤。"盖实录云。

按：指南针之说云：地体以南北为纵，东西为横，与天体同。盖天以北极为顶，南极为根。日月五纬与二十八宿，皆横历于天之腰也。昔黄帝、周公皆有指南车，后世易以指南针，制为经盘，以辨地之四方，以测周天之星度，颇为简便。针何以指南？曰金性之自然也。石为地之骨，金为石之精，与天地之气自相翕合。故凡针投盂水里，未必指南也。乃臬影指南，视针所指偏半位，何也？曰：中国在天地巽方，本偏东南，故臬影偏也。北极又偏于丑，何也？曰：丑艮同宫，艮者，终始万物也。北辰居之，故后人准臬有缝针之

说，准极有中针之说也。针分南北，太极生两仪也。兼分东西为四象，四象分八卦，是应八方。乃先主建国立门称十二子，以子、午、卯、酉，应八卦之坎、离、震、兑；以寅申、巳亥、辰戌、丑未，应八卦之乾、坤、艮、巽也。后之谈地理者，乃称二十四山。盖去十天干之戊己而存八干，晦八卦之坎、离、震、兑而存四维，八干四维共十二，配十二子，为双山二十四也。戊己何以去？曰：归中宫也。天一壬水，地六癸水。地二丁火，天七丙火。天三甲木，地八乙木。地四辛金，天九庚金。天五戊土，地十己土。河洛五十居中宫，经盘则之也。乃相地者又分四十八分金，盖分排六十甲子于十二地支下，又重排于四干八维下，本有百二十分金。分金云者，分自甲子始，甲子纳音金也。一分金应天三度，配天度三百六十，至整齐，无可汰。说者又以纳甲之理推之。乾纯阳，谓之孤。坤纯阴，谓之虚。坎中满不受，谓之龟甲。离中虚不育，谓之空亡。故分金中，甲壬纳乾不用，乙癸纳坤不用，戊纳坎不用，巳纳离不用也。所用者，震、兑、艮、巽之庚、丁、丙、辛耳。盖震、艮以阴受阳，巽、兑以阳受阴，谓之阴阳冲和可用也。纳甲之原，起于月体。初三月体一分明二分暗，象震，初昏在庚，故震纳庚也。上弦后二明一暗，象兑，初昏在丁，故兑纳丁。望夕皆明，象乾，在甲，故乾纳甲。晦之坤乙，下弦后之艮丙，望后之巽辛，又皆以始旦占也。坎为月之魂，离为月之明，所往来于中宫者，故纳戊己也。

按：六十甲子，仅用庚丁丙辛，乃存二十四，百二十甲子，存四十八。而四十八位，适居三七二八间，不犯中气正冲，不犯缝气交夺。而中针、缝针，各有分金，互为三百六十，实例此而合为一。古仙取之，良有以也。徐用其正，乃所以为偏，盖中气胜也。

考三百六十五度有奇，乃日月所度，有气盈朔虚，故必置闰。若天体本然，气候所属，三百六十初无盈缩也。故经盘则之。

元命录

天道至远，不能阻人之推测；人事至变，不能出天之范围。天之范围，所谓命也。

今之测地者，至谓南海外之大郎山，见南极出地三十六度，北极入地三十六度，与中土相反，异矣。有谓地如球，人旋绕丽地戴天立，为气所禽，不知其斜倒也。以故南北极下各有戴极之人。南北中分为赤道。中土人戴赤道之北三十六度为嵩高。据嵩高所见，日在赤道之南二十四度，为冬至，为日短，为寒。在赤道，为春分，为寒往暑来，日夜分。在赤道北二十四度，为夏至，为日长，为暑。复返及赤道，为秋分，为寒来暑往，日夜分。返及赤道南二十四度，复为冬至，周而复始。而地之极北有戴北极立者，以春分为旦，以夏至为昼，秋分为暮，冬至为夜。其极南戴南极立者反此。是谓两极之下，半岁为昼夜。其大海南赤道下，则以两分日在赤道为两暑，两分日去赤道各二十四度为两寒。故曰赤道之下，一岁再寒暑。大地在天中，应天二十四度。天一度，应地约三千里。是大地之广，鸟道径算，约七万余里。庶几尽地之变矣。

今之测天者曰：天体实三百六十度，无盈缩。日每昼夜退天一度弱，故退三百六十日，尚不能及天之原点，又余五度零四分度之一。故又必多五日零三时，乃至原点。零三时者，四分日之一，即四分度之一也。故今年冬至，去上年冬至，三百六十五日零三时也。是则天气本以五度为一候，十五度为一气，四十五度为一节，九十度为一时，三百六十度为一年。日度不及天，故天气盈也。月以每月退天一周，实二十九日九百四十分日之四百九十七，为日月合朔，曰朔虚。故十二月一岁，得三百五十四日三百四十八分，必多十日八百二十七分。乃至天常度，是为余分，而闰生焉。盖日作九百四十分也。天有赤道，日之出入于赤道者，皆谓之黄道。月之出入于赤道者，古曰九行，《元史》定之曰白道。每月之朔，月在日下，若遇同度同道，则月掩日光，而人以为日食。每月之望，日月相望，若遇对度对道，则日所照暗虚，地影能掩月，而人见为月食。日行疾，趁月而过，日食自西始，月食自东始，其确证也。至邵子以元会运世测年代，则谓一元为天地之一周。一元之统十二会，如一岁之统十二月。会统三十运，如一月之统三十日。运统十二世，如日之统十二时。十二、三十互相乘焉，是为三百六。又以四千三百二十乘三十，以一万八百乘十二，各衍而为十二万九千六百之数。盖一会一万八百年。子会开天，丑会辟地，寅会生人也。尧应巳会《乾》卦，为先天之六会，是曰中天。大禹御世，已交午会，为阳极阴生之姤。乃后天之会。故自此以往，治日常少，乱日常多。合是数说，庶几可推天道矣。

乃人心多变，转谓天道有定，人事无定，不欲安其一定之命，何哉？比观说部，亦有可采以鉴者。说曰：毘骞国，海外大荒之域也。国在天人界，有神人为国王，掌造化元命之录。康熙间，有航海者，为天风所飘，不知去所。至一处，有人候岸上，则云："毘骞国王前知客之至，使引人见王也。"既见王，与饮食语处甚欢。无何，曰："君得归矣，归至中土，有文人毛西河者，君可往请作传，以尽泄天机于世，使世人免逐逐为也。盖予奉上帝命，掌《元命录》于兹，无计年所矣。大宋邵尧夫有'元会运世'之说，能知天地有定数，尚不知天地既定之后，举凡生天地间者，物物事事，亦皆立为一定之录，名曰'元命'。一十二万九千六百年间，胥按此作去，自后元元相因，皆如此也。为君子者，不可不知此命。"客曰："录可得睹乎？"王曰："可。"即举手于空中取一册。启视，有特书云："大清康熙三年，有海客舟至毘骞国，因得命中土文人毛西河立传以泄天机于世。"届别，客有怅别态。王曰："行也，后会有期，再历十二万九千六百年，吾复在此扫室布席待君矣。"

篇中备述地理、天文之异，似乎骇人听闻。然考古书载无雷国、不火方，以及日月不照之所，烛龙在焉。怪怪奇奇，皆天壤所必有。达其变，主其常，明其事，要其理。通天、通地、通人，是为"三通"。杨子云云："通三才之谓儒。"迨郑公之谓欤！慕蓬居士

孟子曰："命也，有性焉，君子不谓性也。"尚是就现成之君子作指示，见其不任吾性中之血气心知，去争那定数中之富贵奉养耳。夫子曰："如不可求，从吾所好。"则明言富贵欲求，求不得矣。至谓"赐之货殖，为不受命"。又见得命富，何须货殖，枉作一番不安静。了是命富，并不消求，求徒多事。乃真打开后壁示众人知命法。《元命》一录，固尽彻墙壁之谈。其所云："为君子者，不可不知此命。"篇中立说宗旨，即《论语》卒章的解也。洪松湖

文字前定

文字出于心思，而心思之致其妙用也。睿以作圣，纯亦不已，则所谓圣人之于天道，

皆性之为也。顾心思中之义理，禀之于天。亦若有分数在，于是有命之说。孟子就君子之立心言之，则曰"不谓命，愿学孔子之志"，犹是也。究之无往非命，人亦求自尽其分数而已。伯夷、柳下惠，自尽其分数以至于极，乃为圣之清和。孟氏学孔子，尽分数焉，乃适成亚圣之孟子。颜子之一间未达亦然。是知人皆可以为尧舜者，为乎尧舜之道也。私淑孔子者，亦为圣人之徒也。知之一成功一，自大共之理言之。至浅深大小之不同，各如其人之分数而止。但其中充满分数，与未充满分数之故，则视其所自力何如耳。世之自暴自弃者，自绝于天，固无从语分数。立岩墙之下者，不可与言命，亦此意也。

夫心思有分数，文字亦若有前定，姑妄言之，以参见闻。纪晓岚先生云："尝于都门遇一日者，说能前知人心。令二人对弈，自取一方罟，预先定黑白子，取巾覆之。及二人弈竟，发巾视所覆，与对弈者一看无差。奇矣！"又言尝见《前定录》载唐时有一术士，能定人休咎。有李揆者，叩其前程何如。术士缄一纸与李，曰："公至某年赐进士后可发吾缄。"李受而藏之。至期，果中进士。殿试后，取出发之，内系文稿数篇，曰《拟答吐番书》，曰《盛露囊赋》，及诗策等类。与现试进士时所作，字字印合。并添注涂改，一一皆同。始叹不但科名前定，即文字皆前定。其缄不许先开者，天机不可泄漏也。

兹检《广新闻》，又载吴门长邑举人陈尧叟，雍正癸丑，将赴会试。梦至一所，宫阙壮丽，遥见一王者坐殿上，侍从森列。正伏伺间，忽闻传呼声，旋拥奉一伟丈夫，长髯赤面，从中门进，亦仿佛王者。陈杂护从入，见王者迓宾升堂，分东西坐，宾问曰："今岁会墨若何？"王者诵之。自第一至十八，各篇了了可记，题目则为"君难"两句也。陈询从者，知王者为文昌帝君，宾关圣夫子也。陈素颖敏，既觉，披衣录出，日将元文诵习。至试场，题目果符，其文杳不记忆。勉强草就，自度功名无分矣。有友陈俟者，与同号舍，以文相质。阅至二行，即贺曰："君作第一人矣。"友笑谢。陈曰："数也。"告之故，掩卷诵之，一字无错，友大骇曰："十八篇君皆能诵否？"曰："当时意在会元，余文皆惝恍忘却。"后发榜，友果元，陈中十八。陈文亦全符向所录末篇云。或曰："文字果有如是之前定，学为文者，何矻矻自苦为？"答之曰："此正所谓自力焉，以求满其本来之分数者。自暴自弃无从语分数，其自丧厥前定之佳文，可胜计载！"

文人有光

韩公有句曰："李杜文章在，光焰万丈长。"盖形容其文章之有英气也。诗乃有韵之文，李杜之诗，即其文章，故云。近观随园太史所志，则实谓文人身上有光气。其言曰：闻诸爱堂先生云：有老学究遇鬼物，乃其亡友，因与同行。至一破屋，鬼曰："此文士庐也，不可犯。"问："何以知之？"曰："凡人白昼觉时，营营扰扰，性灵汩没。惟睡时一念不生，元神朗彻，胸中所读之书，字字皆作光芒，自百窍吐出，飘渺缤纷，烂如锦绣。学问若郑、孔，文章若屈、宋、班、马者，上烛霄汉，与星月争耀。次者，丈尺而差。下者，亦荧荧如一灯照户牖，此室文光高数尺矣。"学究因问己一生读书，睡中光芒当几许？鬼嗫嚅良久，曰："昨过君塾，君方昼寝。见君胸中高头讲章一部，墨卷五六百篇，经文七八十篇，策略三四十篇，字字化为墨烟，笼罩屋上。诸小生诵读之声，如蚊响蝇号。在浓云密雾中，实未见光芒，不敢妄语。"学究怒，叱之。鬼大笑而去。

立命论

将为君子者，不可不知命；业为君子，又不可不立命。说部之书，虽间以假托神仙狐鬼立论，然有至理者可述也。

随园太史[1]云：献县令明晟，应山人，尝欲申雪一冤狱，而虑上官不允，疑惑未决。门役有王半仙者，与一狐友，言小休咎多有验，遣往问之。狐正言曰："明公为民父母，但当论在下之情实冤不冤，不当问在上之意允不允。独不记制府李公之言乎？"门役返报，令为爽然。因言制府李公卫未达时，尝同一道士渡江，适有与舟子争渡金多少者，道士太息，转头属公曰："命在须臾，尚计较数文钱耶！"俄其人为帆脚所扫，坠江死。李公心异之。中流风作，舟欲覆，公请救于道士。道士禹步诵咒，风止得济。李公再拜谢。道士曰："适坠江者，命也，吾不能救；公贵人遇厄，得济，亦命也，吾不能不救，何谢为？"李公又曰："领师此训，吾终身安命矣。"道士曰："公言如此，吾又为公论之。凡人一身穷达，当安命。不安命，则奔竞排轧，无所不至。李林甫、秦桧即不倾陷善类，亦作宰相。彼自增罪案耳。至国计民生之利害，则不可言命。天地之生才，朝廷之设官，所以补救气数也。身握事权，束手无策，一委诸命，天地何必生此才？朝廷何必设此官？晨门谓'知不可而为'，诸葛武侯言'鞠躬尽瘁'，皆圣贤立命之学，公其识之。"公谨受教，拜问姓名。道士曰："公识吾言可矣。"时舟至岸，众毕登。公且敬且骇，目送道士，未瞬已杳。

校记

[1]"随园太史云"以下至"公识吾言可矣"一段，实出于纪昀《阅微草堂笔记》，而非出自随园太史袁枚。

易命锡命

易命之说，似涉荒怪，于传有之：康熙癸未，有某省解元某，赴会试，自夸必中是科状元。及试期，同舍生梦中见文昌帝君升殿胪传，及唱名，果某状元。俄有女子披发呼冤至，曰："某作某事，行止有亏，不可冠多士，请易人。"帝君有难色，曰："命定之矣！"顾朱衣神，神援例曰："万历间，亦有此事，以下科状元，移置上科，其人早中三年，减寿六岁。"帝允之。仍唱名，则王式丹作状元矣。旦起，某自夸如初，生以梦告。某失色曰："孽难逃也！"亟束装归，卒于道。是科果王式丹先生魁天下，后寿六十。先是有术者，占人科名寿算无不验。尝谓先生，当以丙戌中元，寿至六十六。适中先三年，寿少六年有差。是固以王自己之寿算易科分也。

审此，记载武王梦帝与九龄，文王解曰："吾百女九十，吾与女三焉。"文王九十七乃终，武王九十三而终。帝锡之，父易之，似有可信。然武王之末，受命自可益寿，初不必分文考之三也。武王之克商也，迁九鼎于洛邑，卜世三十，卜年七百。厥后周溢其算，历三十八传，得八百七十四年。殆又所谓"祈天求命，载锡之光"者乎？周之积功累仁，宜其得此。

然命无不在，大固有之，小亦宜然。日者，予老友崑西周君尝为予言曰："嘉应州有曾太学宗相者，少业儒，家寒贫，游艺西江。一夕于寓所，梦官差唤之往。入一署，见座上人甚伟，差令北面跪之。座上人阅簿不作声，下签杖之。曾哀诉曰：'某嘉应寒儒。'语未竟，座上已换一簿，吩咐停责。且下簿示之曰：'此汝籍眷脚色耶？'曾私目之，多得两行，曰：'是。'曾心知为误拿见阎君。临放还，求锡命寿。座上仍不作声，侍者曰：'归行善耳，不见簿注七十乎？'及甦，则已死于寓所一日夜。曾生，而寓右有与同姓字者迭卒。后回家，始完娶。生四子，入太学，一一如簿，知力于行善。至七十，治后事。无恙，又八年卒。多目两行，乃里之业儒者。届其科期，劝驾皆俊，人疑曾神术，至末年，语人冥簿事，云余年锡命也。"

观风决解

揭之黄沧溪国卿先生，前明名进士也。官江西吉安府时，届大比，下车观风试士，取习生孔教为榜首。生来谢考，先生云："观生之文，可作是科解头，且成国器，何尚困童场，抑期有待也？然观风所阅，一艺耳，恐难为凭，生可取近作十篇以来，吾为生相之，当无不准。"是时习生困顿，隐于卖卜，近作寥寥，搜得七篇而已。友人知之，请附其作三篇往，习以投缴。先生阅竟，传习进署，手其文指示曰："吾详按生文，仅此七篇可元，此三篇如仍出一手，中犹不足，难为生决，失吾望矣。"习以实告。先生喜曰："此七篇已皆一色笔墨，火候既至，科名随之，必元无疑。"侵科试，录习案首。或以习为日者少之，而是科某学使按临，闻其异，故摈不录，先生入请曰："习生今科解元也，大人胡不录？"某笑曰："习乃公所取士，公来告，可不录乎？然即许为是科第一人，公无乃爱才有癖，不顾言之失实耶？"先生素负气，即大言曰："如是科习生不元，某不坐此黄堂。"学使亦着色曰："果元，予亦不敢任学使。"两人因此具赌，给存省垣监临大员处。习乃补弟子员应科试。榜发，果得解。监临上其事于朝，学使者议处在部，黄竟任江西学政。习后官宰辅，人推黄公为相士法眼。先生族去予淇园不过三里许，有世姻，详闻其事如此，且见《揭阳县志》。

按"火候既至，科名随之"八字，乃相文定诀。不然，习生前此岂未应科考者？抑前此衡文之人，岂尽不辨骊黄者？盖天下瑰奇之士，屡遭摈斥，大半由所养之未醇，火候之未至，不得尽病有司之不明也。黄公得其一篇而识之，又必合以十篇而决。且不索其故作，而必索其近作，此即相者临时观气色之秘，非耳食者所能知。详矣哉，微矣哉！固知先生大言许解，非徒作一往负气语，乃以识壮胆耳。学使者之摈不录，已是褊心，及闻先生言，又不详观细思，竟以不解与先生赌，直同莽�（汉），乌足知文。招议处之尤，宜哉！

更作发解

凡人至恰好发达运会，自有一篇恰好发达文字为之针芥。场内无意得之，固自入妙。

窗下千研百炼，不能及也。且进场一切事宜，亦皆有默为之相，不劳施为者。传江南仁和施解元陛锦，平日揣摹场屋，尝作《岁寒》一节佳文，友人皆见而叹赏之。康熙庚子科，应试在场。值此题，同号生握卷至前，曰："尊作予能记忆，已录予卷，君可更作。"是时施只得应诺，构思仍得佳篇。恰好发解，友竟不售。按：其文入脉云："不观夫岁之寒乎？"顺领，的是元脉也。又施是科实至八月初五方补遗才。盖江南有一秀才游两广制军署，初无志归试，夜梦神语云："江南无解元，待尔去。"醒后自思考期已近，录科不及，置之。次夜梦神语曰："尔不去，江南安得有解元乎？"因向主人请行。主人驿马赠送，到江宁，恰八月五日。有为致其主人意于学使者，学使亦知某一时名士，准录遗才，施适与焉。而某名士是科弗售，固特为施补录来云。

神语定解

乾隆辛卯，吾粤陈解元相伯之发科也，其年馆教某官署，逼秋闱而未卜行期。忽一日，内署失去翡翠玉耳环，诛责其小婢甚急。小婢计无之，逃隐土地祠神龛后，夜闻神语云："异哉！鹅吞玉环而责之婢，解元在西席而不劝之驾，此署中人皆愦愦也。"小婢明蚤出，言玉环为鹅所误吞。杀之，果得环。因述神有西席解元语。居停遂为陈赠策，陈果获隽。

测字定解

傅公遵陔言，己卯年某秀才，于岁之元日，问卜于善测字者某。某奉字盒令秀才自拈字，拈得，私自视，适"死"字。返字于盒，竟不敢令测字者辨，即送卦金，径出门去。测字人追而逗之，反坐再四诘，不之白。人曰："必'凶'字也，然化吉者，正自不少，看其可作如何辨耳。"乃以实告。人曰："秀才所问，其科名乎？"曰："然。"人起而揖曰："可喜可贺！秀才己卯第一人也。夫死之首为'一'，第一昭昭矣；其下右之'七'非即'己'字乎？直'己'之钩以配'夕'，非即'卯'字乎？己卯第一，君当之矣，非是科解元而何？"及秋闱，果应所占。

庚子解元　戊戌进士

揭阳桃山谢氏，某年修建祖祠，发土得石，上刻小子曳一耕牛，手刀加角上。识者曰："此谶图也。"迨康熙庚子科，谢学圣先生发解，乃知耕牛小子，庚子也；刀加牛角，"解"字；牛一，元也，合应"庚子解元"。因号此石为"解元石"，今在祠中。

郡有某前辈，圆梦莲花山，得"功名两不成"语。后以戊戌成进士，始悟仙人固状"戊戌"两字，戏作反言相指示也。

卷之三

百二十岁贤母

贤母者，潮阳合山周母也。乃海阳之郭陇女，名真顺。年百二十岁时，尝返视海阳故里，有"天甲年来度二周"之句，故人称为百二十岁贤母。后五年，母乃殁。盖百二十五岁也。

方有明定鼎之初，俞指挥良辅领军南下征诸寨之未服者，人情恟惧。郭时避地溪头寨，作诗遮军门上之。俞大喜，寨以宁。诗云："将军开国之武臣，早附凤翼攀龙鳞。烟云惨淡蔽九野，半夜捧出扶桑轮。前年领兵下南粤，眼底群雄尽流血。马蹄带得淮河冰，洒向江南作晴雪。潮阳僻在南海濒，十载不断干戈尘。客星移处万里外，天子亦念遐方民。将军高名迈前古，五千健儿猛如虎。轻裘缓带踏地来，不减襄阳晋羊祜。此时特奉圣主恩，金印斗大龟龙纹。大开藩卫制方面，期以忠义酬明君。宣威布德民大悦，把菜一笠谁敢夺？黄犊春耕万陇云，鼍鼟夜卧千村月。去岁壶阳戍守时，下车爱民如爱儿。壶山苍苍壶水碧，父老至今歌咏之。欲为将军纪勋绩，天家自有麒麟笔。愿续壶民歌太平，磨崖勒尽韩山石。"[1]

校记
[1] 该诗《潮州府志》及潮汕各县志均有载，文字稍异。

百四十岁赠公

乾隆壬子科试，昌时始受知于督学涪江与岱周公。闻公到省垣时，人喧传公为百四十老人孙，爰有刻其事于版，作异闻卖者。闻公牌示禁之，意传者妄耶？近阅袁子才先生《续子不语》之末，有"百四十村"一条，云得于阁学公煌所自言者，则似实有其事矣。予又尝询诸蜀人，皆云有之。且谓翁峨嵋山隐者也。山中往往有百余岁人，但其人体质必青黑而坚小，长白者不能。盖山川精英致然也，初非异事。按袁所传略云：翁九十未婚，与山下吴老好。后翁于深涧中得黄白物不计，以万金聘吴女为配，年十九成婚，其时翁百岁。又四十年，女先翁殁，盖女寿五十九。又四年翁殁，实寿一百四十四岁。生一子，补廪膳生员，乃阁学考。又一传，为督学涪江先生，窃意广省卖异闻者，间作点染，必有失实之语。故先生示禁之。

百岁绅耆

考志书以百岁建坊者，有周给事钥之父成翁，翁曾任五经博士。又有信翁者，为吴太卿殿邦之祖。其见于林忠宣之文者，则为莲峰许翁，称其壮年还人遗金以百计。近乾隆年间，龙湖有监生百年成翁。嘉庆二十年间，庄陇庄茂才忠春翁，皆百岁立坊。揭扬（阳）王茂才弼之祖，亦以百岁闻。邑之前陇郑氏，亦有恭芝百岁公。要皆有德克享大年也。

百岁夫人

妇人固多寿考，然传不恒见。仅闻晋王右军夫人，年九十，耳目聪明。又宋蔡端明襄途见老妇，问之且百岁，遂拜祝曰："愿吾母寿如斯。"今我揭阳郑勤恪公夫人，与公同生于康熙之己丑年。公以乾隆壬寅官直隶总督，卒于任，寿七十四。夫人乃至嘉庆己巳终，寿百有一岁。以诰命夫人，享百年之上寿，询兴朝之瑞也。已赐建坊，尚未营造。夫人江氏，八字不传；公则传为己丑、甲戌、辛丑、丁酉。又鹳塘陈进士义勇翁之母太宜人某氏，寿百有五岁。

举三十子次子又三十二子

揭之西界为揭扬（阳）岭盘郁之区。国初有闽人李兴有翁者，来卜居，定阴阳宅焉。翁创是，产三十子，分三十房，皆蕃盛。次子尤盛，更产三十二子。是时翁财与丁称，作数十村居其子，曾孙辈朔望问安，不能遍识，载诸簿焉。翁寿亦跻耄耋。殁时，派下男女守孝者，已千余人。亦复家世诗礼，近有举于乡者，曰自荣先生。

三十六岁已举三十六男子 采《多男考》

王丹麓有《多男考》，略云：文王百子，世即诗人"百斯男"之美词，信之耳。太史公曰："太姒十子。"传又曰："武王封兄弟之国十五人。"盖伯邑考早卒，武王为天子，是文王多不过十七子云。胜国晋藩庆成王，有百子，封长子外，余九十九，并为镇国将军。汉中山靖王百二十子。而杜子微百四十子，云系服天门冬八十年所致，《史记索隐》亦云：陈成子百余男。张苍百数十岁，生男女百人，男封侯者三十九，女封主者三十八。后周真州刺史李仙哲，生男女六十九人，缘江十余里，第宅相望。虽合男女计，亦云盛矣。汉赵王彭祖子七十人。晋吐谷浑子六十人。《宋书》左卫卒胡藩，亦子六十人。唐棣王子五十五人。荣王子五十八人。晋姚弋仲子四十二人。战国时田婴有子四十余人，贱妾子曰文，是为孟尝君。陈宣帝四十二男，赵宋侍中张耆亦四十二男。宋徽宗子三十八人。唐玄宗孙延王，子三十六人。玄宗三十子。冯盎如之。陈王冲亦三十子。《列仙传》陵阳子仲，服远志二十年，有子二十七人。又刘京授九于王公，已七十岁，尚生二十子。冯行已亦生二十子。此之多男，皆出自帝室王家，素封贵族，非民间之一夫一妇可同日语也。

本朝康熙中，江南某府吏郑甲，十八岁娶妻，一年一胎，子皆双生，至三十六岁，有子三十六人，并存无恙。郡守异之，给库银百两，申之司院，赏赉有差。事载《坚瓠广集》，真前古所未有，太平极盛之异征也。

年岁考略

甲子作于黄帝之八年，则问年者，当始黄帝。乃古称黄帝三百年，夫子以食德服教，畏神言之。是帝在位百一十年，寿约百余年耳。前此者，大昊在位百十五年，炎帝在位百四十年，观在位而年约可知。后此少昊在位八十四年，寿百岁。颛顼在位七十八年，寿九十八岁。帝喾在位七十年，寿百五岁。尧在位百年，寿百十有八岁。舜在位五十年，寿百有十岁。夫子称"大舜必得其寿"是也。禹在位二十七年，汤在位十三年。皆百岁。文王九十七。武王九十三，在位七年。殆所谓寿考作人者。伊尹、太公、召公，计皆百岁。商彭或云八百岁，娶四十九妻，生五十四子。然经传无征，夫子但称曰"老彭"。李耳或疑其仙，夫子亦但云"老子"。《家语》有之，而《论语》无闻。似在存而不论之列矣。

乃考后世正史所载：汉张苍百余岁。文帝时乐人窦公，百八十岁。晋单道开隐罗浮，年百一岁。唐王远知百二十六岁。梁穰城人三百四十岁。宋应天寺僧母一百五岁。北朝罗给百十岁。唐甄权百三岁。类书所载：乃有山姬李炎子济雀食，年五百岁。赵瞿炼松脂，年三百岁。邢渠至孝，年百四岁。香山九老中李元爽，一百三十六岁。孙瑊百岁，嗜书。李充，冯翊人，自言三百岁。《抱朴子》云："蜀有李何，穴居不食，年八百岁。"存参可耳。

曩者，卫武公年九十五，犹作《抑戒》，载在《雅诗》，其所谓耄年进德者欤？袁固治《诗》，伏生授《书》，唐且说秦救魏，皆年九十。宋文潞公九十二以太师致仕，荣启期九十五鼓琴鸣三乐，亦云年高德邵矣。

夫百年上寿，八十中寿。九十曰耄，八十曰耋，齿亦至矣。太公起于钓渭，犹能鬻之为帝师。而向郎较书；吕岱讨贼；赵充国筹边；宋纤人玉国琛，老而笃学；李克赐几杖；傅永盘马，何曩铄哉！宋梁灏状元及第，曰皓首穷经，少伏生之八岁；青云得路，多太公之二年。龙头老成不虚耳。南朝陶弘景八十一，山中白云，可自怡悦，时有方瞳之异焉。

七十曰耆，世号古稀。吾夫子则以七十加三，逍遥杏坛，删述六经，垂训万世矣。绛县老人亦此年书"亥"字。而赵逸在魏，手不释卷。老莱戏彩，犹以孝传。楚邱决疑，机氾益恭。白香山以尚书致仕会九老。顾又有牧犊子之咏《雉朝飞》，轮扁之老斫轮也。徐陵春秋乃谓小如来五岁，大孔子三年，何儗不于伦耶？

八十杖朝，七十杖国。六十曰老，亦杖于乡，是称下寿。汉武帝时，公孙宏六十为博士。光武时，马援六十三请平五溪。宋司马光六十五作真率会。朱文公六十序《学》《庸》章句。晋羊祜游汶水，有父老曰："好宰相，年六十，建大功。"既言不见，固神异哉！

五十曰艾，虽不杖乡，亦养于乡矣。在家则杖，未足言老，何白首之知哉！韩公五十三谏佛贬潮。周廉溪五十一始鬻产入京，孔愉始为参军。孟郊、韦元微五十始进士，韦愿作松菊主人，高适始学诗，陈骙始娶，荀卿始游学，岂特伯玉以知四十九年非闻哉！

四十曰强，三十曰壮，树立何多。乃孟浩然以四十出鹿门，吴猛受神方于丁义，山涛起主簿，李固通艺履仁，裴寂征梦遂贵，而人尤啧啧于安石出东山，子云游京邑也。我夫子年四十七学《易》，韦编三绝。门人商瞿者实受《易》学，四十无子，问焉。夫子以五十得五男子许之，如所云。

陆贽三十至京，公卿重之。臧质好言兵，为徐、兖二州刺史。王沦官侍中。岳武穆三十二建节中兴。张充三十改过读书。温造三十二伏刘济，天子奇之。莱公三十一在枢密。潘安仁三十二，二毛早见，顾甘为恨人矣乎！

丁年弱冠，如时方春。陆机二十乃作《文赋》。苏轼二十二与弟辙，并以奇才赐进士。贾谊二十为博士，李商隐举明经，韩琦、范质皆进士。老苏则以二十五发愤攻书。抑又有司马子长之二十游天下，成千古文豪者。东吴周郎才亚诸葛，为万人英，亦以二十四岁破曹军于赤壁特闻。

幼学凤慧，妙悟天开。任延圣童，十二通经。贾黄神童，七龄及第。萧颖士四岁属文，刘士安七岁正字，文章吾自有之；陆绩六岁怀橘，孔融四岁让梨，孝悌其本性也。乃世所津津齿颊者，又有如甘罗之十二分相印，童乌之九岁预玄经，李泌之七岁贺奇童焉。唐元宗皇帝与张说观弈，帝命说试泌，说请赋方、圆、动、静。泌曰："愿闻其略。"说曰："方若棋局，圆若棋子。动若棋生，静若棋死。"泌应声曰："方若行义，圆若用智。动若聘才，静若得意。"说贺帝得奇童云。

嗟嗟！黄鹄高于五尺童，化为白兔似老翁。俟河之清，人寿几何？朝而美好，夕而丑老，转盼间耳；东光不留，促若奔箭，岁我与乎？且北方高凉，四十强壮；南方卑湿，三十便衰。地气然欤？抑蒲柳之姿，望秋先零；松柏之质，经冬弥茂。人又未可一概视也。予已纂录王丹麓先生《多男考》，又例而述此。历考多寿并秩年岁之序，略系典故，备览观焉。

是考征引虽博，要衷经史之正。王氏《多男考》，间有不可为训之语，删节悉当。其比次连类，大似《史记》孔门弟子七十七人列传。然传谓宰予作乱，有若撤座，尚难免乎失实之讥。是知为文之廉而节者，即载笔之择贵精也。多闻才人贵知慎选也如此。洪松湖

八十八岁翰林

邑之太史启振刘公，家世业儒。少困文场，年近强仕，例入太学。且身自往来甘肃省，时为人捐纳。然勤学未尝倦，尝以故求伸于甘肃大员某，大员直之与语，且及为文。旋年近八十，赴雍正丙午乡试。值甘肃大员作广东中丞，监临贡院。见而识之，喜其老健，特加奖劝，是年获隽。乾隆元年丙辰，有异征，应卿云之兆会试。大员在京，又敬礼之，中进士，钦点翰林，时年八十有八。在史馆有声，恩建坊表之，曰"木天人瑞"。加检讨。后寿近期颐云。

又邑有轩昂邱公，中雍正癸卯进士。年三十三岁，口吃，云三三。时有"八八翰林，三三进士"之谚。

二十二岁状元（对策附见）[1]

前明邑之林东莆大钦先生，年十二，喜读苏氏《嘉祐集》。操笔为文，屈注奔腾，神

气与大苏文宛肖。嘉靖辛卯，举于乡第六人。壬辰赐进士，状元及第，年二十二岁。其廷对也，阁臣定孔生、高生二卷，都御史汪公铉见东莆文，诧曰："奈何答策无冒语？"大学士张公孚敬曰："是娴苏氏策学者，必当上意。"乃附二卷封进。上览之，亲擢第一。榜发，中外称庆，咸谓大魁得人。兹录全策如左：

皇帝制曰：朕惟人君，奉天命以统亿兆而为之主，必先之以咸有乐生，俾遂其安欲，然后庶几尽父母斯民之任为无愧焉。夫民之所安者、所欲者，必首之以衣与食，使无衣无食，未免有冻馁流离之害。夫民匪耕则何以取食，弗蚕则何以资衣。斯二者，亦王者之所念而忧者也。今也耕者无几而食者众，蚕者甚稀而衣者多；又加以水旱虫蝗之为灾，游惰冗杂之为害；边有烟尘，内有盗贼，无怪乎民受其殃而日甚一日也。固本朕不类，寡昧所致，上不能参调化机，下不能作兴治理，实忧而且愧焉。然时有今昔，权有通变。不知何道可以致雨旸时若，灾害不生，百姓足食足衣，力乎农而务乎织，顺乎道而归乎化？子诸士明于理，识夫时，蕴抱于内而有以资我者，亦既久矣。当直陈所见所闻，备述于篇，朕亲览焉。勿惮勿隐。

臣对：臣智识愚昧，学术疏浅，不足以奉大问。窃惟陛下当亨泰之交，抚盈成之运，天下皆已大治，四海皆已无虞。而乃拳拳于百姓之未得所为忧，是岂非文王视民如伤之心耶？甚大美也。然臣之所惧者：陛下负聪明神智之资，秉刚睿仁圣之德，举天下之事，无足以难其为者。而微臣所计议，复不能有所补益于万一，陛下岂以其言为未可尽弃而有所取之耶？陛下临朝策士，凡有几矣。异时莫不光扬其名声，宠绥其禄秩。然未闻天下之人有曰："天子某日降某策，问某事，用某策，济某功者。"是岂策士之言皆无可适于用耶？抑或可适于用而未暇采之耶？是臣之所惧也。臣方欲为根极政要之说，明切时务之论，而不敢饰为迂阔空虚无用之文，以罔陛下。陛下若以其言为可信而不悉去之，试以臣策付之有司，责其可行，则臣终始之愿毕焉。如或言不适用，则臣有瞽愚欺天之罪，俯伏以待罪谴，诚所甘心而不辞也。

臣伏读圣策，有以见陛下拳拳以民生冻馁流离为忧，以足民衣食为急。此诚至诚恻怛以惠元元之念，天下之所愿少须臾无死以待德化之成者。然臣谓陛下诚怀爱民之心，而未得足民衣食之道；诚见百姓冻馁流离之形，而未知冻馁流离之实也。夫陛下苟诚见夫百姓冻馁流离之实，则必思所以富足衣食之道。未有人主忍见夫民之冻馁流离而不思所以救援之者，未有人主救援夫民之冻馁流离，而天下卒至于冻馁流离而不可救者也。今夫匹夫之心可行于一家，千乘之心可行于一国。何者？以一家一国固吾属也。曾谓万乘属天下者，有救援天下真实恳切之诚，而顾不效于天下者哉？是臣所未信也。臣观陛下临朝，凡十有余年于此矣。异时劝农蠲租之诏一下，天下莫不延颈以望更生。然而惠民之言不绝夫口，而利民之实至今犹未见者。臣是以妄论陛下未知斯民冻馁流离之实，未得足民衣食之道也。臣闻之：仁以政行，政以诚举。王者富民，非能家衣而户食之也，心政具焉而已矣。夫有其心无其政，则天下将以我为徒善；有其政无其心，则天下将以我为徒法。徒法者化滞，徒善者恩塞。心法兼备，此先王所以富足人之大略也。臣观史策，见三代以后之能富其民者，于汉得一人焉，曰文帝。当乱秦干戈之后，其时之民[2]，盖日不暇给矣。文帝视当时之坐于困寒者，盖甚于涂炭也。育之以春风，沐之以甘雨，熙熙然与天下为相休息之政，而涂炭者衽席矣。故后世称富民者，以文帝配成康，亦诚有以致之也。然而文帝固非纯王者，窃王者之似焉，犹足以专称于后世，而况夫诚于王者，而顾有坐视天下于冻馁流离者哉！臣窃谓今日陛下忧民之心不为不切，爱民之政不为不行。然臣所以敢谓陛下于斯民之冻馁流离而未知其实，于足民之衣食而未得其道者。窃恐陛下有爱人之仁心，而未能如王者之诚恳恳至；有爱人之仁政，而未能如王者之详悉光明。臣是以敢妄论陛下而云云也。然臣所望仁政于陛下者，非欲尽变天下之俗也，非欲复井天下之田也。亦曰宜时顺情而为之制，而不失先王之意尔。臣请因圣策所及而条对之。

陛下策臣曰："夫民匪耕则何以取食，弗蚕则何以资衣。斯二者，亦王者之所念而忧者也。今也耕者无几而食者众，蚕者甚稀而衣者多；又加之水旱虫蝗之为灾，游惰冗杂之为害；边有烟尘，内有盗贼，无怪乎民受其殃日甚一日也。"此见陛下痛念斯民之病，深揆困乏之本，而急思所以拯救之也。臣谓民之所以耕蚕稀而日甚其殃者，游惰起之也，冗杂病之也。若夫水旱虫蝗之灾，则虽数之所不能无，然君人之忧不在焉。何者？恃吾耕蚕之具素修而无所耗，则虽有水旱虫蝗而无所害。臣闻有道之国，天不能灾，地不能厄，戎狄盗贼不能困。以恒职修而本业固，仓廪实而备御先也。臣闻立国有三计：有万世不易之计，有终岁应办之计，有因时苟且之计。万世不易之计者：《大学》所谓"生之者众，食之者寡，为之者疾，用之者舒"也。故王制三年耕则有一年之积，例之则九年当有三年之豫。其终岁所入，盖足以自给。而三年之蓄，恒可以预待不虞。如此者，所谓"天不能灾，地不能厄，戎狄盗贼不能困"。臣前所谓王者之政，陛下今日所方欲切求而励之行者。所谓终岁应办之计者：盖生财之道未甚周，节财之道未甚尽。一岁之入，仅足以充一岁之用。其平居无事，尤未见其甚散。值有凶荒盗贼之变，则未免厚敛重取，以至于困败而不能自振。若此者，盖素备不修，因时权设。汉、唐、宋以下治天下之大率，而非吾陛下之所以奉天理物，深厚国脉者。其所谓因时苟且之计者：盖平时之所以敛取于民颇无其度，而取民惟畏其不多，用财惟畏其不广。方其无事，百姓已不能自给。迨其有变，则不可复为之计矣。此则制国无纪，溃乱不时，盖昏乱衰世之政焉。臣前所谓"起于游惰，病于冗杂"之弊，亦略有同于是。陛下今日所方欲改辙而易海内之观者，臣谓今日游惰之弊有二，冗杂之弊有三。此天下之所以长坐于困乏，而志士至今愤惋而叹息者也。

其所谓游惰之弊二者：一曰游民，一曰异端。游民众则力本者少，异端盛则务农者稀。夫民所以乐于游惰者何也？盖起于不均不平之横征，病于豪强之兼并。小民无所利于农也，以为逐艺而食，犹可以为苟且求生之计。且夫均天下之田，然后可以责天下之耕。今夫里闾之小民，剥于污吏豪强者深矣，散食于四方者众矣。大率计今天下之民，其有田者一二，而无田者常八九也。以八九不耕之民，坐食一二有田者之粟，其势不得不困。然而散一二有田者之业，以为八九自耕之养，其势未尝不足。议者病游民之众也，或有逐商之说。然臣以为游民之商，本于不得已也。而又无所变置而徒为之逐，臣惧夫商之不安于商也。臣窃谓今日之弊源已深，更化者当端其绪而绥理之。理而无绪，势将驱力农之民而商，又将驱力商之民而盗也。天下为盗，国不可久。其便莫若颁限田之法，严兼并之禁。而有择循良、仁爱、恻恒之吏以抚劳之。法以定其世业，禁以防其奸贪，吏以得其安辑，游民其将归乎！若夫异端者，盖本无超俗利世之智，而徒窃其减额逃刑之利。不工、不商、不农、不士，以自便其身。且其倡无父无君之教于天下，将使流风之未可已焉。此其为害甚明，故臣不待深辨。然臣窃悼俗之方散也。秃首黄冠，充斥道路；珠宫琼宇，照耀云汉。此风未艾，效慕者众。非所以令众庶见也，非所以端风正纪之要体也。故臣愿陛下严异端之禁，敕令此辈悉归之农。其有不如令者，许有司治罪不赦。盖非惟崇力本之风，抑且彰教化之道。此臣拳拳所望于陛下之至意也。

其所谓冗杂之弊三者：一曰冗员，二曰冗兵，三曰冗费。冗员之弊必澄，冗兵之弊必汰，冗费之弊必省。三冗去而财裕矣。夫圣人所以制禄以养天下之吏与兵者，何也？吏有治人之明，则食之也；兵有敌人之勇，则食之也。是其食之者，以其明且勇也。其或有不明、不勇者，则非耕不得食，非蚕不得衣。何者？无事而禄，亦先王之所俭也。今者天下之吏与兵何如也[3]？臣非欲尽天下之吏与兵而不禄之也。臣徒见任州县者，固有才能不胜而坐禄者焉；隶兵籍者，固有老弱不胜而滥食者焉。且入赀之途太多，任子之官太众；简稽之责不严，练选之道有亏。臣是以欲于此辈一澄且汰焉。其所以去冗滥而宽民赐者不少也。若夫冗费之弊，不能悉举。即其大而著者论之：后宫之燕赐不可不节也，异端之奉不可太过也，土木之役不可不裁也。陛下端身以率物，节己而居俭，其于三者固未可议焉。然窃见天下之大，民物之众，九州四海之贡，尺帛粒米之赋，山林川泽之税，日夜会稽，以输太仓，可谓盛矣。而国计未甚充，国用未甚足，以为必有所以耗之者矣。且夫上之赋其下者以一，而下之所以供夫上者常以百。盖道路之耗，输挽之费[4]。京师之一金，田野之百金也。内府之百金，民家之万金也。以百万民家之资，费之于一燕飨、一赐予、一供玩者，何限耶[5]？故曰冗费在今日[6]，亦有未尽节者。盖臣闻之：以天下所有之财赋，为天下人民之供养，未有不足者。特其有以冗而费者，故其势将横征极取，天下不至于饥寒冻馁、大败极散不已。臣读《史记》，见周文王方其受命之时，地方不过百里，而四方君长交至于其国，其所以燕飨劳来之典，不容终无。然而当时百姓各足，饥寒不病，故民诵之。《诗》曰："勉勉我王，纲纪四方。"盖庆之也。传至于其子孙，以八百国之财赋，自养一人，宜其甚裕而无忧，而民反流离困苦，至于《黄鸟》《化离》之咏作焉。臣于此见君人节己以利人则易为功，广费以厚敛则难为力。臣是以拳拳以省冗费为陛下告也。

陛下策臣曰："固本朕不类，寡昧所致，上不能参调化机，下不能作兴治理，实忧而且愧焉。"此陛下忧勤之言，禹、汤罪己之辞也。然臣谓陛下非徒为是言也，须欲励是行也。夫君人之言与士庶不同，一或不征，天下玩之，后虽有美意善政，人且骇疑不信。陛下往年尝有恤农之诏矣，然而天下皆以为陛下之虚言，何者？诚见其言若是焉，而未见其惠也。今陛下复策臣若是焉，臣以为亦致忧勤之实而已。欲致忧勤之实，须速行臣前所陈者。臣前所陈者，皆因圣策所及条对，要之所以振弊利世之道，犹有未尽于此，臣请终之。

夫山泽之利未尽垦，则天下固有无田之忧。今夫京师以东、蔡、郑、齐、鲁之间，古称富庶强国，三代财赋多出于此。汉唐以来，名臣贤守，其所以兴田利而裨国用者，沟洫封浍之迹往往犹存。而今悉为空虚茅苇之地，此古人所谓地利犹有遗者。而陛下所使守此土者，一切苟且应职，而无为任此忧者。此北人所以长坐仰给于东南，少有凶荒不继，辄辗转沟壑不能自给以生者，地利未尽也。臣意陛下莫若严其守令，重选才干忠诚为国之士，使守其地。而专一以兴田利为事，朝廷宽其禁限，听其便宜。而惟以此为田利课，则海内当有赵过者出[7]。不数十年之后，则江北之田应与江南类，可省江淮数百万之财赋，而纾北人饥寒冻馁之急。一举而利二焉，大惠也。陛下能断而行之，大勇也。或曰：非不欲行也，如南北异宜何？臣请有以折（析）之。夫今日所谓空虚荒瘠无用之地者，非向时所谓富实而所托赖以兴起之本区乎？昔以富实，今以荒虚，臣诚未见其说。亦曰存乎人耳，魏人许下之屯可见矣。方枣祗为屯许之画也，当时亦诚见其落落难合。洎其成也，操终赖之，省粟数万。今天下之大，又安知其无能为枣祗者乎？臣是以愿陛下以此为田利课，则山泽垦矣。臣又闻之：关市不征，泽梁无禁，王者所以通天下大公大同之制也。自汉桑弘羊以剥刻之术媚上，而征榷之法始详，历代因之而不革，大公之制未闻也。然臣终以此为后世衰乱苟且之政。今朝廷之取民，茶有征，酒有榷，山泽有租，鱼盐有课。自一草一木以上之利，莫不悉笼而归之公，其取下悉矣。夫上取下悉则其势穷。夫兽穷则逐，人穷则诈，今陛下之民将诈乎？司国计者，非不知其势之不可以久也。然而明知其弊而冒之者，诚曰国家利权之所在也。臣以为利不胜义，义苟未安，利之何益？况又有不利者在乎？臣闻之：王者所以总制六合而正服民心、张大国体者，固在道德之厚薄，不问财赋之有无。臣观征利之说，不出于丰泰之国，恒出于衰乱之世。纤纤然与民争利者，匹夫之事也。万乘而下行匹夫之事，则其国辱，非丰泰之时所尚也。陛下何不旷然为人所难，思大公之法，去衰乱之政，令天下人士争言曰："惜哉，汉、唐、宋不能舍匹夫之利以利人，至我明天子然后能。"以天子之大体镇服民心焉，陛下何久于此而不为也。臣愿陛下息山林关市之征焉，使天下知大圣人所作为过于人万万也。若夫悉推富民之术，则平籴之法不可不立也，常平之仓不可不设也，奢侈之禁不可不严也。凡若此者，史策之载可考，陛下可能举而行之。成典具在，故臣不必深论之也。由臣前所陈而言之：均田也，择吏也，去冗也，省费也。由臣后所陈而言之：辟土也，薄征也，通利也，禁奢也。田均而业厚，吏良而俗阜，冗去而蠹除，费省而用裕，土辟而地广，征薄而惠宽，利通而财流，奢禁而富益。八政立而王制备矣。陛下果能行臣之言，又何忧于百姓之冻馁流离？又何至于有烟尘盗贼之警？又何患不顺乎道而归乎化哉？通变时宜之道，其或悉备于此。

然臣以为此数者皆不足为陛下之难，所患人主一心，不能清虚寡欲，以为宽民养物之要。则虽有善政美令，未暇及行。盖崇高富贵之地，固易为骄奢淫逸之所，是故明主重内治也。故古之贤王，退观远虑，居尊而虑其危，处富而慎其溢，履满而防其倾。诚以定志虑在节逸欲，图寅畏在禁微邪也。故尧曰"兢"，舜曰"业"，禹曰"孜"，汤曰"检"。臣以为数圣人固得治心之要矣。臣尝观汉武帝之为君，方其临轩策士，奋志六经也，虽三代之英主不能过焉。洎其中年多欲，一念不能自胜，公孙弘、桑弘羊、张骞、卜式、文成五利之辈，各乘其隙而售之。卒使更变纷然，天下坐是大耗。臣是以知人主一心，不可使有所嗜好，形见于外。少有沉溺，为祸必大。故愿陛下静虚恬虑，以为清心节欲之本。毋以深居无事而好逸游，毋以海宇清平而事远夷，毋以物力丰实而兴土木，毋以聪明英断而尚刑名，毋以财赋富盛而事奢侈，毋羡邪说而惑神仙。澄心正极，省虑虚涵。心澄则日明，虑省则日精。精明之运，旁烛无疆。举天下功业，惟吾所建者，岂止于富民生足衣食而已哉！

臣始以治弊治法为陛下告，终以清心寡欲为陛下勉。盖非有惊世绝俗之论以警动陛下。然直意以为陛下之所以策臣者，盖欲闻凯（剀）切时病之说，故敢略尽其私忧过计之辞。衷情所激，诚不知其言之犹有所惮，亦不知其言之犹有所隐。惟陛下宽其狂易，谅其朴直，而一赐览之，天下幸甚！臣谨对。

文四千五百余言，一线操纵，一气舒卷。掣鲸鱼于碧海，真宇宙间绝大奇观也。昔人尝谓此策无冒，特以不作虚论冒头耳。要篇中自起至"臣请因圣策所及而条对之"，即是总冒。下条对分作二大段是正幅。末为陛下告、为陛下勉、惟陛下赐览，是总结束。其所陈皆王政足民足国，治统心法之大全也。平阶又识。

校记

[1]"对策附见"四字原无，据卷首目录补。
[2]其，《东莆先生文集》作"当"。
[3]今者，《东莆先生文集》作"今夫"。
[4]输挽，《东莆先生文集》作"漕挽"。
[5]何限耶，《东莆先生文集》无"耶"字。
[6]故曰，《东莆先生文集》作"臣故曰"。
[7]有赵过者出，《东莆先生文集》"出"字下多一"焉"字。

八岁神童（《咏月》诗三十首附见）[1]

苏神童福者，惠来神泉人。八岁能文，明初洪武间应举神童科赴京。以年幼还里，有司给廪米。十四岁卒。祀乡贤。志称神泉地宸山襟海，钟灵毓秀。有谶云："文昌山顶玉华笏，五百年后圣人出。"神童谢尘时，人叩之，亦有五百年再生语。笃生非偶，慕望无穷，世念之矣。又志载神童《纨扇行》《秋风词》等篇，极佳妙。于咏《三十夜月》绝句，录其初一、廿七二章。而初一章尤脍炙人口。弇州王元美尝云："余读苏神童《初一夜月》诗'却于无处分明有，浑似先天太极图'二句，饶他湛甘泉诸公再理会几年，亦说不到。"兹为备录全作如左：

晦夕推迁又一初，阳光阴魄两疑无。却于无处分明有，浑似先天太极图。初一夜月
三足金乌已敛形，且看玉兔一毫生。嫦娥底事梳妆懒，永夕蛾眉画不成。初二夜月
日落江城半掩门，城西斜眺已黄昏。何人神得披云手，错把青天搦一痕。初三夜月
禁鼓才闻第一敲，忽看新月挂林梢。谁家宝镜新藏匣，盖小参差掩不交。初四夜月
浮云散尽碧天西，那处佳人露画眉？正可开樽邀客饮，只愁易落不迟迟。初五夜月
烛笼西堕敛余红，谁把新镰挂晚空？此际莫嫌光彩少，也堪邀客酒盈钟。初六夜月
牛女秋期一渡河，广寒奈对碧天何？此时方与人间约，剖破冰盘下碧波。初七夜月
新月弯弓欲上弦，黄昏光彩到中天。与君对影三人酌，酌到中宵分散眠。初八夜月
抛掷光阴奈若何，良宵遇酒且高歌。不知织女归何处，留住中天一只梭。初九夜月
上弦初过未团圆，已有清辉耀九天。伴我举杯相对饮，鼓更催迫不成眠。初十夜月
翼敛阳乌若木林，半轮新月到天心。人生何问圆和缺，且过中宵酒满斟。十一夜月
延伫天中过半轮，溶溶清景照黄昏。忘眠任到二更鼓，留住余光伴酒樽。十二夜月
一轮未满缺些儿，后夜阴晴未得知。已有清辉连四境，何妨对此酌金卮。十三夜月
良夜推移二七当，银蟾尚减一分光。光辉未必输三五，早为邀朋酒满筋。十四夜月
天上人间月半中，中秋八月半欣逢。四时但愿长如此，六合阳光普照同。十五夜月
今夜圆非三五圆，只因圆处减婵娟。向残时节寻常是，说与嫦娥守凤缘。十六夜月

一鼓初敲韵未终，好看破镜上苍穹。但知光彩依然在，任彼骚人说不同。十七夜月

二九良宵此夕当，镜轮虽破有余光。劝君夜饮停杯待，三鼓初敲管上窗。十八夜月

玉漏迢迢夜未央，冰轮欹侧辗东方。其中桂影参差见，想是仙枝曾短长。十九夜月

非弓非镜亦非梭，二十还同一十初。借问嫦娥蚀多少，三分已蚀一分余。二十夜月

破镜缘何少半规，阳精倒迫若相催。弓弦过满知何似，正是弯弓欲射时。廿一夜月

三更半夜未成眠，残月今宵正下弦。若有远行人起早，也应相伴五更天。廿二夜月

此夜弯弓不上弦，名为残月似新鲜。三更吐焰东楼上，一瓣刚分太乙莲。廿三夜月

三八良宵正此天，三更残月上楼前。嫦娥已自梳妆罢，斜插银梳在鬓边。廿四夜月

破镜三分去二分，看来惟有一分存。嫦娥修饰何堪比，柳叶临妆添半痕。廿五夜月

四鼓敲推更已阑，腰镰谁把上东山？似弓还大梳还小，仄影依光待日盘。廿六夜月

频催玉漏夜迟迟，才见银弓上海湄。又说惜花人起早，忙妆只画半弯眉。廿七夜月

五鼓才终播正哗，蛾眉初上海之涯。江州商妇知羞者，犹把琵琶半面遮。廿八夜月

东海金鸡已唱酬，未看初日上东楼。浮云收尽天如水，渔夫还抛钓一钩。廿九夜月

才周一月匝三旬，不见清辉有半痕。娥女夜眠甘守寂，恰如陈后闭长门。三十夜月[2]

右三十首，系别传定本，与坊刻微有不同。坊刻第一章首四字是"气朔盈虚"。考天体三百六十度，十二月若准天体，当月得三十日。乃每月仅得二十九日又九百四十分日之四百九十七。是月不能三十日为朔虚，盖九百四十分为一日也。月何以定，以合朔之时定之。合朔在后六时多，大；在前六时多，小也。又三百六十业为天常数，日度若准天，当三百六十日与天之原点会。乃日度不及天，今年冬至迄明年冬至，为三百六十五日零三时。是为三百六十度四分度之一，为气盈。然此节气事，与月本无干，但气盈朔虚是闰月所由置。盖朔虚，月既少天五日九百四十分日之五百九十二。气盈，日又于一年中，必再多五日九百四十分日之二百三十五。而每岁十二月，只得三百五十四日三百四十八分。是合气盈朔虚计之，应多十日八百二十七分，乃至天常度。是为余分，三年一闰，五年再闰，气朔皆不齐。必至十九年七闰，气朔分齐，乃为一章。然则"气朔盈虚又一初"，须十九年一章闰月后之初一方算得，不可不知。又考尚仪乃古者占月之官，后人讹尚为嫦，讹仪为娥。且指后羿妻奔月宫为嫦娥，皆文人镜花水月之谈，考古者亦当知之。然此不必泥，从俗寓言可也。

又月体盈亏，故谓为日所映，近似未得其实。窃谓月体，向日为明，背日为魄。日在月外，日行疾，月行迟，初一合朔，月明全在外向日，则不见其光。初三以后，月侧而左，则右边向日之明渐露。初八九见其半，为上弦。十五六对望而明全。廿二三翻右露左为下弦。廿九、三十又全外向日为晦。此行度之显然可见者。如俟映日生明，则亦同于相抗相掩之食矣，又安得无里差哉？吾恐极西之方，于哉生明夕，将有见月体为如珪者矣。极东之方，亦且不仅见残月之如钩也。平阶又识。

校记

[1] 此处小注原缺，据卷首目录补。

[2] 以上《咏月》诗三十首，因在潮汕地区传诵甚广，因而潮汕各府县志大都有著录，有的全收，如《惠来县志》《东里志》等，有的只收两三首到廿多首不等，但各本文字差异颇大。本书作者云系录

自"别传定本，与坊刻微有不同"，相互对照，本书所录较佳，为避免庞杂，该诗不作他校，特此说明。

弱冠县令　童年冠军 期月出处附见

门人倪晋三明进以癸酉选拔，廷试第一，出宰河南。旋丁内艰回籍。服阕后，出任长葛夏邑事。予尝诗送其行云：

古者年五十，曰艾服官政。子年二十三，出试中州令。殊尤迈资格，英异锐报称。其时膺选拔，廷对洽圣听。家无内顾忧，堂俱双亲庆。琴鹤出京华，书剑壮轺乘。马首黄河清，冰心玉壶净。数月风采驰，一行吏业盛。忽焉丁内艰，归对墙东檗。读《礼》展孝思，祭葬笃哀敬。今年二十七，新异日月证。又奉严命行，拜献忠孝并。予忝一日长，有言当策赠。吾闻中州民，和亲不争竞。此易与为仁，子宜复乃性。吾闻中州士，温文不刚劲。是贵辅以义，惟子克表正。仁义为政本，礼教为政柄。本柄由我操，虚堂可悬镜。情田修礼耕，中原伟绩敻。农畔思勿越，子产此治郑。勖哉在丁年，勉旃早励行。何以答主知，何以翼君圣。卓荐昏旦间，立位期素定。

予又闻南安遵陜傅公，言其乡人某公，以进士即用知县。年方弱冠，尚未完婆，友人邮书戏之云："为民父母，未有室家。"又有黄翁者，晚达。一年蒲月方补弟子员，次年成进士。榜下即用直隶知县，亦以蒲月到任。即有故回籍，盖期月尽一生出处也。

又傅公以童年冠南安军。邑长吴公，取其《以鸟鸣春》诗有"长安唤起看花人"句，卜其必"看花长安"也。果成进士。倪生童年从予游，予亦尝以"二月黄鹂飞上林"课之。生有句云："穿花红雨润，织柳绿烟香。"闻者咸赏之。侵考邑案首。时邑侯巽宇应均李公也。

六十二岁解元　九十四岁十六岁同榜

吾邑陈凤山雄思先生，丙午发解，年已六十加二矣。先生自少声庠序，尝考一等第一不得补廪，后以二等增生获补，遇已奇矣。初，基田康公分巡惠潮时，观风试，曾取先生《韩江楼》七言古作为第一，命镌诸石。每以大魁相期许，而棘围屡踬，至是获隽，公且望之。后授学博，老不北上。

是科榜内有启祚谢公，九十四岁；彬华刘公，年十六岁。老少悬隔至八十载，恰为同年。洵年齿录中所未前闻者。后刘捷南宫，官庶常。抑闻之："岭梅先开,恰与松竹为友。"其刘公与陈、谢二公之谓乎？科名迟速，难一概论。唐人云："芙蓉种在秋江上，不向东风怨未开。"其知此欤！

卷之四

子守训

梁震科炜，顺德人。少业儒，以母为师，母李氏，通经史，尝辑《女训》及《读史孩见》行世。科有田六顷，生三子。将分产业时，奉母"睦族"遗命，三子给其半，而分其半于族戚，旁及亲友之窘者。立为《分田录》，呈邑主篆示垂后，众咸义之。时予郡梅川杨公联长，司铎顺德，特序其录，表励当世。且谓科母通经明道。实京兆母之伦。今四十余年矣，《分田录》及《读史孩见》《女训》等书，人皆引为美谈。然则李氏岂特可为其子师，且足为当世师；岂特可为女子训，且足为百世之男子训矣。

抑予闻某邑前辈，善居室，筮仕归，饶宦囊。洎晚景置腴田若干顷，虑其后人弗克善守也，胥不分予田产，而但分田产之租。且尽以其田租之半，券配都之文祠，里之义学，族之历代祖考妣，为众人业。众亦义之。然以《分田录》相视，公道权术之分有间矣。

母以"睦族"训，而子能守之，是谓贤母孝子。君推明其分田之意，出自公道，与分租之权术异。于众人所义中，权度低昂，是为精义之学。璧堂

附梁震科《送莪轩业师田记》[1]

炜少贫，不能就外傅，受书于母，得通训诂。比长失怙，徙业而贾。母谓读书种子不可断绝，时以其暇，辄加提撕。出与士夫游，窃闻绪论，亦时见许于长者。而执业不专，未能与时角胜也。母没，庐墓，不就试者有年。已而叹曰："古人有言，业患不能精。向之战而辄北者，未经取裁于有道也。"闻莪轩家夫子，受邑大夫聘，主凤山讲席，多士景从。遂偕弟炘、长子樋同往问业。是时，炜年五十有八矣。夫子喜其齿虽暮而志不衰也，提命特切，或疑有异闻焉。夫子廉吏也，自馀杭谢政归，粮无三月之聚，晏如也。而取与分明，未尝轻受人惠。炜沐教五年，念无以为报，欲割三子田二十亩致之，以备馈粥。而虑其以廉介见却，求所得与夫子厚善者，请为炜先容。曰："诺。"遂进而请曰："唐人自言有美庄三十所，盖举门人之数以对也，有之乎？"曰："有之。此唐人寓言也，岂真田园之谓乎？"曰："然则实以田园相致者何如？""无处而馈者，则谢之；若周之有道，何为不受？"又请曰："昔人谓：'有田五十亩，粗备馈粥。'古之五十亩，准今之二十亩，其数适相当。且以馈粥为辞，无非处也。诚若是，与何伤于惠？取何伤于廉哉？"夫子曰："敬如教。"一笑而别。退为炜述其如此，因诠次而记之。

校记

[1] 这里"震科",原刻本倒为"科震",兹据前文改正。

侄从军

予邑鲲江乡,为予通谱宗。揭之制军退谷大进先生,丰之内翰秋皋家兰先生,皆派(派)自鲲江出。其与鲲江分派(派)也,祖昆仲三人,鲲江祖行一。揭丰之祖行二,夭,遗腹生一子。其行三季弟,思并厥业,一夕乘醉,见儿卧绳床上,假失足蹈毙之。既毙,详之,乃犬子也。儿母知其意,乃谋移居。伯曰:"城居可,都里中业,吾代侄管之。"儿既长,时值明初抽军,伯当行。儿谋诸母氏曰:"伯怜儿,敢不报伯乎?伯年已长,出征恐无还期。儿方弱冠,当荷戈代伯行。"泣告官长,许之。拜别母与伯,遂从军。时儿已娶,生二子矣。

无何,伯与母俱殁,儿从军不还。其妻周氏,又以寡撑门户。届收租期,次男幼,不可偕出门,乃寄于揭之月潭王氏姑母家。长男遂偕至丰政都收租。及丰,母得病殁。长男方四望号呼,行止彷徨。有符氏者,丰之富人也。见长男爱之,曰:"汝若肯为吾婿,吾为汝治丧,且与汝葬地。"许之。毕丧葬,得丰西北境八里许一地,为黄蛇出洞形。后有云水嶂二重,其外垣城多远秀,火木飞扬,砂亦远曜。但穴前作小逆水砂,收气作结而已。相地者曰:"后代有显贵,但主离乡耳。"是为周氏姒墓。次男既长,亦为揭主梁公婿。梁好堪舆,见揭东有平洋特起尖山,行数里,作回龙顾祖狮子形,曰:"此公侯地也。"因老而家于此,为山尾乡,即制军家也。制军祖既为梁婿,梁分山下一园与作宅,乃当狮子鼻。内翰祖依符氏,数世不发。移居九河且百里,遂大蕃。计十四世,至嘉庆戊辰,而内翰显。制军乾隆丙辰进士,历抚河南、湖北军,旋制北直。加宫傅。谥勤悫。其叔及子侄辈,发科第甚蕃。溯周氏姒,一十二世,相地者之言,果有所验。然备论之,固厥祖考代伯从军,孝弟之德,开其先也。

孝弟,天理也。堪舆,地理也。有天理自获地理。秋皋太史,予同年也。今膺民社,霖雨苍生。即其文章华国,行与制军勤悫公济美熙朝矣。杨璧堂

孝子刀

蔡三者,揭阳人也。兄弟三人,行三,即以三号。性猛鸷,有智略,不轻怒,怒则人莫敢当。习技击,尤善于用短刀,然未尝妄伤人物。既失怙恃,悌于二兄,严之如事父,凡有兄命不敢违。

时有业堪舆妖人,称西江人。自侈得杨曾秘诀,断旧墓有奇验。约人墓里失髑髅,或左右股肱骨,无不如烛照。三伯兄惑之,延断父墓。妖人窥三昆仲家颇饶,出异言吓之,曰:"此墓大坏,棺骸全灰矣。"伯惊问如何救解。妖人曰:"明日即可改迁,速市金罐一事,开墓取化去之灰土入罐中。予即为汝卜扦,立转祸为福。"伯信之,议厚酬。归谋诸仲,仲亦愿从其言。三独毅然曰:"此妖术也。予比闻此人所断旧墓,皆云骨节不全,为人改扦。甚有开墓无蚁水等病,棺椁完好,其骨节失去,或左或右,皆如其约。夫天下岂

有完善棺中，反失骸骨之理乎？必妖人假遁藏消毁之法，以神其术，骗取改葬谢金耳。奈何兄坠其术？"三伯仲二兄，皆坚信不回。无如之何，乃出与妖人订，顾按佩刀正色曰："葬求安亲遗体而已，祸福吾不欲问。今吾二兄皆听先生言，欲改先考葬。假开先考墓，棺椁完好，不如先生言奈何？"妖人笑曰："予断旧墓，万不失一，今开乃考墓，若有棺骸，可手女刀断予头。"三正色曰："先生无戏言。"遂揖而退。

及宵分，三荷镜独至父墓，密启东南一角，破圹手摩之，觉棺椁完好，仍实土如旧，归。天既明，妖人偕三兄雇工人，各荷锄篝往。三佩刀道傍俟，遂同至墓所。妖人云："动土必先树符。"乃听妖人树符，念咒禹步毕。命工开圹，棺椁竟化乌有。三骇极，不作声，出左手突摧妖人腰，跌倒于地。以左足压其胁，右手拔佩刀，插妖人右腿，通于地上，血如泉涌。乃大声骂曰："妖人妖人，速还予父棺！"其兄弟皆不知其故，回首奔救，骂三何得无礼伤先生。三泣诉曰："向力谏兄等切勿听此妖言，谏不行。昨夜予已先于墓角东南探看，棺椁完好无恙，乃修复如故。今开圹忽棺椁不见，明系此贼用妖术遁去。贼若不还吾棺，予即立断其首，仅刺其股乎？"

伯仲辈回顾东南角，果有先凿痕。妖人知术败，哀求饶命，且乞三长兄说三。三曰："棺复再讲道理。"妖人乃令三兄等张布幕竹席，盖其父墓。求放起力疾念咒，仍启幕，则棺椁完好，安其故处。三尚余怒未平，头发直指，欲杀妖人为快，曰："予为天壤除妖人，不至贻害他处，予以身偿死不悔。"妖人匍匐于地，苦求三长兄劝解，誓愿逃生舍业。三严兄命，不得已，纵之。妖人遂负痛走匿，不知去所。

野史氏曰：蔡三其古之伟丈夫乎？孝悌出其天性，明可鉴妖，勇能挟归父枢，皆卓卓与古人争烈。昔曹沫以匕首劫齐桓归鲁侵地，其壮岂是过哉！妖人用术，灭人亲骸，其罪不容于死。若到处遇智勇如三者，亦无所施其技矣。抑予快其一血蔡三刀，而又终恨其不即作刀下鬼也！表而出之，见蔡三有孝子风，即以醒世之惑于地师断验者。

写孝子诘妖人及刺妖人处，生气勃勃，读者如目击其事。无此奇笔，岂足以传奇人。
洪松湖

葬求安亲而已，蔡三一言尽之。祸福不问，术士虽善吓，何从入门哉！则此语又为乃兄下针砭，大抵昏于识者，多缘薄于行。盖彼平素未有安亲之心，恒存利己之见。则请妖术相地时，汲汲然利害计较之情，尽为彼得，固不难以妖尝。则二兄之智不如三，勇不如三，皆由孝不如三。传以孝子宜哉！侄佐

烈女刃

番禺毕村有烈女。康熙时，兵往花山剿寇过村间，一贼兵见女顾而艳，计害女之父母，而阴挟女行。女知势莫何，佯许兵以图复仇。至山寨之夕，故劝兵以酒而强之醉。乘间抽兵之刀，刃兵之喉，遂毙之。女素有胆略，且奋膂力，断尸数段，加石沉诸汪。盖兵将谋婚于女，别择寨旁小屋，不居营伍丛集处也。天既明，有来查兵所在者，女诡应之曰："固在此，适樵于山耳。"又明日，查者再至，则曰："已上山射生。"女度逃脱不得道，池中尸且浮出，因自匍赴营前，号于帅曰："吾报双亲仇，且雪从来被掠女子恨，固办一死在此也。彼贼兵者，自到寨之夕，吾即醉杀之，俾葬鱼腹中矣。"帅壮其义烈，欲

释之。无如扰乱未定，时兵众多舛骜，弗遵主帅命，竟射杀女。人为殓女尸，葬山麓，题曰："毕烈女之墓。"或吊以诗云："切齿亲仇刃其肉，甘受一矢从鞠育。三尺哀坟花山麓，英英婵娟年十六。碧化草痕珠露绿，吁嗟乎！碧化草痕珠露绿。"

女搏虎

康熙间，予邑有张顺娘者，烈女也。年十九，夫秋溪陈戍，采樵于山，实虎腹。顺娘闻之，哀怒出，指天誓，必杀虎报。竟日搜林中，众从其后，果得虎杀之。乃收残骸归，顺娘不哭，亦不易妆。或骇之。至首七，斋戒沐浴，闭户自经以殉。乡人呈于官，已允旌表。然仅立墓道，未树牌坊。后或祈于墓，有灵应。乾隆间，乡人为树石坊于平福铺，奈地高溪小，石舟难到。届期，忽骤雨水涨，遂告成。人以为天助云。辛酉冬，予由平福铺之饶平过坊下，为作《女搏虎歌》云："乱木萧萧风啸雨，誓报所天手搏虎，弱指纤拳烈而武。人天立石炳今古，披连理枝下黄土。"

火避人

黄良丰者，邑前明孝子也。崇祀乡贤，墓葬洗马桥南。传孝子当日值邻家火灾，延及其舍，而孝子父棺未殡。孝子时在外，冲烟焰，直奔入，号哭棺侧，以身殉。其舍火自灭，忽跳焚别屋。四邻灰烬，独孝子家无恙。然孝子哀毁，寻以没，乡人哀之，题其墓碣云："明孝子黄良丰之墓。"邑乘则载其倭寇至孝子乡，孝子抱其母枢号哭。寇感之，不入其门。此传闻异词，或兼有二事，未可知也。然则孝子没，在葬母后，故又传夕庐父墓，日用劳养母，都人士重之。督学旌其门。

乾隆间，有福建人，病且死，见冥官若王者，为平反其狱，断回阳。其人泣谢。王者曰："无谢为，予生前乃潮郡海阳孝子黄良丰也，尔他日得过我里，可为予里人言之。"后其人贩货来潮，过洗马桥，偶息道旁，见有古墓丰碑，剔藓观之，则孝子墓。因话于众，豚酒祀之，金书其碣字。

嘉庆六年辛酉冬，予过孝子墓下，犹金碧炫然。为追作《火避人歌》，并《倭寇却走行》有句云："孝子知亲不知火，火避孝子右而左。""倭寇来，无惊孝子母。孝子哀号，倭寇却走。"

入火不伤，古有其术。二女尝于帝舜完廪时，授以鸟工衣。乃古人以避火孝，此又能以入火孝。古人处亲心之变，而能返于常。此亲体遇变，而即自投于变。天卒使火避之，得以如常无恙，斯诚奇矣。没而为神，谁曰不然。固不仅乡贤崇祀之报于昭昭也。杨璧堂

火也，虎也，寇也，皆人之所惧而莫之敢御者也。精诚所至，则视之若无。有而无，难任之矣。虽天事不齐，有济不济之别，而其心之专一无所计较，则同也。[1]

校记

[1] 原刻本此处以下有漫漶痕迹，似脱去两句及评者姓名。

忠臣坟

薛子修宗恺先生，嘉靖朝官给谏。极论太宰汪铉憸佞，铉伺间用微言激上怒，遂下狱，杖八十。赋诗矢志，五日而殁。隆庆初赠少卿。墓在邑之归仁都登塘埠。予尝过其地，见翁仲坊碣，已失旧观。厥地为土人侵削不可问。初不知谁氏葬地，询诸土人，无以应，但曰："此忠臣坟也。"物色之，知为先生墓。噫！先生之忠烈，争日月光。土人不知其名，而尚知其忠，得磨灭乎哉！爰口号曰："心其铭矣，口其碑矣。先生之忠，古如兹矣。先生之坟，不可夷矣。"

处士墓

湖山东兆界，有前朝西川彭处士墓。将及山之顶，而巨石环之。盖处士自卜之窀穸也。因自题句镌石壁云："子孙不用求行状，水月山前是墓铭。"清虚高旷，足想生平品致矣。山以密迩于城成杂葬，而幽人之贞，犹幸以介石自完。

贞女庐

西关外有贞女庐，邑候（侯）陈公所尝式其闾，询起居给薪米者。贞女，陈茂才洪英之母。茂才本姓洪，厥考好道，持素终身不倦，人称之曰"洪斋公"。慕陈门贞女李氏，自闻所天讣，过门守制。节而孝，蓬首垢容治家，数十年如一日。愿以其子英为女继子。女亦曰："儿无忘本姓。"入学堂，能通经义，即以陈洪英应考。地方官重女贞操，试许前列。子亦勉副培植，遂进泮。里人闻其风，重文行焉。

孝子树

吴太学广亭先生，老而好学，八十余岁时尚与予辈同应省试。过岐岭五十余里，不事策杖行。每入旅店，喃喃作诵读声。察之，则《阴骘文》也，是亦好善不倦之意。先生性至孝，其先考墓在城西数里许，旦夕造焉。有时果出，必取供之。嬉戏墓前，如舞彩状。又于墓西手植一榕树，至则憩息其下。行路之人亟见而识之。今十余年，先生逝矣。树荫广亩，道旁垂绿，可以蔽炎日，来清风。人风之，咸抚而叹之曰："是孝子树也。"先生长君志魁亦宿学，年逾七十，以冠军补生员。己卯恩明经，众言先生好学方获报，殆未有艾也。

"何不我草为"，宋芷湾太史祭厥考墓诗也。孝子殆栽厥树。璧堂

发有光 以下四则参采旧志

前明嘉靖时，周淑姝年及笄，许字陈氏，未出阁。癸丑岁秋日，蚤起理发。家人见发上灿然有光，异之。越三日，岛夷入寇。被执，坚不行。贼怒，挥刀削其臂及面头，凡四

创，弃之。幸不死。郭御史按部，旌曰"凌霜"。复命邑主给仓归陈氏。赞曰："发有光。节凌霜，烈烈英英夺剑铓。"

身抵刃

东莆卢京妻王氏，事姑至孝。顺治乙未，海寇破寨，姑跪贼乞命，贼拔刃砍姑，氏以身抵刃，姑、妇俱无伤。人以为孝所感，赞曰："以身受刃妇所知，刃不伤身安可期？姑兮有命何乞为，妇兮卫姑天知之。"

烧臼铭

顺治间，黄海如之乱，决堤淹民。邑之华美杨门曾氏者，俟夫舟援迟至，被执。贼艳之，欲载以行。氏不从，骂贼不已。贼乃押他人于碓，焚杀吓氏。氏骂愈厉，卒被烧死石臼旁。在庠陈者高为立传，沈景葬氏于原上，黄廷鸿手文以祭，且铭曰："石臼烈烈，既皓且杰，其何能折！"

同穴赞

凤城陈宝娘，受黄卜振聘。闻黄凶讣，誓以死从。家人守之三日，竟伺间投缳。乃合葬于百丈埔。郡侯梁公文煊赞曰："许字一丝，便尔义严同穴；闻丧三日，伤哉命毕投缳。阻伉俪于生前，此身若寄；笃倡随于地下，以死为归。"雍正间事。

吴妇尽义

吴二缘事罹于法，丰顺令拘之。然其罪可外结脱也。吴本海阳桥头人，家有一妻二女。其妻携长女之丰，谋脱吴。乏食，鬻女张姓为媳，以食吴。继闻邑有彭氏妇，能出入内署。归乃携其次女之丰，鬻于李家为媳，以所得金，结彭请脱吴。令果依内署言，许脱吴。司阍者病其通谒不由己，驾词阻吴脱。吴妇计莫何，仰天叹曰："今之来誓必出夫，倘夫不出，誓以死请。盖吾夫之罪，不至于死。吾不惜以一死抵夫罪，上悟贤侯心。其可坐视夫之饿毙，致贤侯法地陈此不应死者之尸也。"遂诀于李，出取毒草服之，来求死夫侧。李廉觉救之。先是李氏戚有孝廉，好于令，骤闻此事，惊曰："此义妇也，予不可不代为白。"遂入以实白令，且曰："幸公无听阍者言，以避干请，嫌杀义妇。"令信孝廉言，辄脱之。时吴妇已甦，拜谢孝廉。孝廉旋辟答拜曰："尔为贫人妇，不幸夫罹罪，能尽义求脱夫若此。予师尔义恐晚，敢受拜哉！"孝廉予社友，字岱林，为予详述此事。今已作宰河南。

谢童守礼

丰九图黄氏某，螟一子，出谢姓。然自襁抱来，久相忘也。丰之俗，多以少小置媳妇，进门时以兄妹称。童子所置媳妇，亦谢姓，同上学堂，甚相友爱。学中友有知其为同姓者，讥之曰："若与若，真兄弟也。数年后，宴尔新婚，仅如兄如弟耶？"谢初不自知，后诘知之，莫如何。及二八时，父母为之合房，不敢辞。然同寝处再逾年，而不失兄妹礼。父母廉知其故，曰："过诚在我，我不合以儿之本生同姓女作儿妻也。"□于众，果得童男童女实。乃礼嫁妇，待以女。别娶异姓女作儿妇，今所生甚蕃。李孝廉为予言此事。噫！圣人婚姻别姓之礼，童男童女知守之。然则礼缘人情，实本天性，岂伪为哉！礼非伪，性自非恶。谢童知礼，且可为性善证。

得碣还墓

邑之畲岭，有元处士戴希文先生墓，因沧桑埋没失其处。后邑人杨俊买地葬父，发土得石碣知之，设奠再拜，归其后人。君子佳焉。志称希文名昌，以字行，通经史，敦行谊。至正间，总管王翰，聘主教事。著有《航录》行世。

论曰：葬求安土，仁心也。子谋葬亲，孝道也。谚有之："欲求阴地，先求心地。"谅哉！杨以无私还故墓，礼焉归其后人。是能行仁以尽孝，吾有以知其后之必昌矣。厥考牛眠之卜，容讵无默相之者哉？戴先生有德之士，其墓之不至终沦，宜哉！

修墓偿碣

予七世祖万四公墓，在普宁之乌泥山，为黄蛇听蛤形。乃八世祖元举茂才科，官揭阳直学必兴公之封君也。极显应，人神事之。彼处人有曲直难辨者，造墓祝之，冥冥中多得所决。传明代有潮阳人萧成言，阴毁墓碣图占，公见梦于宗子大章。章公时以孝廉官枣阳知县回籍，与翰林端蒙萧公有姻娅，诘之得实。乃立令修墓偿碣，礼祭焉。

劝友还符

吾邑蔡千户攀龙翁者，其家数世皆以骑尉显，然不失诗礼训。长孙诚在庠，尝与予同舟乡试，为予言曰：公少在营伍，公干之省垣。比归，舟次嘉应之畲坑。适上岸，见地上遗一册，恐文字污弃，取阅之，皆符咒语。翁不取，同行友姜老者将取之。及下舟，有一老僧尾之来觅册。诘问何册。曰："未有书字之白纸册也。"翁曰："此漫称以应也，想即符册，吾辈何须此为？"劝姜还之。姜取出，视符咒皆无有矣，大惊异，因随僧去，移时乃归。翁问其故，秘勿宣。自是姜至潮，多异征，以符箓显。初尚为人除妖，行好事。后自入于邪，翁为劝谏，不听。又能时作分身术，戏取食货等物，转瞬在握。与之并坐笑语如故，而他人又于市道上见其往来。后姜竟以左道问充发罪。有一子，仅能传其戏术，剪纸作人物，能飞走，及少取食物而已，无他异，得全其生。

论曰：邪正之分，于取符不取符时定之。观蔡公之劝还符，未尝不欲以正化姜。无如其邪气之相投，已如水之流湿，火之就燥，不可返也。

诚君又言，公初为官时，之省领饷项，归舟至清□，遇有投水妇，救之。询其故，云家有急，乏十余金也。公解囊赠之，使兵丁送归其家。后十稔，公官千户，又过其地。妇家廉知之，香案拜谢公。

代友请符

榕江王翁昌敏者，重友谊人也。适其友有遇妖之难，友于亲戚中，求其代往江西诉之天师署者，莫能得。叹曰："予及于难，人亦惧难之及彼。无可强人者，奈何？"翁慨然许之，曰："吾请正道除妖人，虽有难，不予惧也。"友惊拜谢，翁掩其口。往呈请天师署，得符归，妖以除。后闻妖人党于暗中椎伤翁胸，翁失血十余载，未之能痊，卒无怨言。翁令孙振绪在庠。

论曰：妖能为厉，非翁所虞。义胆矢于天性，怨言之无，所固然也。顾吾又闻妖伏法，不能为厉。兹其党于暗中伤翁，亦事之出于不幸者。且暗中果能伤人，则刃之、剚之，何施不可。而卒不闻作他异，岂非邪不害正，而山鬼伎俩亦有所限耶？

隐形术

隐形，异术也。善其道以用之，亦有济于时。彼借是以行其私，自干天谴，罹法网耳。

传前明时韩江有黄廷新者，尝遇异人，得隐形术，且通奇门遁甲之秘。成化间，流贼攻长乐县城，围之急。新适在围中，隐形出，尽知贼虚实，言于当事曰："贼易破也。"人知其有奇门法，即授新兵符。如法攻贼，贼大败，围以解。当事赏新，新不受。欲表请新为武弁，亦不屑。遂拂衣去，曰："吾访安期海上，人谓是神仙中鲁连也。"后来山中，与一道士居。适有人访道士，新插竹叶道士门，其人排户入，但见雀飞帐中，诧为怪事。少顷，新去竹叶，则见道士颓然卧簧上，乃知新以隐形术戏也。

辟箭布

予闻道家有辟兵符之说，究未见符何状与尝身试其事者。庚午岁，予馆饶平明府遵陔傅公署，有都尉吴公烈，予里人也，亦游署中。都尉猿臂善射，肩屹如山。年且七十，须眉皓然，而颜面渥若。自弱冠起家行伍，历著战功。蒙赐翎，以都阃府老。

丙辰、丁巳间，官云南。丁平苗役，身数十余战，无弗捷。每冒箭石，未尝被一刺。为予言苗子善用箭，尤善用手箭。箭金皆淬以毒，凡中人，无轻重，见血辄死。土人之豪，有药能解其毒，若黑漆然。凡见伤者，用涓滴付疮上，立愈。然药不可多得，都尉能与土人交，得其欢心，土人盛一葫芦馈都尉。都尉临阵，用是药活危伤人无数也。土人尤笃于事佛，佛甚有灵应。用尺许布书佛名数十，作法诵经四十九日，毕事，取布着于膺，可辟箭。然非道法高者不能作，作亦不轻以予人。曰："是为福人卫，为正人福也。"土人既多都尉保障功，恐都尉行间集矢失民望，乃礼高僧作一布奉都尉。都尉敬受之。每遇战辄膺以出。故数十战，来矢未集躯也。辟箭布之明验如此，道家辟兵符之说岂虚哉！

忆都尉每与予对酒，谈苗中事，不一而足。予尝许为都尉作家传，且志苗中事物之异，未果。兹请笔其一二。都尉尝雪夜破苗洞，洞口奇峰，峻削稠叠，且十里。都尉是夜单刀往，仅用十数健儿鞭匹马尾其后，密令曰："尔曹可去予百步行，可尤健者数人接予踵，凡途中默听予命。予至洞口，发火鸣金鼓，随予大噪。苗子溃乱，不俟大军至也。"时历守更厂数所，人皆避雪卧帘中。其在外之守更鸣锣卒，都尉至，辄刃之。乃自留一卒代鸣更锣如故。不更许，至洞口，果一噪而群苗溃，大军继至，尽歼之。搜山三日矣，大帅议收兵。都尉曰："大人止杀之心，仁心也。然苗子叵测，不草薙兽狝，倍三日搜，余党啸聚，又将多数年役矣。"帅不听。后如其言。又言当时作乱者不止一苗，特以苗为最耳。有曰"白衣仙子"者，曰"狨狨"者，曰"长头发"者，皆人近乎兽，好乱难治。其土人隶于土官，以分土为分民。民之金币钱刀、男女饮食，惟土官所欲。受制之毒，为中土人所未闻。其地气多湿，人多楼居。岚气多瘴，发晓烟中，映日成五色。或作异香，人见闻之，必伏土面，俟其气之过。或云："瘴气多山中异物所吐。"尝见其部卒，取一吐瘴螃蜞，大如斗，烹食之。食未竟而卒毙。山木中有巨蟒，木且干霄，蟒倒悬凌风，长且数丈，大称之。见人不相害，或思害之，必先发害人。山多玉，深洞中有太古苔，附于璞而与之化，是为翡翠之精。其人所师惟僧，所神惟佛，作佛像，必室其鼻与耳，若有取于无声无臭之义云。

先生云：欲为都尉作传不果。如此枚举其实，贤于传矣。略数苗中诸异，笔极苍古。邝湛若《赤雅》一书，岂是过哉。雪夜苗洞一则，足显都尉智勇，亦何减龙门之传李将军也。金豹山

独木桥

灼凡先生者，予邑宗祖叔伯行也。生明季，由明经第一，教谕龙门。方流寇攻龙门时，公同县令方公，殚力谋堵御。公曰："欲守城，先守心。人心方涣，不可无以萃之。"乃衣冠执简记，日督卒学徒。诱以无信不立，无礼不勇之说，有闻而感泣者。公出入矢石间，或虑伤公。公曰："诗书我甲胄，礼义我干橹也。"守陴五月，寇懈难解。

西台使者上保城功，方公奉召入补庶常，公补广西永宁知州。殊命下一月，而神京失守。方公拥重赀，虑道阻。奉三千金为公寿，公俯谢。且自委其署中所有物于学徒，曰："吾无以家为。"遂飘然孑身归。时方公有福泉同乡十三人在龙门，即以公所谢者分遗之。其十三人道罗浮归福泉，以挟赀杀身，仅一人幸免。公则无恙至潮，然四方鼎沸矣。公在潮避乱韬晦，文学弥耀。从游皆一时名士。八旬时，尝与里之童冠等，游春小坡，步独木桥。桥长数丈，奔流汪泪，人下瞰色阻。公杖藜过，徐徐然、于于然，若履平地。众骇，诘之。公曰："心静险自平，神定步自稳耳。"

论曰：信礼御寇，定静履危，公之心学也。谢金免祸，或以明哲保身为公证。予则谓公闻神京失守，义愤不自安，有难语人者，故曰"无以家为"也。

双虎棒

双虎棒奇男子者，韩江人。生鼎革时，有伟略。少尝寄迹丛山古寺中。寺僧善棒，夜

课其徒。其人在旁览之，已尽得其法。比晓，僧下山，其徒自习棒。其人笑曰："何饵金粪铁也。"徒怒，呼与角，为应手毙。其人自分杀人应死，自缚寺中守僧回。僧至，惊骇。人自白其故。僧曰："子果知棒法乎？"为释缚试之。叹曰："法吾法也，然神而化矣。可万人敌，徒死命耳。吾以误恕尔，尔乃留此，可典园圃之事。"

又一夕，手棒出，为寺僧巡稼穑，遇虎毙之。又一虎至，亦毙之。棒挑以归。僧大惊曰："吾初奇子貌，故寓子。既奇子技，故恕子。今夕一棒毙双虎，虽人力不无神助矣。方今沧桑变易，海宇纷纷，子何不应圣人之出，佐平六合，奏澄清伟绩乎？闽广西江之界，所称豪雄者，多吾故友。吾为方外人，不欲复知世事，然吾嘘彼以附子易易也。速图之，速图之！"于是岭南山寨闻双虎棒事，悉雷贯其耳。

大军之平岭南也，奇男子走军门领前锋。得罢（宠）任。武而能谋，责兼阃内外。诸寨酋长闻风披靡，曰："双虎棒奇男子，出扶凤翼攀龙鳞矣，吾曹何格格为？"而东南诸郡悉平。

闻诸朝，特授总戎。筑将军垒，将军数子皆贵显。有一子不事荣禄，好清静，以奉佛终。曰："小子上报传棒金仙也。"

有某亚元者，为将军所礼。曾即将军席，口号觞政，云："席上一盘梅，孔子问颜回：家无读书子，官从何处来？"戏讥将军武人也。将军应声曰："席上一盘姜，汉高语张良：将相本无种，男儿当自强。"其自负壮概如此。

某进士者，素高傲。尤见重于将军，有言于将军无不听。不事家人产，未尝倚将军势得一人钱。而其弟某，且以兄与将军欢，起家巨万。

将军既物色传棒僧不得，多建寺宇追报之。其凤凰山一寺，极幽奇佳胜，若与红尘隔。有前朝人员来归隐，题诗曰："一扫氛埃今已清，数家鸡犬月中行。道人只合孤峰顶，卧听康衢击壤声。"遂依以完厥守。

闻将军身亦中人，而须眉偏向左，皆作横飞势，望之若神云。

大公子

大公子者，珠江豪客也。虽在庠，而不专治举子业。茶肆酒楼中，有公子焉；歌场舞地中，有公子焉；花街柳巷中，亦莫不有公子焉。一掷百万，挥金若泥，人因目为花花公子。故公子亦自隐其名，而以"大公子"称。

一日逢大比，尚未届场事。公子游荡如平时。舟过海珠寺，阻潮信，舣游寺中，闻寺厢有琅琅读书声。披帷视，则一佳士也。公子询之，系江左茂才。公子曰："今大比，君何住此为？"曰："窘资斧耳。"公子与谈，甚洽。至漏下初鼓，公子曰："潮信至矣，予将有所往。君迟予三鼓不返而后睡，可乎？"遂出门刺舟去。士尚不解其意，但诵读如常而已。届三鼓，公子果来敲寺门。士应之，公子入士室，则推白镪三百两于地，曰："请以秣君驺。"士惊不敢受。公子曰："此悦来物也。予辞君出门时，将赌于河南岸。固心誓赌有所得毕赠君。第未知胜负何如，所以不敢先言。如其负，予亦不复来见君矣。今兹幸遂予心。"遂揖以别。出门，刺舟如飞，并不一通姓氏。士曰："此奇人，予恩人也，不可不知姓氏以图报。"因细诘寺僧得之。乃书年月日并其事于读本卷首。旦归江左，赴试获隽。联登进士第，入词林，有声于馆中。乙未、丁酉间，汤学政先甲先生按广。将出京，士在史官饯汤公。因手卷首所书姓氏并其事泣告汤曰："某君，予恩人，固奇士也。公按广，为予厚视之。"大公子乃于岁考与前列，佽焉。丁酉科，复考前列。期届选拔，公子与其中。初自揣举业尚少工夫，何一时见赏学使若此。考毕，赍学使，礼物丰于众。汤公曰："子文幸无疵累耳。但子某年月日，尝于海珠寺中作奇文一篇，惊海内，且播神京，子记忆否？"公子曰："无之。"汤公笑曰："革车三百两，是绝大题目也。"公子恍然悟曰："有之，大人何以知此？"公曰："现词馆中某公，即子所赠金者。子赠人金，而不通名于人，并不欲知人之名，诚奇士豪举矣。然非寺僧通名于某公，不几令某公茫不知报，墨墨中负所施耶！子进京廷试，好谒之。"公子如其言。某公又力为吹嘘。都中人见公子绝无穷措大像，亦多盛称为奇士。试获前列，即以知县用，之甘肃任。

时甘肃大员某，颇有苴苞之问，而于关说独信公子言。凡衙中人，亦皆耳熟公子号。优狎焉，不称其为太爷，而称"大公子"。大员败，钦差查其门簿，多大公子名，即以大员长子问罪，大公子得完。后大公子知励官箴，以通判告老归粤。厚享宦囊，终身莫之瑕疵焉。

野史氏曰：大公子以放荡轻财得名。即以是得登仕版，至趋烈炎之场，不为所伤，亦自有天幸。然世之斤斤阿堵物者，以身殉不知止，殆未闻大公子之风矣。某公受施必报，固其所也。学使者以其文无疵累而收之。视受干托祈请，勿问好丑以行其私者，不有间耶？

《笔谈》曰："用财有度，治家之常法。轻财多与，处世之权宜。"详观大公子所为，本非中道。然洒洒落落，不黏滞于黄白物，度越流俗万万矣。抑予又闻之：世宗朝，有豪士某，之京会试。一日饮戏园，中酒，曰："予请为今日东。"命掌匮通计是时座中畴人所饮数，通偿之。时有大内人在座，闻于上。是科，豪士中进士。引见日，上问曰："尔某时尝作戏园一日东，然乎？"某奏曰："臣彼时被酒，果尝有此过举也。"上曰："是亦豪举。"即点词林。其文章酣逸奇丽，绝无尘滓，名重一时。此公胸次，与大公子将毋同？[1]

校记

[1] 原刻本此下有漫漶痕迹，疑脱一"乎"字，或者还有批注者姓名。

二太爷

二太爷者，高其姓，山右人。好使酒、驰马、试剑，豪于孔道。时届康熙之季，治平有日，法网稍疏。高慕古之任侠，喜结客，伟人、贵士外，竟旁及盗跖居民间者，客多景附之。适有一贵人，晦于行贾，与一武士偕，遇高。高约武士为兄弟，均善之。然高忽来忽往，虽盘桓累月日，而见面无常期。贵人阴绘高像别去，且廉高所燕息处，得细详。越数年，武士官总戎，亦在山右界。高每依之。然野性难驯，不可招徕也。

贵人显，握符审机，所指肃清。召一伟少年为使者，与黄金无算，并封像一轴，曰："尔可之山右，至即可宿某妓馆。任费黄金买妓心，与商行事。所商之事无他，吾欲生致一奇人耳。兹并多与尔徒卫数十百人。仍有缄封，随地发，可得照应粮草也。其人倘不能

048

于所宿馆生致之，尔可提节至某处总兵官，投以封，无弗得也。得而非生，可取其头来。倘无此人头，行当以尔头代。且此人，吾今亦不语子谁何。密缄此像与尔往，尔至妓所谨勿露。但当虔奉如神明，至妓情好已极，方好佯为不检微露示妓，渠自能为尔语姓字也。"使者如命行，果与妓欢。妓愿订从良，情无不言，言必两相尽。但每诘所奉一轴为何，即勿语。忽一日，使者拂拭轴，略一开展，妓在旁窥觉，曰："此非高二太爷像乎？君何处得来？"使者缕吐其实云云。妓曰："渠旧好于吾，然吾今委心于君，为君谋，不能为渠谋矣。渠数月一来，必乘带铃马，在一里外早知之。兹期且至，君即可蚤伏行伍于外。闻铃，君入复壁中，或可施技擒。"越数日，高果乘带铃马至。使者如妓谋。高入妓室，妓面高，失常仪。高叱曰："汝神焉往？"四顾毕，又叱曰："尔室中藏人奈何？"使者埋伏未及发，高已察之，手掣妓头发，飞跳冲户外。旋登屋上，骂曰："吾高二太爷岂死此儿女子之手者。"遂两手分携妓足，裂妓为两半，投诸地。跳梁没影响。

使者无如何，乃赍封于某总戎。健步亦须八日程。高已一日夕至。总戎问来意，不之告。但索酒，酒酣，谓总戎曰："予少遇异人，得剑术，未曾授于人。顷见令嗣英异聪颖，愿得静所，七日夕，示之。免予术之无传也。"总戎乃馆诸城西僧寺，令其子学焉。既七日，谓总戎子曰："子学予术，虽未十全，可得五六。由此求之，自有神悟时也。予明日将有远行，不及别尊人。"高盖逆知索己者出于贵人，且必穷己于斯云。是晚又大醉，因沐浴更衣，且谓之曰："明日有追我者偕尊人至，可引至予卧榻前，视予远行踪也。"迨天明，使者果偕总戎至。推其户，见高已自刎：右手提剑，左手提其头，身坐木榻上，屹然不倒。榻前一铜盆，盛其血，别无污。使者乃奉其头归命。总戎为刻木，完而葬之。

野史氏曰：高其草泽间之奸民乎？绘像以去，意将锄之也。高之知几，亦在隐约间。然则高何不蚤自被濯，从总戎后乎？顾已知穷己者之必之总戎所，奈何甘往受困？曰：惟其知之，所以赴之。不避难，不累友，是有侠客风。传剑术而毕命，殆又有数存耶！

尝谓酒一也，投以昌阳黄精，则延年益寿，鸩焉则杀人。盛气在人如酒耳。高二通剑术，负盛气，果能反经步总戎后，讵不足效壁垒驰驱哉？乃既喜结客，复与盗跖居民间者相来往，是何异夺昌阳黄精之酒杂以鸩哉？然卒以鸩自杀，此剑术之巧所以无可施，而只以自刃表木榻铜盆之异欤。总戎正人也，刻木完葬，友情宜尔。吾知其子之受剑术，必不鸩厥酒矣。[1]

校记

[1] 此处疑脱批注者姓名。

诡娶黄五娘

潮城西郊有蔚园。古云林木蔚然，今人转称曰花园。明时富户黄氏居此。其富翁曰九公。翁有二女：曰五娘、六娘。五娘者，国色也。城中西街武生林大闳聘之，俗传为林大鼻。

闽之泉州有陈伯卿者，行三，俗传为陈三。其兄以进士官广东运使。三时未娶，自闽送嫂之兄任。过潮，而潮郡守乃其兄同年友，款留之。时值春月，三出游之蔚园，于绣楼间，见五娘姝丽。思聘之而闻其许林家，欲计得之，谋诸郡幕。幕中人曰："渠有姊妹乎？"曰："有六娘未字。"人曰："何不聘六娘？"三蹙然曰："吾此之询，而君以彼对，何计之左耶？"人曰："特患吾未有计耳，吾有计又乌见彼之不即为此哉？尔自聘定六娘可也。"三如计，请郡伯为主婚。人曰："尔可之乃兄任，数月后还娶，无不得。"盖五娘、六娘年相亚，皆可出闺期也。濒行时，诡扬声于外曰："陈三聘五娘。"林异之，倩媒询黄翁。翁笑曰："渠聘六小女耳。"三如期返潮，且择吉迎亲矣。又扬声于外，曰迎五娘。林益大骇，并托亲友诘黄翁。翁怒曰："林家狂梦耶！彼我长者也。安有此无礼乱俗之事？且婚六小女者，陈运使之弟；主婚者，黄堂之府尊。问名、卜吉、婚帖俱在，何来此浮游之谈哉！"林不敢言。

亲迎日，三在府署，诡借民壮乡勇卫诸途。又多带亲丁，俟黄大门外。行奠雁礼毕，六娘既登舆，密令人扬声于城中曰："陈三已夺得黄五娘矣。"林自尔日请黄，遭黄责。两家若有隙，音问不甚通。忽闻此讹，其家众皆曰："彼虽贵，旅人也。吾土著力能夺取之，时不可失。"三亦阴令心腹人煽林来夺，故迟迟吾行。黄翁老重，亦自信举动皆如礼，万无意外变，间有异言，若不闻也。届中途，林家众来，云："尔等何无礼，越娶吾五娘。"三众佯与争，且佯不胜，送与林取去。至林家，启花轿视之，则非五娘，固六娘也。方惊讶间，府县差已奉夺婚票至，拘林去。官责林曰："渠自娶所聘六娘，尔聘五娘，何故聘人姊而夺人之妹耶？"词屈议罪，莫知所为。托人关说，官乃曰："必要免议，将错就错可耳。"于是林妻六娘，而五娘果归于陈三。

又传五娘，有妾洪益春，亦殊色。五娘美而无子，益春有子。后陈家有大难，变姓逃，其子孙皆食母家姓。昭代大贵人洪某，乃其后云。又考李笠翁有《王五娘传奇》，讹其姓，其事与此迥异。潮人演《荔枝记》，则与笠翁本相近，亦与此殊。此所载闻诸黏山长。黏泉人，云得其实如此。

然此诡计也，本无足述。述之，亦见林之卤莽欠精详。且在内者轻，易为外物侵乱，斯陈得施其计。否则黄翁固守礼者，吾亦守礼，见怪不怪，其怪自消，又何乱之不自已哉。

王氏妇嫁怨

王氏妇者，澄海鸥汀人也。寡而无子，厥妹依焉。前二十年，海多盗，沿海市镇，上官多遣兵戍之。揭阳新墟有陈甲，充卒戍鸥汀，通于妇，妇甚悦之，遂妻以其妹。侵举一子。越数年，百制军以招安荡海寇，戍卒各徹归藉。陈于是挈其妻若子归揭阳。在汀时，会计用过妇花边银五十元，约以零月三分偿息。然情好，往来不绝，妇未齿及欠项也。既别归揭，约不时往，且云所欠必如数算还。此庚午间事。越三稔，陈竟不通问王。王数书来，陈概不之答。其妹曰："吾姊慧而多心，且彼寡，其银不可鲸也。"陈曰："若岂能终寡者，索项何为？且兹项，谚所谓定娄猪税者，何索之有？"

无何，王自命舆来陈家，携赠遗甚厚。见面甚欢，不与狎，亦不齿所欠项。陈请来意，曰："心系妹若侄，未尝旦夕忘，亦冀幸吾妹夫之别来无恙耳。又念予寡无子，老将安托，愿赋'有狐'，作缝裳手矣。顾恐所托不得人，将奈何？妹夫其为吾择之，倘得诸左近，则姻娅又合比矣。但将娶吾者，必目成先之。"陈喜，谓妻曰："固知渠非终寡者。"于是屡有所议，莫当妇意。居阅月，有邢大者，豪于新墟，市中人推为大兄。适赌花会屡得胜，议纳妇。而海阳洪巷有邢生者，多智善谋，适避郡事之揭阳，依于大。大亦倚生为谋主，凡事咨焉。或媒大于妇，妇要目成，大请生偕往。妇一见许之，大亦神为之夺。妇即面自索聘，云须五十元，大无不唯唯。又云，尚要多数元，皆所必须，并非利之也。大既偕生归，生曰："吾观妇年长而颜夭，甘言而流视，贞非所责，抑虑哲倾，不宜用。"大沉思不应。又数日，大自外入，有喜色。生诘曰："子无乃自定桑中之谋乎？"大曰："有之，先生神人也。吾自目成王妇后，数日食不甘，夜不能寐。向过市，媒问予此姻奈何？予思再一往视。媒喜，仍偕予往。予过从。至则妇笑迎曰：'邢郎至耶，数日望郎来定议，何迟迟来也？'遂反走入屠（厨）操作，俄捧热腾腾者两瓯出，曰：'若无好茶汤，解郎渴。现届冬至，有冬节糯米丸两瓯，郎及大冰人，可少尝之也。'予神荡，前数日则食不甘，而是时又甘忘食矣。予中不自禁，勿待妇询，自请云：'聘金几时须？'妇曰：'刻下为妙。'时其妹亦在侧。妇顾谓妹曰：'尔姊丈在日，衣服暖且都，尔所知也。自去年来家乏用，并予首饰亦均质诸当店矣。得金速携往赎回，计直可溢二百金。尔姊行且老，又未有女息。首饰可百金，为尔有。家用物计数十金，予衾也，可赂迁邢郎家。至无缘先人遗物，别不要，有皮马褂一件，可送与前日同来之邢先生作采。皮裘头杂物，可与妹夫。至皮老公衣一件，奴大寒时或取以盖身。今舍邢郎，将谁属？'发兹语时，作侧目流视，引纤指遥点予额。予心神尽失，摇摇然不知魂之何以离于体也，废然曰：'予今番打花会适中二千子，现有胜金六十元在此，谨以献。小娘子尔可自取用。'妇曰：'善。'媒请予定要期。妇笑曰：'谚不云乎：初一、十五做事免耀簿。'[1]又遂目予曰：'本月十五可。'语时，巧其辅，揭其颊。予惊曰：'若是便且速耶？'妇又笑曰：'大哥能弟群小，见事何太晚。哥无妇之夫，非犹纳小者之拘忌于大房。妾无夫之妇，并绝亲属来托于妹夫，真真百无禁忌之妇也。吾欲自主，今日亦得，何十五之有。必十五者，为还鸥汀取物故耳。'时在坐皆无言，为妇所命。妇取五元掷媒云：'是为邢郎送冰人礼。'取五元交其妹云：'请妹夫为吾命肩舆，有存者，可买茶点。予且携侄行。'遂嘱予曰：'郎可归，的于十五昏期，扫室布席，花烛待侬也。'予唯唯退。今日之事如此。敢以闻。"生摇头曰："妇有长舌，维厉之阶，然事已如此，请看后候如何。"

其明早肩舆候妇陈家，妇欲侄偕行，妹有难色。妇曰："侄年五尺矣，适市无不可。偕予去可照应一切，共取物来揭也。"妹夫利所有，曰："行也，何伤。"至十五，邢大渴望，了无影响，竟夕无寐。天初明，走问陈家，亦没消息。俄转新墟营卒手，飞来一信云：

十一月十五日书拜邢大哥暨邢先生足下：奴之来揭，非嫁身，将嫁怒也。大哥前世与奴无冤，今世与奴无仇，岂可以身饵哥取哥聘。奴固知哥有羽翼，先生善谋，可代奴泄怒索欠耳。是以诸在揭来议婚者，奴皆不之许，而独许大哥。不义陈某，在鸥汀时，结欠奴母银五十元，利息有差。好于奴，而奴且妻以妹，情亦极矣。自归揭数载，通信皆不报，恝哉！奴不得已，身至其家，诡许以身改适。意俟强有力者许之，而徐设计以报焉。兹幸得假手于大哥。大哥自可向伊家索人，无人索金。彼必不敢不赔偿也。是五十聘金，可会作陈债金。其儿子固奴侄，今既从奴来，即留抵前五十金之利息。此语亦烦对陈说也。至悔嫁一节，奴诚有罪过，惜且老，不足事大哥。愿证来生，仍作好女子奉大哥巾栉，作百年欢也。冰人茶点十元之费，预作异世定金，可乎？鸥汀王氏和南告罪。

大发书恝[2]绝，瞿然语生曰："洵有如君所谓倾者。"生云："业至此，仍图之。"声于陈，陈不理。乃别构词讼陈，捏及其乡之长者。长者廉陈故，切责陈。陈适赌虚无赖，未以应，谋诸其妻。时官私交逼，人毁其家。其妻怒曰："邢大所欲者予姊也。姊既悔婚，妾姿与姊若，而年少于姊，请以妾代姊。"或以白大，大将许之，又为生所阻。陈妻遂自尽。或为请于王，稍以金赎归陈子，乃鬻诸梨园为小旦。族人为凑数十金偿邢息讼事云。闻其子甚妍慧，不旬日，能出台。学旦时，谓其师曰："儿须教者，曲文耳。至诙谐，儿自心知而能行。恐师多有不能言者，无谆谆为也。"

壬申岁杪，予在揭闻此事而未得其详。癸酉，邢生又晤予于揭之棉树，自述颠末若此。此委琐事，笔之聊供笑谈。亦以见巧妇之可畏，而顽夫之贪淫为可戒也。

校记

[1] 耀簿，系潮汕方言俗语谐音词，意为翻查历书择吉。
[2] 恝，多种字书均无此字记载，从文意看，疑为"恚"字之误。

逐女鬼　迎男神

揭之桃都王氏子，未娶游学。书馆中，有女鬼谐之。既归娶，未旬日，王偶出乡之山间，仿佛遇诸蔗园旁，闻詈声云："今晚新人房中予俟尔。"王夕不敢入，宿外舍。二鼓后，门有声若击，且叫异于常。王出户视，手刃叱之。遂杳。而次早则女鬼在新人室现形见。家人请神巫逐之，不能去。因曰："予与王凤缘未了也，住四匝月，乃已。"新人避夕，果如所云。刘秀才一清述。

闽省诸生王六御，尝馆澄南洋。聘旅舍张氏女柔娘为妻，而未于归也。嗣阻途梗，柔娘殁，御结褵他姓。无何，御重来就馆，哭其墓。是夕女鬼至，订凤因，遂弗去。他姓女父母知之，赴武庙告。鬼云："大神不依矣。"御赠鬼诗笺。鬼别御曰："海不扬波，后会期也。"后御省试，途次，见一乡鼓吹事神，云夜咸梦女神曰："旦有男神至，当礼迎之。"御入女神庙，见庙额"海不扬波"字，心动。谛神像，则柔娘也。其手中扇忽落地。取视，则俨然所书赠者，大惊仆逝。乡人葬之，塑像合祀。初，女鬼之来御馆也，见阻地头神，土地说谐之。女书扁土地庙曰："幽明一鉴。"女能诗，又有联曰："十三绮岁十三月，两度佳期两度秋。"时康熙十三年闰七月也。详《澄海县志》。

墓中生子　刀下逃魂

《澄海志》称：宋时生员黄中亨妻洪氏，方娠满十月，恸亨逝，亦绝。家人凶葬之。至华坑，忽阴霾狂猋四起，枢陷地，沙土成坟。越二日，氏墓中产男，自往辟望市，以金环质面。人送环妇翁黄渐判。翁惊，启墓，见儿含面，坐氏腹上，氏不苏，仍掩氏。抱儿归育，人因呼为"黄鬼子"。厥裔甚蕃，居菊池。或传鬼子精岐黄。

　　闻闽省有地师黄鬼子者，父黄某，业经纪，工会计。尝犯大辟，积想成痴。将临刑，贿嘱行刑者曰："有机会可逃我"。届下刀时，人喝曰："走！"而刀下，乃某魂果离体逃。直作身外身，奔吴市。偶避雨行家担（檐）内，见行主贸易扣算，差一子，告之。行主喜，因留寓。有女赘之，生二子。某想久逃无觉发，私信致兄。兄异之，见笔迹良是。之吴市行，弟果生存。留数日，私诘弟。弟云："贿行刑者得逃此。"兄曰："辟矣，尚有收埋冢在。"弟沉思，失神仆灭，衣若蝉脱。行主控其兄。官鞫情实，移会闽省。事如兄供。验二子，体轻若无骨。判兄携一归闽，人称"黄鬼子"。长娴青乌学。闽客云。

卷之五

阴那神僧

阴那山者，潮东北境五指峰也。秀绝，巉嵯排天半。上有古寺。唐时大埔地有一僧，幼年出家，多异征。人推为道长。僧叹曰："吾闻道太早，得道转迟；见道太易，行道转难，惭愧多矣。"因自号"惭愧禅"。入阴那面壁。沿途手植桧二株：一为濯足处，俯于水；一为息肩处，插于石。又二株植寺前。今一枯一荣。枯不加小，荣不加大。

金山道士

凤城金山，传宋时有道士结庵其上。畜一鸡，等倒挂子，置枕中，啼可觉睡。晓日把向花草间，晞旸饮露。一猢狲，小如虾蟆。以一线系几案间，时食其所馈之余。将动笔札，可役磨喻糜。一龟，状类钱，不饮不食。置诸金盒，时放出，辄游衣褶间。曰："观此可通导引服气之妙。"自题诗屋壁云："潮活乾坤荡，花飘雨露香。白云飞碧汉，元鸟过沧浪。月照柴扉静，蛙鸣鼓角忙。灵虫呈瑞气，无物污禅房。"道士年近百岁，云自交趾渡海来。后莫知所之。

释举男

木澄禅师者，大埔胡料人也。本林氏子，无昆弟，已娶未产。然性慕佛，旋出家。时母尚在堂，妻代木澄养。一日，澄来家宁母。母忽怒曰："尔为人子，不能养亲而委其责于妻，已非宜矣。且人生尔，尔不生人以嗣人世，岂有无种类乾坤哉！无后为不孝之大，佛有广长舌，亦不能为尔解免矣。"澄不敢辨，因留一宿于家，妻得举男。后寺中方丈长老知其事，不许入寺门。澄长跪受罚。长老乃指门前巨石曰："今后尔出入寺门，必与此俱。"澄因是不出山。即有故出，亦必抱石往。晚得道，尝有异征。闻于都门云。康熙年间事。

野史氏曰：人生生人，语至质而理至大。无后之责，佛氏不能解免，宜其一宿生子之无妨于道果也。

仙哭母

蓝乔，字子升，龙川人，宋时仙客也。母陈氏，祷罗浮而孕乔。降生时，有梦鹤之异。垂髫嬉戏，喜作飞鸣状。读书过目成诵，终身弗忘。比长，有相者曰："子有奇骨，非流俗中人。仕宦可致将相，学道必为神仙。"乔笑曰："将相本无种，神仙安可求？然泉石予癖也，亦从吾所好耳。"后负一瓢入罗浮，旋云游四海。七年归。举瓢出丹一丸，跪奉母曰："服此可长年无疾。"居逾年，无刻离左右。又一日，出黄金若干斤奉母，长跪泣别曰："儿向出门，遇异人师之。今之归，请假来也。将有洛阳之约，殆数所在，不得违也。母宝用此，可优暮年。儿兹别母去，恐不得再来侍膝下矣。"遂行。后有粤人识乔者，游洛阳，见乔卖药混迹于市间。侵闻乘云骑鹤去。其母九十七岁卒，时见白鹤来翔屋前，依依不去。届葬期，鹤杳，但闻空中乔哀哭声震彻墓所云。

野史氏曰：千古神仙，皆忠孝中人。其性定，其真全也。不能笃于伦理，而曰飘然绝裾往，可得长生术，吾不信也。蓝乔已仙去，尚奔亲丧，哀哭如此。彼慕势位之荣，甘夺情视事无戚容者，其人虽将相，必不可作神仙。然则天下固无不尽忠孝之神仙，多有未完忠孝之将相。将耶，相耶，乌足与学道为神仙者同年语耶？

是二子者，均能墨名儒行，故成正果。作者谓千古神仙，皆忠孝中人，谅哉！唐人"无著天亲弟与兄"之句，未必非为入彼氏者反言箴也。李岱林

西天钵

榕江东南，有渡曰塘口。岸东有古刹，仅一老僧守之。近畜一徒，即揭邑近村人也。徒亦钝朴，然颇有佛性。自剃度后，每曰："予闻唐玄奘法师者，曾往西天取真经，是西天与中土陆地相联耳，可积日月徒步至。予虽僻壤顽僧，然一念之诚，不惮风餐露宿，何不能达之有。"众笑其妄，其师亦不以为然。忽一日，失所在。旋历七昼夜，四索无影响。询诸俗家本生父母。父母惊愕，偕至寺。有旁人唆之曰："尔男无乃为僧谋害耶？"径相争噪不决。转瞬间，徒忽由渡口西岸至，劝止父母、师父争。询所自来，云："徒自某日出门，愿往西天。虽不知道路，然立意向西而行，不辞险阻。阅数日，在乱山中见一古寺，有一老僧在寺前树阴趺坐。徒因参拜，并询往西天道路。老僧曰：'尔往西天，要见佛耳？然佛可见不可见，佛不可见可见。子速归，自有见佛时。盖即心即佛，面面是佛也。'徒尚迟回，老僧拍徒背曰：'行也，尔师方与尔父母争，不回难不可解。尔志立行成，他年再来未晚也。'且出怀间一钵，曰：'道中有饥渴，但向钵中吸之，可免。'东行数武，回首不见老僧所在，乃由山中行日许，忽见平田，抵山坡古寺。见一大石四面镌佛像，乃揭之梅冈都四面佛地也。至此，知去塘口不远。行二十余里，到本寺云。"众尚疑，徒示之钵，非土非石，非木非缶。其师受而和南佛前珍藏之。其父母欢极，曰："吾儿信有佛缘也。"徒自是日扫佛堂，诵《心经》，担薪汲水供佛，用其居前一桶。夜则坐于佛旁不寐。此外虽无他异，然行此数年不曾倦。邑有刘茂才一清者，因目疾提诵《观音经》，稍有效。闻此僧有佛性，往参之，亲见其钵。甲戌七月初浣为予言此事。

仙女布

潮阳赤寮有林甲，少业儒，颇俊俏。某岁馆学邻村。馆有后门，久不行，抵以巨石。

后门外有巨树，不知几历年所。树外有塘，林值夏炎课暇，浴于塘，纳凉树下。日向暮，急于回馆，踯躅彳行。忽犯一女郎，见诃矣。旋笑诘之曰："尔斋后非即在此树北乎？门设常关，非以巨石抵之乎？予与尔本有夙因，今夕有言告尔，且将贻尔物。尔闻门外弹指声，可速移石启扉待。"林怆惶间，唯唯而已。至馆再思，未解女谁何。谛视门石则甚巨，非一人之力所能移。企望树畔，殊少居人，心骇之。甲夜后，人语方□，果闻门外弹声再四。忽精神惝恍，至后门，引手移巨石。不知□□□离故处，而双扉突启矣。女郎入户，灯前立。靓服艳妆，盖国色也。但心疑为鬼物，尚战栗不敢近。女曰："夙因铸就，君勿□虑[1]。予虽异人类，却非鬼物，固无所害于君也。"林神定，相与语，觉便惠宜人，因谐之。及晨失所在，门石如故。然宵分月出，则佼人又未尝不在室也。居月余，女告林曰："期将满矣，予且登仙籍，不再与君作人间偶矣。予向言将有所贻君，而今兹无有。君盍市吉贝绵佳者若干，予为君效女红可乎？"林明日市绵待。夕取去，越数夕不来。林企望树阴，初闻纺车声，旋闻捉杼生。时届七夕，林支颐窗前，仰看牛郎织女星，翘祝曰："天上双星离而能合，树阴一女去竟何之？"语未竟，女忽抱布二匹，含笑推户，降于灯下，曰："明言为君效女红，指尖辛苦正剧，君何不知我谢，而但我怨耶？然夙缘已满，石榴红日，为君破瓜。瓜期至矣，即布留别耳。"林恋前情。女曰："予今乃丹篆中人，岂再坠尘劫耶？君倘能修行积德，当迟君于缥缈峰头。然君自有伉俪，行得异路功名。且家绵后福，千万珍重。予从此逝矣。"林知永诀，乃悲不自胜。女曰："予言已尽，幸勿沉迷。倘终不谖，君来日可于大树南柯，寻我踪迹。"语毕遂杳，但见几上存布二端而已。林终夜鱼眼，晓迹诸大树南柯，见有寄生一枝，无风自摇，依依相向，有解语状，因取归，莳诸盆中，即大茂。嗣是林弃举业，以敦善自力于乡。娶棉阳，获佳耦，乃便惠与女相若。举数子，家道日丰。林与子皆例入大学。然终弗忘女，每年七夕，出布陈几上，奉仙女牌，题曰"二布氏之位"，列果馔祀之。刘茂才一清曾亲至其家，见二布如云罗雾縠，烟绡霞绮，殆非人间物云。

　　佛钵仙布，非尘世物，奇哉！君好奇传之，涵泳佛性，组织仙情，不訾也。闻昔佛家有钵，或开莲花，或禁毒龙，固奇。西天一钵，独可济人饥渴，尤为奇归于正。设六祖所传之钵有此妙用，魏公虽正人，亦必不忍击碎。又闻氤氲使者主持人间姻缘，有夙缘者，乃下鸳鸯牒偶之。林生遇女，固前定也。昔仙娥降为董君织布妇，可与此参观。杨璧堂

　　见性在明心，故即心即佛。钟情当制欲，故断欲可仙。周崑西

校记

[1] 虡，各本俱如此，疑为"虑"字繁体（慮）形近之误。

逃嫁女

　　逃嫁女者，闽之平河人。予庚午年闻其事，今逾十稔，忘其姓氏及夫家。传其夫乃武秀才，届亲迎，女骤上堂，拜母毕，私语嫂曰："予与某秀才，非尘间偶，予且逃。"嫂止之，不可。便服径出门。嫂尾之，至乡外河边，立不动。嫂推挽之，已化如木石。惊告亲属，夫家莫敢动，鸣之官。看验之，见容如好人，然莫之能动也。奇之。众盖以祠宇，仙

焉神焉，有祷皆应。

方香火盛时，吾潮饶平与邻界，有黄翁者，颇好事，命肩舆，走百余里观之。信如所传，云："荆钗布衣裙，尚未黯败。凭几案立，颜犹如生。"然闻自有此事后，女母即逝，兄家亦落，其夫弃武生，筑室居庙侧焉。

论曰：语有之："女长须嫁。"《礼》又曰："女子之嫁也，母命之。"夫士而不仕，则君臣之义无所逃于天地之间；女而不嫁，则父母之命又何所逃于家庭之内哉！顾此女虽逃嫁，而有"非尘间偶"之说。其夫亦遂能弃世若偕隐然。抑别有宿因，比翼于天，连理于地，会有期耶？神仙之说不尽可以常理绳，固如是也。虽然，母则逝矣，兄家中落，谓非家道之变哉！则目为妖妄也亦宜。

腾空女

揭邑塘口有曾君者，璞于貌，文于心。人目以为愚，而因以愚名。出应试，人曰"是不愚矣"，乃号曰"若愚"。因补弟子员。曾有妹亦愚，而以仙女自命。曾之妻，则甚慧。妹既长，曾不为妹议婚，其妻为议之。女止之曰："吾行且飞升去，人间岂有鹊桥渡口耶？"又一日，谓嫂曰："吾飞升之期至矣，嫂盍食我？"嫂因戏具茶馔为姑饯，曰："姑焉之？将往天河问织女，幸姑赠我支机石。将入蟾宫访嫦娥，姑当照我明镜台。"馔毕，忽闻空中萧鼓声。姑举两袖，四面风生，遂冉冉腾空起。闻嫂惊号大恸声，转身坠地，遂若昏迷状。呼醒，云："俗缘未了，飞升须俟异时矣。"于是女不愚，慧不减其嫂。嫂乃为议婚于老冈陈氏，竟产育如常人。

野史氏曰："男婚女嫁，人道之常。白日飞升，事涉荒诞。乃姑闻嫂号，遂不仙而人，不愚而慧。此日茶馔，不啻返魂益智灵物，使谢自然有此嫂，岂来韩吏部诗诮哉！"

仙笔逸品，泅泅飘飘。语言之妙，真江风海雨入齿颊也。其论断精当，尤一字一珠。

王维四

醉仙一段藤

饶有山曰百花岩，岩间有洞，时见时隐。每二三月间，过山坳者，忽闻异香扑鼻，觅之不知来处。

庚申岁，邑人闹花会，争请乩仙以求弋获。一日，有仙降云："予大醉仙也，索酒而已，并不言事。"众以花会恳。不答。再四，则答云："俟问予三弟。"众问三仙何在。云："明日可于东南方求之。"众共之以酒，大醉仙去。明日如其言，果见东南方有一异鸟至，青质而赤章。如雉之飞，引众往。众尾之，且飞且止。至百花岩下，鸟遂不见。忽山辟一洞，众窥之，黑不见底，但拂拂有异香出。一好事者，愿以绳筐缒探之，曰："恐有藤蔓，请腰镰往。"缒至十余仞，忽挂于石角。见石缝作烟烟光，憩于石旁，蛇行探之。见一所，别有天地，中一小石室，室前有藤花一本，不知其名。花绿跗而素葩，有一横枝斜入室。一兽若鼠兔状，玉身而金足，抱枝卧。其人曰："是殆三仙歟？"手镰断藤花，挟所抱卧一段以出，兽亦不骇。众迓至家，匏贮之。托于人曰："予小醉仙也，吾兄大醉，一醉三百六十年，但知天文，不欲知人事。吾小醉，一醉三百六十月，颇知世事，诸君事可速问，予回洞中矣。"众以花会请，出字，中之。恳三日留，皆中。众备佳酿酬之，启龛将送归，已杳矣。再迹其处，只闻花香，不知洞口所在。

罗仙两节竹

罗荳菜者，闽人也。食不二味，以荳为菜而已，故号。先是荳菜多膂力，兼数人食，居家窘甚，乃出外洋佣赁贸易。至暹罗国，其地旷邈，林火榛榛，鹿家狂狂也。罗既力能挽强，其同人招罗作射猎。忽一日，误入巴内。国人谓林幽邃处为巴。入之深，绝径路，莫知所出入也。且多怪物，无能自全者。届宵分，休大树下。罗自分必死，长跪誓天，得生必改业，终身为善，不杀生。夜既深，忽耳边有来告语者云："天明，尔饥渴，此树子可食。尔当苦守此，难满日，予当示尔出。尔自此能端坐凝神，非惟免厄，且可得道延年。"言讫遂杳。已遵所言，多阅月日。又一夕，语者又至云："子难满矣。子遵吾言，能不倦，信善人也。但未审以后持守何如耳？果克有终，敦善不怠，予且度尔。尔明日早起，可望阳光行，自得道。可手此木一枝，途有难者，拂之立解。"罗起拜，仍不知所在。届晨，果披木望阳得道。虎、豹、蛇、蟒皆避，途无畏。抵人境，云越一岁矣。罗既别业归闽。又数年，茹苦力作如常人。但作苦之余，必端坐凝神，类有道者。或佯加仓卒利害，不少动。无何，别于众曰："予将之海上寻吾师。"乃充洋船水手，之暹罗。时有予邑人鹳塘陈光前与同船，见罗日端坐，有事时，则与众操作无异。且有迈众之力，足为众资，以故船主愿以数人食食之。其工资，罗亦不与计直也。菜惟荳，云甘此者久，不知尘世有荤味矣。陈异之，扣其平昔。因述前此在暹射猎事，深以为悔。缕缕劝舟中人，为善戒杀。虫蚁在前，皆曲护之。尝日到一舱，曰："此中有佛在。"人曰："无之。"罗曰："或藏箱中。"人始悟曰："内有《金刚经》耳。"时或谈人休咎，无弗中。

一日，舟至尖竹门，云将作恶风，宜速湾舟，果如其言。适有闽人卒于舟，舟中例以鸣锣送投海中。罗曰："舟湾滨岸，予力能致之山，营葬事也。可为不为，有负于天，能为不为，有愧于人。彼无所归，予其里人，舍予谁归？"众听之。罗起治葬毕，将下舟，舟中人或詈罗云："尔治丧未越首七，不祥之人也，毋下此舟。"罗笑曰："天固又将七日风也。"遂去之肆间，为日者谈，言无不中，人争投以金帛。重者不之受，轻者受之。因以厚筑里人墓。及风如期定，舟有碍难，莫之能移。众起请罗。罗颔曰："予固水手也。"仍下舟操作，舟得驶。

越数日，至暹罗。众喜，大饮宿，罗持荳菜守更。天明众起，失罗所在，共讶之。或云："渠下舟时，手持两节竹，置神龛前，看此物在否。"视之无有，众方哗，忽见海面波头泛一竹席至，罗端坐席上，不颠不湿。手且编竹篾，为风帆状，曰："予行往寻吾师，忘话别诸公，使公等怅怅也。请自此辞。"风遂蓊席去，瞬间不见影。后有人自尖竹门来，云仍卖卜于市，无不奇验。所得财物，悉散给贫窘者。逾一年，云七月十三日，将登某山尖，从师云游四海。期至，别众之山间。追游者不一其人，至山尖，失所在，但望云烟缥缈而已。后人或于是日，作仙会祀之。

论曰：人皆可以为尧舜，谅哉！神仙之事亦然。罗氏子，始亦常人耳。一朝失足入林中，殆《易》所谓"即鹿无虞"者。克自惩创，得为善之路。虽指示有人，亦其振拔有终，先迷后得乃尔。求师尖竹，非又所谓"西南得朋，乃终有庆"者耶？坐席浮海，有异征，为众所共见，则仙去之说，不得疑其虚诞。予己卯年闻此事于里人，云逾五年，如期计之，当系甲戌七月十三日云。

湖山洞主

潮州，古号瀛洲。州城之西，有湖曰西湖。湖上有山曰银山，所与城中金山对峙者，亦曰西湖山。山有石洞，曰古瀛洞天。按：兹山乃仙人洞府，故多灵迹。石洞今祀老君，曰老君岩。洞口沿流北折二三百步，有仙踪石。印双足迹于石上，若重立临水而钓者然。又西北折之山上二百许步，有仙人下棋石。棋盘井井尔，棋子迹累累尔。又东北折下之翠微三四百步，有仙人题诗石。石本合抱如大函。康熙年间，一夕大风雨，函落其半，内半削如壁，得天然题句云："有客重来山柏翠，何人不爱洞壶清。"字大径寸，入石分许，极遒媚，近王逸少书，若指画泥然，其殆仙客留题欤！

按：古瀛本有湖山洞主。邑乘《杂记》云：江南谢瑛，康熙癸丑武榜探花。有同年友患疾，遇道者，引至一山，授以舟。服之愈。时瑛与偕往，问道者姓名。曰："我湖山洞主也，后当验。"再寻迷路。戊戌来镇潮，游湖山，仙关佛阁，宛所经行。忆湖山洞主之语，不胜嗟异。乃重修仙洞，顶砌巨石，筑小塔。一日，忽有持小盒授阍者曰："故人致汝主。"启视之，乃一轴，画一道人坐莲花合瓣中，默然闭目，右手托塔，塔中书一"宽"字。上题云《心猿锁赞》，云："烦恼海中，现百千手眼。无明火里，不惜眉毛，却从耳门出入。闻我名者，如饮甘露。普眼不见普贤，只因一身里。出门难看，严于击竹声中捉败。此老乃呵呵归去，几乎为尔一生瞒。"其末又书云："己亥冬十月朔一日，残道者合掌赞，并书于幽栖山中。"旋瑛以己亥十月朔日卒于官。继镇者，为郑继宽。

留智星君

留智庙在德州，始自前朝展敬岱宗，其地示现灵光，中使请敕创建。所祀神像，中尊冠披如帝后，殆东岳庙所奉碧霄元君也。旁列散圣为星君。

康熙庚戌，吾邑孝廉犹龙梁公，计偕北上，夜宿德州旅店，梦有玉旨召星君。四人者导之行，见峰回路转，宫阙巍然，旁曰留智庙。望之，珠槛玉墀，森然排列，迥非人世仪卫。人止之，待命下。顷出云："玉旨敬劳星君真灵不昧，一生多行好事，端的不负科名。"旋若指点坐次，谓梁可姑了科名事业。既觉，汗淋洽背。星月间，急披衣，按梦景寻觅，果得庙所。策蹇者追之，遂匆匆去。既魁南宫第十人，述是事于家人。无何谢世。

戊辰，其弟梦剑先生，应试春官。至德州，诣庙瞻拜，见旁列第一位，与兄神肖，爰题壁云："崔巍庙宇夕阳中，路绝天人忽此通。十八星霜鸿翼杳，七千关塞鹤魂空。羡兄朝阙云霄乐，愧我遭家鼠雀攻。君父深恩俱未报，可能安坐玉虚宫。"题毕，神像若为感动，赩然久之。详具邑乘《杂记》中。按：先生昆仲相友爱，竞文名，有《二梁合稿》刊布艺林云。

骑牛朝斗

韩江有谚曰："凤凰山头，无日无云烟；湘子桥上，无日无神仙。"盖桥上北望，乃凤凰山。山极高，瞬息烟云百变。而虹桥卧水，若贯霄汉。人迹往来辐辏，不无仙人混俗也。

桥东西共廿四洲。相传昔时有一醉客，日携酒十八梭船上，既酩酊，或随卧东西两洲鉎牛侧，中酒，歌曰："骑马不及骑牛好，陆马难追水牛走。湘子桥头春水生，骑牛翻身朝北斗。"一日水涨，客且醉，未醒。忽水面浮一大水牛至，客翻身骑之，北望冲凤凰山顶云路，冉冉飞去。人始知其为仙。

又按：湘子者，八仙之一，为韩文公族侄。公刺潮时，或传仙踪至此，故江曰"韩江"。后人并目其桥为"湘子"。实桥创于宋，曰"济川"；修于明，曰"广济"。鉎牛铸自雍正之二年，当取丑艮土止水之义。尝闻金入水逆游，鉎牛昔沉于江，溯数仞得之。

骑羊秉穗

昔有五仙人，骑五羊，游广之坡山，手秉五谷之穗，曰："吾曹且牧是邦，使岁大熟。"众踪迹之，五羊化为石，不见五仙所在。坡山故有古渡，今作五仙门。达归德门内西转，是为五仙观。立像祀之。故广省曰仙人城，亦曰五羊城、穗城。古号楚庭。仙见周夷王时。

顶飞白鹤

古闽有孙道人者，嘉靖时人。生而好道，自少而壮，薄嗜欲，不娶妇。学炼气法，未得其要。年且老，志终勿衰。遇请乩仙者，求焉。仙曰："子自有师。"又请师乌在，仙又曰："安为尔师。"尚不解其语。后数年，偶过市中，见有鬻旧书者。孙检焉，见有道书一卷，问所直。曰："非十金不售。"孙不与计多寡，如数予之。其人曰："予此书，不得指点，莫能解。子既不惜十金市予书，明日予试为子示，子当扫室布席俟。"孙如其教，明日果来。展卷语，孙大悟，拜请师氏。曰："予安生也。"忆乩仙语，益崇信之。又拜请师所。曰："予无定在，行往南海矣。花甲再周，自有相见期。然吾业授君书，有小聚首缘。当为君十日留。"孙时年六十许矣，由是得道；七十益少，乃娶室，生二子。长教孝，次教忠。又育一女节娘，曰："婚娶传代，人道之常，不可免也。"妻先孙殁。至百二十时，自号"花甲再周道人"。端坐一室，日传道书之秘于二子，其女亦通太阴炼形术。又数年，因曰："予将某日访安师。"至期，云绕于庭，香满于室。道人坐如常，人见一白鹤飞出道人顶，遂尸解。

野史氏曰：天下惟轻财者能寡欲，惟寡欲者可入道。一卷之书，十金售之。安生固以是见孙之重道，抑先以是验人之能轻财否也。昔贺知章遇道人，知其为仙，奉以明珠一颗，仙人与语。少时，遇卖饼饵者至，仙人以珠易饼饵。贺心不然之。仙人曰："解物与人，仍胶吝心，何道之能得？"遂拂袖去。东桑生者，亦骑画鹤升天。少时，父母欲为之娶。生曰："吾不欲为凡世度子孙。"殆未闻孙道人婚娶人道之语哉！

鼻出白气二事

晋阳李三丈，言彼处有一僧，素无甚异，惟敦朴守素而已。忽一日晨起，自言其将度劫，遍走诸道友室拜别。众讶之，送归其室。忽异香喷起，僧趺坐圆寂。但两鼻孔垂白气二条至地，侵凝如水晶。人因并是殓藏之。满室异香，经旬弗散。

予友周明经崑西，游予师谢碧池梦春先生偃师署。传署中有西江幕友王姓者，云渠有一侄，乃某科词林。时方弱冠，亦为娶妇。然情忘婚宦，日夕静坐一室，玩道书而已。其夫人亦极高雅。旬日间，一至其室坐谈，相敬如宾。后渐辟谷。又一日，属家人曰："予将出神远游，必四十九日后，方可入室视吾。"自是人从窗隙窥之，但端坐，容如常。重其命，不敢动。及四十九日，神竟不归。推户视，见鼻孔两垂白气至地，凝如玉。举之，身轻如蝉蜕。知为尸解，殓之。为立继，夫人安焉。

吃酒颠

鼎革初，有椎髻蓬累乞食吴市者，每日行歌云："颠颠颠，颠人是酒酒是仙。酒人仙去仍吃酒，仙人颠去只要钱。颠换钱来钱换酒，钱到手来酒到口。仙人不颠不乞人，乞人不仙颠何有。"历寒暑，不见易衣。除酒外，未尝别有所饮食。栖止无定方。历数载，失所在，人咸以为仙去。

论曰：醉有乡，或托而逃。酒可全真，仙家亦好之。是大罗作客者，未尝不以瓮头春作白云乡住也。顾颠且行乞，其混俗耶？其有托耶？吾不得而知之。观其语无烟火，体浑炎凉，则所谓将蜕尘垢，饮浊游清者欤？

休粮子 绝粒先生

苏长公诗云："粤子古成之，韩生教休粮。"盖言成之休粮得道也。

初，成之赴试南省，遇异人韩泳。韩以长生术邀之。成之曰："家贫亲老，期得禄养，长生非所愿也。"韩曰："子志诚可尚，但恐飘泊风尘耳。"对曰："非所敢计。"是岁省试报罢，端拱二年至京师。韩握手云："此来有就矣。"果成进士，禄仕汉州绵竹令。又一日，衙吏自青州来，得韩书。成之休粮习静，渐不视事。尸解之日，申报未达州，成之已先到汉谒谢太守，愿解组去。时称成之为紫虚先生。

论曰：紫虚先生，泂烟霞客也。然禄养一言，彼有道者，无能取其说而易之。然则人无可尚之志，又乌能得长生之术哉！汉州解组，当在终养后云。

吴复古先生，能居忧庐墓，亦以绝粒见苏诗。

辟谷翁

辟谷翁者,普宁横□乡上舍郑翁清也。翁少有奇疾,医不能愈,遇异人愈之。且授以咽津炼气法,曰:"苟熟此,可以辟谷,可以长生。"翁由是有道气,曾往罗浮修真数载。果能辟谷。十年前,归隐潮阳东山南麓萧氏之磊谷别墅。芒鞋竹杖,日事吟咏,洒如也。其孙茂才德华,尝携其稿若干卷,属予点定。读之殊飘飘有仙气,旋尸解。然风月之朝,雨雪之夕,客之游东山者,每见其往来磊谷间。翁又著有《丹经》传世。予备观之,觉于修炼之旨,尚属引而不发。

予窃按炼丹之要,在知三宝。三宝谓何?曰精,曰气,曰神。而精化为气,神以气凝。则运气之前降后升,尤(犹)炼丹彻首彻尾工夫。第欲知炼,比先知修,修去外来之欲(九魔十难),以炼本来之真。犹吾儒之克己复礼也。要之,炼真大纲,在于观心得道。其节目,则曰炼精、炼气、炼神。而炼精之源,必始于自咽华池神水。华池神水者,口中津液也。欲取口中津液,又必先安神室(心也),闭胏(耳也),垂帘(目也),塞户(口也),重掌叠足坐。次守眉间,调鼻思(息),(鼻以一呼一吸为一息,人每昼夜一万三千五百息。调者非强之使少,乃静细不粗放之谓。)使之绵绵若存,而后津液可生。用舌尖顶上颚,侯玉池津满,分作三次咽下。徐闻胸腹格格有声,乃用意送至下丹田。所谓匹配阴阳,交媾(媾)龙虎者,此也。而匹配交媾之始,又有聚散水火一则。聚收其清,散去其浊。聚于夕,散于朝,水津火气也。(自心至丹田四寸八分,各以其人中指中节骨为寸,应天地中间阴阳升降之位。冬至子半阳生为升,夏至午半阴生为降。匹配阴阳者,于子时阳生,降心气而匹之以阴也。午时阴生,升肾气而配之以阳也,交媾龙虎者,龙肝气,属木,所以生心火之气,而佐之交肾也。虎肺气,属金,所以生肾水之气,而佐之交于心也。龙虎交媾,固心肾交也。)行之已久,徐观其变。则积液可以生精,练精可以化气矣。第积液生精,乃用前降之法,而化气之法,尤在后升。盖前自人中以下为任脉,后自会阴以上为督脉,既由任而降,又必要由督而升。大凡人自十六岁精通以后,任督本通。不知修炼,遂生间隔,故必运气以通之。先撮前阴,次撮后阴。(按:舐、吸、撮、撮,为四法门。舐者,即以舌取津液也。吸者,即调鼻息之呼欲短小,而吸欲徐长也。)徐徐积习,觉有热气,乃用意逆运。由尾闾关达过,以上冲夹慎关。又用肘后飞金晶之法,(肘后飞金晶者,用意逆运而昂首受气,微摇两肘佐之,如鸟鼓翼之状。)以上冲玉枕关。既达玉枕,即至泥丸,是为补脑,(按:脑为上丹田,是曰髓海。心为中丹田,是曰血海。脐下一寸三分为下丹田,是曰精海,亦曰气海。)是为练气。然后再收上颚之液,以为玉液还丹。又取其舌苗之液,以为金液还丹。咽下皆如前法,潜结真气。如一粒黍珠,藏于玄关秘窍,是为练气以归神。自此以后,大药已成,圣胎以结,温沐有时。(古传炼丹之诀,有年月日时。大约用子起火,用卯酉为温养沐浴,有一定配卦火候。至后张真人教人,又有用活子时之法。盖谓无子时处不可用工,而随时皆有子时,夫人身之一呼阳生,是为子;一吸阴生,是为午。呼吸前后为卯酉。又在乎人之善会而已。)又有玉液炼形之法,金液烧身之法,而返虚可以合道矣。玉液炼形者,舒其手足,用意运肾气于周身,以润四大涌泉,而毕达于八万四千毛孔也。金液烧身者,畅其手足,运心气于周身,以暖四大涌泉,而毕宣于八万四千毛孔也。然将返虚时,尚有内观存想工夫。既而内院超升,既而五气朝元，既而三花聚顶。身外有身，形神具妙，展臂千里，为飞升之天仙，斯道成矣。（内观存想者何？按：道书所称姹女者，心也。婴儿者，肾也。黄婆者，脾也。降龙者，降肝气以生心气也。伏虎者，伏肺气以生肾气也。金炉者，丹田也。玉鼎者，中宫脾位也。收龙虎于炉鼎者，会合肝心肺肾之气以藏于脾也。意主脾，用意以交心肾，所谓黄婆作媒以匹配婴儿、姹女也。而婴儿、姹女之配合，即于内观存想验之。盖内观者，即内观其五脏；存想者，即存想其配合之理也。内肾曰元门，脾曰黄庭。而内肾中间一窍，又名曰元关秘窍。内院超升者何？按：人之神明，上与天通。本可直达天堂，而躯壳之中，尚有内院。厥地在玉枕脑骨之上，泥丸顶颟间。既用炼神返虚工夫，渐返蜕化矣。然至此不知寻向上去，又为内院所围。盖内观存想之余，游神所及，觉有女乐醄嬉，以及骖鸾驭鹤之乐，疑为已达天堂。不知尚须淡泊视之，寂若无有。肃静凝神再辟一境，而后可以仰接仙官，结侣大罗，破人天交界，超尘壒以上升也。五气朝元者，内炼之法，以目视鼻，以鼻对脐，降心火入于气海。工夫只在片刻。其含眼光、凝耳韵、调鼻息、缄舌气，谓之和合四象。盖眼不视而魂在肝，耳不听而精在肾，舌不声而神在心，鼻不香而魄在肺，四肢不动而意在脾，是谓五气朝元。三花聚顶者何？盖草木之精粹英华曰花，所由拔根枝心蕊以毕宣其美者也。故花即化之谓也。修炼功完，精化为气，是精之花聚；气化为神，是神之花聚；神化为虚，是即空即色之花无不聚。三聚则身外有身矣。故必以三花聚顶，为出神入圣之终。）又按：人将飞升超凡入仙，必先有异征。身外有身，形神俱妙，已是成功变化时候矣，不仅作异征看。异征者，如饮不醉，饿不饥，息可闭，液不露，暑不热，寒不栗，皆精化气之征。赤血化白，六脉皆息，引指吹灯，有思立应，逆知未来，旁烛幽隐，暗中见物，是为气归神之征。入水不濡，入火不蒸，履尘无迹，凌虚可行，呼风风至，换雨雨来，能见神物，人不见己，是为神还虚之征。至于虚之合道，不可名言，固即身外有身，形神俱妙，上与天通而已矣。其在术家表异，亦有与所征同者。然外袭之假，不足语乎天真之运也。或度劫之人，亦有得其异征之一二者。然不知修炼，终必失之。此人所以贵知三宝也。

予观郑君此说，阐发《丹经》要旨，能探灵宝毕法之薪传。而条贯乎张紫阳《悟真篇》，上溯魏伯阳《参同契》，以成一家言。盖调息咽津，是前降之方，为匹配阴阳，交媾龙虎。运气返丹，是后升之方，为直透三关，归注一窍。其用功之初，则有安神室、闭牖，垂帘，塞户，守眉间，调鼻息，以立其基。其成功之终，乃有内观存想、内院超升、五气朝元、三花聚顶，以入于化。一以贯之，斯谓练精化气、练气归神、炼神还虚、炼虚合道也。至若鸣天鼓，吞日华，以及五金八石、熊经鸟申，俱属旁门。杨璧堂

旁门悉杜，众妙洞开，铸一字以千金，握片言于三宝。得吾儒守约之旨，自无难发彼教通玄之关矣。先生之邃于理，无往不彻如此。世侄陈作舟谨识

修是克己，炼是复礼，则观心得道，是诚，是忠恕矣。此是用我法观彼法处，非黄、老、六经也。谢树堂

掌中画钱

海南有周仙者，前明嘉靖时人，有长房缩地之术，尝元夕与友人谈都门之胜，友云：

"可得睹乎？"周曰："可。"问："往来盘费须几许？"曰："往无所需，恐来时子有不能偕吾之处，掌内有一钱，足用矣。"友请握钱。周曰："铜钱不若画钱灵，但当慎重勿洗脱。"乃为画一钱于左掌心，曰："君可将右掌贴予左肩上行矣，勿开眼视。"海南人喜吃槟榔荖叶，友腰间有之。遂飞渡，顷刻至。令开眼，果见锦绣都城，笙歌里巷。旋过一宅第独冷静，宅中人间作海南语。友问："谁何？"周曰："此海刚峰先生邸第也。"因询司阍，出槟榔荖叶相投，阍者惊异。周曰："予且还，上人刚正，幸勿闻。"而友人不与俱还，欲多十日游，约来相接。周曰："欲博十日游，当得三日厄。"周去竟不来，友摩掌心得真钱，一一不竭，作盘费归。将至家，尚隔三日程，因汗污盥手，误脱所画钱。遂乏资，作丐三日抵家云。

指头点金

有一贪夫，遇仙人，求焉。仙曰："尔何欲？"曰："欲黄金。"仙因举指头点石，立化黄金，提赠其人。人忽却立不要。仙问："何故？"其人曰："更有所求。"曰："何求？"曰："愿得大仙指，不得指，吾受用有尽时也。"噫！是夫也，可谓知本矣。果善用其贪于名理中，非即欲仁得仁者耶？又焉贪。

又闻有一自好善士，好于异人。异人赠以点石金，不受。问："胡不受？"曰："吾闻点化之金，五百年后当复本体。是吾虽得济目前之用，终至异日以石贻误后人也。"

白云题诗

丰顺罗孝廉飞熊，己酉在省垣，偶携侣游白云山寺。将至寺门，值有一女郎乘肩舆先进。罗因延伫寺外，久之，不见女出，乃入游，询于僧，僧曰："女顷在此假笔题诗，出半炷香矣。"罗请观其诗，见题东厢上，字极姿媚，墨迹犹未干。词曰："幽情镇日恋芳菲，肩折蓝舆上翠微。春色满山谁是主？东风料峭白云飞。"末署之曰："湘山马氏题。"异之。归沿山径，忽见孤冢岿然。碣云："湘山马氏之墓。"为之怆然。由是罗得疾，回里殁。游侣皆病。

罗君有异才，先予游叙畴邢公门。卒之岁，公吊以诗，有"彩云易散"语。予尝见之。

崇光纪梦

予友李君岱林维桢，辛酉孝廉，丰顺人。将来郡，夕梦游山，过渡舟且没，有僧援之，愕而寤。旦忌道河，乃由揭取道。憩揭，友人招游崇光岩，偕之往。至则石经松门，一一如梦中所历，心异之。迨出山，见一坟题云："僧得元墓。"得元，李乳呼，遂恍悟此身之为再来人也。归渡，日暮人喧，虽无及溺变，亦仿佛焉。因自作小传，尝示予。予为纪其入梦之略如此。李性甚灵悟，平素喜谈善事。

焚诗陈氏女

卧云女史者，姓陈氏。本予门人李生平所聘室，皆凤城人。女史生有洁僻，绝聪颖，幼近学堂，即通文字。稍长，喜诵金经事佛。将出阁，女不愿，父母固命之，且权词慰曰："到彼处，准汝事佛如在家。"及过李门，见以居室常礼处之，不肯从。李家见其僻，亦不之强，许归。至家，仍事佛如前，不可劝。李因改娶。女誓老陈家，日居静室，诵经之下，或作韵语，"卧云"，其自号也。后且十年，自知将度劫，取其稿尽火之，不使留只字，故诗稿无传。

翁明经文川闻其事，作诗吊之曰："仙丹曾炼太阴精，羽化瑶池雪浪清。龙女更超空色外，卧云不减董双成。"

遗砚叶氏女

己卯予游羊城，遇故人罗君文心于粤秀书院。出《月眉砚图》相示，极工致，题咏甚夥。云系女史叶小鸾所遗。予亦为题一绝云："故说兰台露气清，鸾班又见许飞琼。从前绮语消磨尽，剩得端云伴月明。"盖图册传有女史降鸾诗话，说其曾赴瑶池，惟以绮语自识云。"端云"谓端溪石也。

腹中神语

庚辰秋，客有自兴宁来者，云其地有女巫，知人休咎。凡问者私祝毕，侧耳女巫腹，其中即有神人为告语。其声隐然可辨，但问者自知之，而他人弗觉也。其语时，女巫口自吃烟，亦若不之知。烟止声销，问答事毕。

胁下佛奴

随园太史云："锡山尤少师时亨之子平贞，娶妻王氏，产一女，从左胁下出，名曰'佛奴'。慧性异常，五岁举动如成人。其岁秋渐不食，形体日小。一日母胁复开，女便跃入。母腹痛没，以僧家法焚之，塔葬于赤石岭下。平贞念妻女，不两月亦逝。"古谓商彭、老聃皆胁生，于兹犹信。

又按《周书异纪》："昭王二十四年，天竺迦维卫国净饭王妃摹耶氏，于四月八日生太子于右胁，名悉达多年。至穆王三年，明星出时成佛，为释迦牟尼，姓刹利，是为佛家第一世祖。"然则佛所自来，本由胁生。彼胁生女，应为"佛奴"。顾已生于胁，复跃入胁，岂道果难成，尚须转劫欤？

蚌壳弥勒　香灰观音

揭有好奇者，用钱二串，向海客市得蚌壳一事，内浮弥勒佛像。精巧异常，不解何以有此。

又按：《广新闻》载顾瀛斋家奉佛，元旦忽见佛座下砖香灰团绕，现观音跌坐，右立龙女，眉目如画。或云惜少善才，言毕左现善才作合掌状。命工就砖钩出，述之僧呆堂。僧曰："佛本无相，幻中作幻，乃妖异耳。"噫！此僧之言，近得道者。

又考《艺苑雌黄》，张宗益剖蚌将食，有珠，壳现罗汉，偏袒右肩，矫首左顾，衣纹毕具。奉以归慈恩寺。

又《续酉阳杂俎》：隋帝嗜蛤，忽有一蛤，椎击如故。帝异之，置几上，一夜有光。及明肉自脱，有一佛二菩萨像。帝悔，不复食蛤。

《说文》：蛤有三种，皆生于海。蛤蛎，千岁鸟所化。海蛤，百岁燕所化。魁蛤，一名复，老服翼所化。数者犹雉之化蜃。魁蛤，今曰"蚶"，《尔雅》谓之"魁陆"。凡蛤之属闭合，闻雷鸣则不复闭。又：蛙亦曰"蛤"，东坡诗"稻凉初吠蛤"，谓鸣蛙也。蛙之蛤也，谐其声。蚌类之蛤，会其意。盖两合其介也。蜃为楼，蚌蛤为佛像，皆幻耳。蛤幻佛，佛幻蛤乎哉！

贴方老人

嘉庆庚辰六七月间，各处有瘟疫传染之症。先是二三月时，有老人贴药方于街路牌坊间，谓可治疫。大约用贯众、苍术、大黄等物。或呵之。及夏秋言应，有记其方者，颇能疗人。城中传染，幸亦不甚，其近海滨一带最剧。其症之初起，云自暹罗海船来。据此，则先几之言，多不可忽。

总角老人

志云：元至正二十五年三月，有总角老人至城南门，杖履谈笑，一一奇古。门者以异言异服，不许进城。老人曰："吾尚有术，可救城中人。信我，我捍尔患。不信我，尔难将及。"回首见一妇人汲水至，求饮，妇人嗔之。老人以杖扣桶，水立涸。守者白于官，官遣执之。未至，老人已到城外河边，投杖于水，立其上若乘龙状，浮空而去。是年寇陷城。

长沙巨人

前数岁，传长沙城中忽来一巨人，长丈余，众异从之。行至县署，喧传明府知之，出觇其异，众问皆不言。明府乃问曰："尔其不能言乎？"乃对曰："能。"询将何言。曰："水上有水，人上有人。"遂默不言，自指口腹而已。乃与之食，食毕又行。明府仍着人尾之，出城至河滨，入水无踪迹。后有水灾，及地方土人与客人斗死无数，明府坐累。

解鬼围　突鬼战

乾隆六十年乙卯，潮大饥，斗米价至二千文，人心不宁，各处汹汹。普宁与潮阳之界曰贵屿，忽神降乩云："有乌山贼将至，且围寨。"众问其期。曰："夜之三鼓。"所谓乌山者有之，然未闻其聚匪也，众尚疑。乩云："不可缓，即计桃枝、竹枝、柳枝及锣鼓、火炮、利器等物以备。"众知其阴魅也。及夜三鼓，果有声从远而近，若风雨，若人马，旋及乡外，围且匝。时月将晦，见其物若带灯然。近即之，若有人，见其下体，不见上体。乩童取桃枝戴符自作前锋，令众执利器、鸣炮及锣鼓噪其后。声气势，则阴魅渐退而远，否则且近。如是者再三，及鸡号而解。次夜、三夜仍有之，然势渐熄，过此无他异。苏公才为予言，时辛酉乡试同舟也。后丁卯苏公获隽，任学博。

嘉庆廿五年庚辰，春不雨，米价昂，夏平。秋有疫气，滨海处尤甚，因各处有鬼神语，八月初旬，揭属有一村，黄昏时，云有来讨战者，人物甚众。乡人皆惊，不知何来，勇壮突出与战，所见仿佛无常状，知非人类。然皆鼓勇气，力战勿衰。俄乡人齐出，火炮锣鼓齐鸣，阴气卒散，无所有。收勇壮，亦无所损。然次日与战中人，暴卒者数十云。

独脚鬼

前明万历十年，潮城南有独脚鬼，凭杨氏家作祟。郡守郭青螺子章先生牒告城隍，鬼遁。郭又为文以广其意，曰："嗟夫！大傩设而江虎奔，梓杜伐而茸头怖；侲子和而穷奇食，东京赋而耕父囚。曼倩撰骂鬼之书，文考序梦战之词。矧此夔魖，何足以辱神之威。顾四境十邑，有有司而独者乎？有民萌而独者乎？予懜于此，神其予告。予当投之海岛，以御魍魉，与神交相治焉。"郭文见邑志。考夔，一足兽，趫，跳貌。《字典》无魖字，志文称"独鬼"。

多目神　长人影

《秋灯丛话》云："清河翁令于磐，言其祖康熙间任广东学政。时考广州，亲友阅卷试院楼上，夜将半，灯忽青黯无光。瞥见一物立楼级侧，长丈余，头面碎光如星，眨眨可畏。谛视之，纵横皆目珠也。众哄然举砚投之，旋隐。一老吏曰：'此楼中多目神也，见者多吉，诸公其贵人乎？'后多验。翁叔亦在其中，嗣中雍正甲辰进士，官按察使。"

又潮州韩山之陆丞相祠中，有长人，或男或女，见者不一。皆言仿佛中见其影上凑屋脊。然见者即惊得疾，无所虞，必利试。予董理书院日，工人宿祠内，亦尝云见人高与屋齐。

水火灾异四事

钟鸣。志云：康熙庚辰冬，马王庙钟自鸣，应明年大水，东北堤溃。考《前汉纪》，武帝时钟自鸣，东方朔曰："金者土之子，母动则子应。"后蜀山崩。按：大水钟鸣，乃其子将动而震其母也。山崩钟鸣，乃其母将倾而惊其子也。子动反克，上及金之母，故堤亦溃云。

井竭。嘉庆己卯冬，东门一纸行，井忽竭。数日后起火灾，焚及商人。予询诸门人谢生格华，果有井竭事。且云行有二井，其一井，因数月前买得乌骨鳖蓄焉，其水不竭，此边亦不被火，盖水精能制火云。其竭奈何？曰渴也。奚而渴？火将炎而土先燥也。水精守之，则不渴不竭。

鼠遁。乾隆乙巳夏间，有鼠无数，衔尾渡江而南。知几者云："大水淹穴，鼠虫其遁，上江将有水灾乎？"七月全椒山中发蛟，田堤皆溃。见《续子不语》。

鹊迁。又乾隆乙丑年四月初十日，吴中书院巷口老树上，鹊悉毁巢迁去。是夜，火烧树旁居屋，树与俱烬。见《广新闻》。

论曰：穴居知雨，巢居知风。故岁有飓风，鹊不巢于木末。时将大雨，蚁徙其穴于爽垲。皆动于其天者也。兹者鼠卜水遁，鹊兆火迁，鉴于灾者尤迅。是以与钟鸣、井竭，并昭雨水、风火，从其类也。

脱水火灾数事

予同学友一清刘君，以儒医显，颇有济于时。自言尝黑夜失足海潮中，水行二十里，并无沉溺之苦。但见水中有光，随风飒踏而已。潮退濒岸起，见天后庙。去归其家，自是家祀神益谨。

按：此事固异，予见《秋灯丛话》所录，又有大奇者。云乾隆辛巳，豫省黄河决，陆地水深丈余，民间庐舍半就淹没。陈留有富户曹姓者，居室沦水中已三昼夜矣，咸谓无有生理。乃水退，墙宇依然，眷口无恙。问之，云："日间惟觉雾气弥漫，不见天日，初不知水之怀吾屋也。"有司异之，询何善行。云："自高曾以来，每年计租课所入赡衣食外，悉以济乡里之贫乏者。"盖行善百有余年矣。宪司匾额旌之。

萧三少君尝寓苏州亲友纸行中。亲友颇长厚，客货麇至。见有一客，货已入其行，次日即要搬出。行主不肯，人曰："货入行无不发者，昨日入，今日发，何不可？请如行规发货之中金扣送，容吾搬出可乎？"主曰："谊不尚耳，岂为利计哉！"不得已依之。其人货是日至别行，是夜别行火起，凑作灰烬，延及多间，萧寓无恙。其人始云："蚤起如厕，见一红人执尺量行，心疑此行犯火灾。谁知神物之露其机，使自搬别行赴火耶？"是固有数。

然予见《秋灯丛话》，又有行善感神灭火者。云雍正乙卯，杭城大火，中丞李公亲往扑救，仿佛见火光中，一金甲神持红旗招展，围绕一屋，移时火灭得全。问之，乃盐捕李姓屋，人物俱无恙。李是时方公干江南，途中代将鬻妇者偿欠金而焚其券，与火灾日夕恰相当也。天道报施之速如此。

此卷类皆仙鬼变怪可惊可愕之事，而语语归合正宗，所谓以震世者觉世也。经心史才，并为妙论。世侄陈作舟识

利济诸善事

凡作事以利时济物为心，都是善事。力能为则自任之，不则倡始相助，以至语言劝奖，皆佳。非必尽由己出而尸其功也。兹述修堤桥道路、军需赈饥、义冢施棺，利济诸事

如左：

甲寅，城南堤再决，水大非常。乙卯大饥，米乙斗直钱二千余文，古来未有。时倡赈者，有观察庄公肇奎、太守韩公义、分司金公之昂。其所属官长，及里巷善人，各因力施济，亦在在不乏。饥稍定，韩公增筑堤防巩固之。又次年，倡新文庙，造城南书院，文物炜焉。此善事之大者。

江东一都，在郡下流，环以堤。盖水中央一大洲地也，每有堤决患。予友张君旭初之长兄曰印川，尝倡筑焉。时值戊辰会试，旭初北上。蔡开诚翁闻之，扶杖往预贺曰："君有此举，是科令弟必捷南宫。"榜发果尔。厥后旭初荣旋，又请万太守命，督乡人增修加巩。一都利赖。予尝为之商撰碑记。

蔡翁者，鳌头乡人也。与其里淑乾陈君相善。君乐助修道路津梁，尝置义冢赠棺。偶逢洪水告灾，捐金煮粥，倩人守御，多所镇定，殆又防患于未成者。兹后人能守先训。蔡翁后人伯来为予言，郡南西折十余里，有山溪焉。予前明祖伯云横谅公，以进士官户部郎中。九旬致仕，倡修道路，乃开高车岭径，造驷马桥，题碣云："桥居都纽要，荡荡势横河。辄见人喧拥，高车驷马过。"

莲花山麓，有涧须桥，山僧金题莫就。忽有来问会计应若干金者。僧告之。仍日人袖金来交僧建造。僧询姓字，不之告。事竣，因号之曰"天成桥"。或云是郡城林善人之为也。

琼南邱、海二公祠当重新，家通议丛山兄商琼日倡捐焉。又增修关厂道路等处。百制台平海氛时，又多助军需，西路以靖。乃榜其居曰"尚义可风"。

养心谢公，前明城南乐善长者也。多行利济事，碑人口。其祠外挂施棺一牌，自前朝迄今，尤众所共睹。

又按：传方、送药、施茶水，戒杀、放生、救虫蚁，劝奖、成美、赞助、解纷，人人皆得方便行之，皆算善事。陈星斋先生云："施乞丐一文，课学徒千字，便是己欲立而立人，己欲达而达人。"至言也。

勉为善而福报自存其中，与斤斤谈因果者有别。洪松湖

卷之六

铜鼓嶂

潮之镇，以铜鼓为特，道海者表之，凤皇山亚焉。然凤皇山去郡不过数十里，铜鼓则百余里矣。不出郡垣见凤皇，不见铜鼓也。予游丰溪，途出两山间，乐寓目焉。忆甲子岁，尝为丰溪李孝廉岱林题句云："去岁与君九月九，丰溪啸咏披兰皋。指顾凤皇山色好，掀岚劈黛将翔翱。就中相望铜鼓嶂，颉颃俯仰如刘曹。其余众峰各环抱，累累螺髻新沐膏。"云云。李君和章，亦有"劈山出玉山裂骨，摘露作酒花流膏"句，可谓兴致淋漓矣。

凤凰山

凤皇山之绝顶，有嵌空石窍，大风激之则鸣，声落汉表。故予有句云："纤云扫尽青天高，草木黄落风怒号。"又云："风声长啸落天外，禺于噫气生大块。"然此亦就昔所传闻状之耳。

又传鼎革初，有林监承者，修堪舆形胜，铸鉎铁，嵌石于缺处，后遂能鸣。今鉎铁遗迹犹存。

又山有相思树神，披发赤面，光英英尔，□熊熊尔。一峰曰乌崒，产鸟喙茶，极佳，作龙眼花香，能清肺降火。系宋树，根于石，柯于云，岩阿多蓬叶。又有龙须狮毛草，织□□，绝顶不生树，草悉柔润。盖罡风沆瀣之气所激宕也。

凤山楼

凤山楼者，故称金山、湖山皆有之。邑志所载，云在湖山古瀛洞天上，内绘列仙图像。旁有款凉、延光二亭，为最胜。儿子耀应书院试，有怀古之作。间为点定，曰："湖山积翠蒸云烟，朱楼十二通神仙。朝阳绝顶蔚灵瑞，九苞凤羽来翩翩。凤之来兮览辉下，楼之构兮阿阁联。中绘列仙登瀛景，俯瞰巨石题曰'古瀛之洞天'。凤城名凤以山名，城巩楼高碧落横。此楼合并此城建，丹梯粉堞相峥嵘。年来星移景物换，楼翠沉烟山色断。山城长抱四湖碧水流，遥见洞石嵯岈插湖岸。山川有意属来游，五凤巨手合重修。人事代谢成古今，今来古往足千秋。欲吐奇怀结□涛，此日来上湖山百尺之高楼。款凉、延光亭舍幽，临风倚竹发清讴，余音逸响飞渡凤凰洲。"

彩凤岭

郭西里许，有凤山。城北隔河上流二十里许，有彩凤岭。又四五十里，乃有凤皇山。城东南隅水浒，又为凤皇湖。邑地多名凤，故城曰凤城。然志称海阳故城，在城北二十里海阳山，亦号凤山，是彩凤岭也。

秦汉以前，鳄溪下流皆溟渤，则此二十里内为沃壤。建城于此，宜也。今为上流积水湖，是曰龟湖，萃泥沙焉。然发土者，犹时见古城砖器物。又城东门之址尚存，在彩凤岭下。

考《逸周书·王会》，已有海阳之贡。汉初，乃有海阳侯摇母馀。志称晋义熙间立潮为义安郡，始建海阳县。特以县言之耳。

凤凰洲

古曰鸦洲，后定今名。洲上有台，前明太守侯公必登造。予有应胡观察果泉夫子观风试、追和潘次耕翰林凤皇台古作云："江口沙洲新月弯，老鸦飞去凤凰还。层台郁律驾鳌背，高压地轴参天关。四望烟云馀缥缈，三十二峰江上山。朱栏翠牖碧空外，下绕春流青玉环。巉嵲塔尖划银汉，嵯峨粉堞（堆螺鬟。鸾旌）影落古瀛洞[1]，虹桥遥拂龙湫湾。乾坤俯仰旷怀抱，（置我风声水声）间[2]。口吟奇句招仙侣，飞扬意气超尘寰。回顾弱水三千隔，俗子缘重飞腾艰。转瞬跳丸两日月，坐令双鬓含霜斑。鹧鸪一声芳草落，夕照苍凉枫叶殷。满携玉膏酌台上，壶里桃花添醉颜。吾曹故是十洲客，偶浮瀛峤来百蛮。吴江才子昔侨寓，曾借仙家半日闲。随风咳唾落珠玉，年来文彩犹斓斑。拟骑翔凤出江渚，高歌一曲相追攀。"取第一。

校记

[1] 括号内文字原刻本漫漶，据温廷敬《潮州诗萃》补。
[2] 括号内文字原刻本漫漶，据温廷敬《潮州诗萃》补。

望海岭

饶平县之东北数里，有峰极锐而高，曰望海岭。予尝往游，陟山数里，得一寺，未已，又更上数里，得一寺，去绝顶无几，因恐日暮而还。然予向题此岭，有"山头见海波，海中见山影"之句。学博温灼坡先生见之，谓十字备得山海高阔奇致。最上寺中有桂，株大数围。后有小石室，室前有鸟喙茶若干本，柯森云气氤氲间。

两浮山

饶地多山，极峻陡，百里走海，有内浮山、外浮山焉，皆平敞可作墟场。得海堧象，多佳卉。内近县地，外迤黄冈海防。予设帐傅公署，皆过之。尝题咏，今悉忘矣。独记傅公有句曰"路沿花界载莲香"。又外浮山，为宋末陈璧娘督义兵与元人力战处。

辞郎洲

辞郎洲者，乃都统张达妻陈璧娘别张扈从宋帝处也。在南湾（澳）海曲。陈乃女中之英，别张后，犹自督率义兵，与元人力战。拟词"四解"歌之。

丈夫知有宋天王，别吾去者海茫茫。后有奸宄姜抵挡，试看风霜飞剑铓。一解

郎兹行，勿回顾，北风萧萧虎门树。传檄早定潮州路，恢复中原驰露布。二解

郎有身，身许国，无以家为仇可复。妾有身，身许郎，勿谓兵气不我扬。三解

一洗千秋巾帼态，泪痕乌在血痕在。策郎马，送郎舟，国耻可雪，妾心何求。四解

陆厝围

方言谓家为厝。陆厝围在澄邑城南，为宋丞相秀夫陆公被潜于陈宜中贬潮安置家也。传称公有一子，好渔猎，因族于潮，得非天之所以保全忠臣后乎？予友洪松湖有《怀古》之作云："焉知贬谪非有数，要使流落延其宗。传闻荡子喜游猎，弃置荒岛逃兵锋。厓山龙战海流血，千航万舸空复空。至今蕃衍续遗裔，居然忠悃哀皇穹。"

莲花山

瀛洲东南之最秀者，有莲花山焉。相望七八十里，藕于饶，蕖于海，华于澄，合沓峭削，高出烟霄，郡文峰也。山麓之流，特朝郡垣者曰秋溪。上有古庙，庙下有伏流穴，可通数里，从别溪出。内有神鱼，长丈许，见则有水旱灾。别溪皆趋东南，此以莲花分支，西北走，抱郡数十里，故从之而西也。

上古山在海中，今久桑田。十里许，乃迄歧海，登上则涨海犹萦带焉。绝顶外锐内盂，中有仙翁庙，高一人立，广数人坐，至盂地可千百人卧。每年重九夕，闽广界攀登兹，祷仙翁圆（音云）梦者，不下数百人。贸易称之，若市集然。人几终宵无寐，得梦者十不二三，梦则往往获奇验。

予素喜游山，每拟携侣往，未果。门人陈生光静，秋溪人也，尝宿其上，云最异者，观日一事。天风海涛，虽震荡胸次耳根，难及此焕发奇突，放神光辟灵宇也。鸡三号后，天边转白，烟光露气翕凝。忽一刻，极东之处，风云若扇动，渐作紫光色，隐隐中吞吐朱晖者久之，其咸池之试浴也。俄则丹邱涌出，才露其巅，旋及其半，未指顾全显日轮焉。间挟黄色，带芒景，若黄人擎之，扶桑拂之。度体之大，比平地所见加数倍。瞰山下，尚幽黑沉晦。浸日轮且缩且高，幽晦刻露，曲阿朝明，天下皆白，曰旦矣，咸睹红日地平上矣。意罗浮之鸡鸣见日，当与此仿佛，而山红涧碧，附景分形，其初日芙蓉之丽，抑又日观高迥中所难兼有也。山凡五合，三合以下多础石，土人私凿取之以过洋，在行禁止。四合五合之阴，多奇花果，芝兰尤茂。然极阴奥，虽好游者，莫之能达。或云：有天台、桃源之异，无道气者入之，迷失道。遇不若，山上翁乃出之。

圆之音云也，见晋蔡洪《围棋赋》："曲直有正，方而不圆。算徒授卒，三百为群。"以圆叶群，是音云。潮人之于圆梦也，皆读云梦。《正字通》云："占梦以决吉凶，曰圆梦。"唐李德裕曰："安禄山之叛，黄幡绰陷贼中。及收复，有言幡绰与逆贼圆梦，必知其不可。"又秦再思《纪异录》："长安兴义寺，有圆梦堂。禅师知满，圆梦获验，堂因以名。"是圆梦之说，唐以前有之。元周密《视听钞》以南唐冯偰举进士时，徐幼文能圆梦为证，未详考。按《正字通》载此说，本在音员下。然云员乃双声之转，无他义。《山海经》："丹山之南，有凤之丸。"或作圆，丸、圆皆旦也。通此义而勿滞，可以圆梦，可读《山经》。

莲花峰

莲花峰在潮阳海门外，高土奇石，层累成峰。又周簇分瓣，作莲花状，故名。予丁巳岁，馆潮阳少尹绣轩唐公署。重阳日，偕莲幕中西江友人赵慎哉往游。其地东南坼大海，一目连碧落。巨石面有"心朗海天"之文，总戎本汉吴公刻也。上为宋文信国望少帝处。稍转西南，有小石室，祀仙翁云。宵点一灯，光彻海外。又转而西，为宋处士张鲁庵读书处，石刻表之。又转而北，则海门山脉隆起作诸奇石根者，后则古刹。予是时题七言长古一篇，兼纪所历境，得五七言近体诗若干首。归属吾邑鹤墅刘君为作《观海图》。盖生平游观，以此为冠也。因赠刘句云："沧桑或变图不变，此举可以夸麻姑。"张而调之。其长古起语云："瀛洲地脉通蓬莱，海上突出千琼瑰。一峰峭拔碧波外，幻作瓣瓣莲花开。"故状其实。稍西有二瓣：一作斜瓢势；一卸海堨，成花落状，上多刻字，不可辨。东北数瓣颇厚，附合花心巨石。近北一瓣，缝间可通人。山僧年六十许，云五十年前仅得通一臂，似石亦有且开且落之奇。故予诗中又云："沧海扬尘行底时，花开花落几人知？但愿一醉三千日，香风飒飒吹瑶池。"又《吊文信国》云："图谶为妖歌白雁，海天无地哭黄龙。"《题张处士读书处》云："独临海外无边地，尽读人间未见书。"《归过海门城》云："山疑冲海出，石欲破天飞。地角孤城静，云间独鸟归。"

厥后庚午岁，游南澳。应石莲山樵傅司马修盂先生之招，重观大海。予因回忆莲峰之游，有"觞咏放怀重九日，光阴弹指十三年"之句。殆系情壮游之朔云。

海市　鲛市　蜃市　蜃楼　山市　湖楼

莲峰东南为大海，西南歧海也。对望之岸，乃惠来县界之神泉所，有营弁及巡政厅。峰之背为海门城，亦有水师营。每春夏之间，天将大风雨，海气先作雾，或见朦胧之中，有城有屋，有树木栏杆，有人马奔走状，及一切往来贸易事物。若近若远，神泉见之，疑接于莲峰；莲峰望之，谓接于神泉。放舟其中，乃蒙无所睹。则海市之为幻也，他处无有，是幻境亦有定在也。据此以观，则海市幻境，似是海中水土之奇气所为，故有定在，他处无之。山东登州有海市，人亦传为其地神物，东坡先生曾祷见之。然所传海市皆有楼台，故又合蜃楼以称。而神泉则有市无楼云。顾此幻境之市也。又有真海市，《南越笔记》称其人能于暗中臭金，别其贵贱。

又古称鲛人潜织，及卖绡于市，所泣成珠，皆是。是为鲛市。

又楼台之附于海市者，所谓海气百重楼是也，而蜃楼若自为一物。《正字通》云：海旁蜃气象楼台，谓之蜃市，亦曰蜃楼。今用蜃脂作烛，烟中尚仿佛见楼台象。蜃，雉入海所化。按：蛇交雉生蜃，又为蛟蜃，与蛤、蜃分二种。海气或合蜃之幻，结为楼市，亦未可知。

又《虞初新志》所载，有山市，在深山大麓中，含烟雾变幻，亦如海市状。又传蛇交孔雀，其蛋闻雷入地，千百年后化为蛟。无亦地中孕此，故时因山岚以作市耶？

潮阳又有湖楼。盖潮有神湖，能御水旱灾，为韩公刺潮时祈晴处，所谓祭大湖神者是也。地本滨于海，水中结石，若蛟宫鳌殿，神依焉，极灵应。风定月明之夕，见波心涌起楼台，蠹落层霄，参差重复，金银丹翠，不一其色。然不能常有也，故耳食指疑信参之。予题文公庙诗，有句云"神湖浪涌楼台出"，谓此也；对句云"鳄渡夜惊风雨来"，则用公驱鳄事为偶。夫地因景异，亦以人传。登州之海市，应苏公之祷而灵于神泉。潮阳之湖楼，又因韩公之祈而神于千古矣。

驱鳄　歼鳄

鳄鱼之为状，龙身虎爪，四足类鼍，蟹目蛟鳞，口如侈箕，齿如利锯。大者尾长数丈而扇其末，芒刺成钩，仍有胶黏，常伏水滨，伺人畜至，尾击而啖食之。一如象之任鼻。小曰鱼虎，大曰忽雷，又曰骨雷。李淳风《感应经》曰："河有怪鱼，乃名为鳄。其身已朽，其齿三作。"《南州志》云："斩其首干之，去其齿，旬日间更生。如此者三，乃死。"或云："一生百卵，及成形，为鳄者十二，馀或为鼋为鳖。"《洽闻志》云："惟熊能制鳄，握其嘴，至岸食之。"或又云："鳄于水中击人影，人即仆。"固怪异之物也。

唐时潮州有此患，卵育恶溪之湾。元和十四年，韩公刺潮，作文投水中，并猪羊与食，约而驱之，限七日率丑类去。至期，雷雨大作，鳄南徙（徒）六百里。厥后鳄鱼复来，依其故穴，且上至万江。宋咸平中，陈公尧佐判潮。值江上村有张氏子，为鳄尾食。公闻之，曰："韩公感物以诚，吾德不及公，莫若尽吾力。且冥顽不灵，为民物害，必杀无赦。"公网杀之。

后传潮人载石灰数十艘，加以药。及鱼穴潭心，鸣鼓齐下之。急徙舟避。逾刻，灰药气尽发，洪波鼎沸，吼若雷霆。鳄鱼种类，颖翻水面，波为激高丈许。一夕浪平，鳄尽歼。韩江遂绝此患。

今奉陈公配韩公庙，千秋俎豆，双旌峰前瞻胕鞚焉。

育象池　化象潭

揭阳桃都，故有"上出仙，下出粮，中出相"之谣。于是灯（登）冈山上，果有孙道者，白日飞升作雨仙。山下果有出粮穴，为谢氏葬祖。山后数里，有山作象形。山中有池，尝于宋时育白象。未育象时，山旁有村育一男子，长而哑，及闻池出象，即发声曰："在何处？须予往定之。"象出，池水尽赤，登岸无能服之者。男子至，驯习骑焉，报之官，见邑志。后男子与象俱化去。或曰："象者，相也。"是应谣言。又白象固神物，化生于池，异也。与驯象之人俱化，宜哉！固无取于纳贡。

海阳鳄渡西，有化象潭，志称西湖是也。唐相国李公德裕来潮，携玉象至此，化去。先是罗浮李终南，见公好服丹砂，曰："恐促公寿。"因怀中出一小玉象，如拳，曰："取莹砂置象鼻下，象服而吐，乃良于饵。盖此玉象，纯阳之精所凝结，已三万年，今以相公忠孝，暂假用，幸无致于咎也。"又出金象，曰："此牝者，与王（玉）为偶，胥假之。"后终南咎公溺于情，书来索二象。公一日至鳄鱼潭，风雨大作，玉象自船舷飞出，光焰烛天，金象亦踊，随入水俱杳。详《罗浮山志》。盖仙人之物，长当化去也。

猪生象　牛生麟

嘉庆十年间，揭阳棉湖有猪生象，数日而死，弃之。随园先生所志云："乾隆四年，芜湖氏（民）间，牛生麒麟，三日而死。割其腹，不见肠胃，若蟹然，人以为奇。"有人云："与康熙南巡盛典所载麟同。"按：二事以庸产奇，而皆不育，是谓"怪物"。

抑象类豕，故生于猪。麟有角近牛，故生于牛。麟又有鳞，且近鳞介，故同介族之蟹，无肠胃耶？草木花近根多类，理固然也。

按：十二肖辰之物，各有所不足，亦各有所因。鼠无牙，长于齿也。牛无齿，上有角也。虎无脾，节其胃之消食也。兔无唇，八其窍也。龙无耳，角听。蛇无足，腹行也。马无胆，肝不足也。羊无神，死其目也。猴无臀，跳其身也。鸡无肾，先胎后感。狗无肠，猪无筋，一瘦其腹，一馀于肉也。闻凤肉啄，麟肉角，不用武也。肉角当如鹿之茸。又传白象虽神，犹畏鼠之穴其耳。凡洋船贡象，刻四木鼠于舟中，象至则足压之，不敢徙，且无虞象之任鼻震其舟。象任鼻，猪亦任唇。

暹罗陆归

潮之海客，舟往暹罗，云水程百六十更，更六十里，是六千三百六十里也。然四川后壁，实有陆路相通，但梗不可行，多绝人烟处，鬼物恶兽时阻之，又纡曲不啻数万里也。吾邑有陈生者，尝道之。生乃武解元进士有光陈公之子，因谋贸易，从海客之暹罗。将至矣，旋失风，任飘去，至一所，舟坏上岸，与同行数十人投生。行数日，有番奴遇之，搂去。云至乌肚国矣，献之国王。乌肚者，暹之世仇也，陆地相接，相侵伐，每积岁月，耕而战。亦不与中国贸易通，囚焉，若欲致诸人死。

后有二十余人幸伺间脱，仍结队行，但向日望东往，历山中数月日，绝无人烟。饥则取草木实及大鸟生食之。鸟未尝见人，不相避。夜遇石，则宿石下。遇木，则宿木上。不则相偎倚。但有阴风飒飒，或黑气冲过，则队中失去三二人。

厥后遇穴居土人，虽言语不通，可示以意。若怜之，乃资食料，引至一处取道，略有人迹往来。又月日，将近四川界，遇土弁，以笔达之。土弁知为中国广人，乃解之省垣。省垣某将军，则陈父同榜进士也。因厚资之，并解同行所存活者数人，归潮州。计行程逾一载云。

朝鲜梦归

温州王茂才谦光，航海失道，至朝鲜界。在丛山中，几死。得人参服之，得生。因遇朝鲜国人，献之王。王问来历，知谦光在庠，笑曰："道不行，乘桴浮于海耶?"盖其国人皆读中国经传，且习诗律也。因以"浮海"为题，命谦光赋之。谦光授（援）笔立就曰："久困经生业，乘槎学使星。不因风浪险，那得到王庭。"王善之，待以礼有加。于是彼国臣僚赋诗高会，无不招致。国人诗亦极妍婉，真有如王渔洋所称"淡云微雨，菊秀兰芳"风韵。

计王君在彼朝鲜五年，无日忘归。尝一夕梦至家，僧设道场，妻哭甚哀，有子衰经，生亦惊哭寤。

迨蒙国王及诸僚属赆送得反也，见妻于家，相悲喜。证所梦，适招魂之夕。问胡有子，则以房侄入继也。

外国之异

浮提国人能凭虚而行，随心所向，顷刻万里。且能遍通各处言语。居室门户，不能相禁隔。然卒不为奸盗。刑天国，即身为首，手生顶上，目两乳而口其脐。贯胸国，其心可穿。车邻国，男女皆长八丈八尺。僬侥国，人长三尺。鹤国，人长七寸，鹤吞之不死。大耳国，耳长数尺，阔称之。侧卧，则下可当褥，上可当被。沙弼国，日入时，声如雷，国中必鸣金鼓以乱之，否则小儿惊死。土哈国，昼长夜短，日没顷刻即出。按此，当近北极下，且是夏至时。若正当北极之下，春分为晓，夏至为午，秋分为暮，六月皆昼不夜。又自秋分历冬至春分，六月皆夜不昼矣。南极之下反是。宁公台外，人至冬必蛰，如蛇虫然，不饮不食，不语不言。春则蠕蠕而动，饮食往来如初。是直以一岁三百六十日为一昼一夜者。《海国闻见录》又载一国，以一日作二日用，子午之时，人皆入内燕息。想赤道下一岁再寒暑，春秋分日当赤道，午刻正照，人不敢当，故皆入室也。馀遂习以为常，均以辰戌为市耳。无启国，人死心存，埋之地中，百年又复为人。女人之国，浴而孕。大秦国，去长安四万里，以羊脐为苗，种之地中，数月羊长，尚着地面，须鸣锣鼓逐之，羊自脱，上逐水草生活，见《新唐书》，今亦曰"谷种羊"。高丽国，有狗站，用四狗挽车不减良马。昆仑之龙，今避人于横，曰外横，曰内横，皆略高海面，多大木，弃地耳。信哉! 人为万物之灵。灵焉□□! 昔齐桓公猎，得鹄嗉中人，白袍而带剑，长三寸三分。或曰："是为李子敖。"然亦鹤吞不死之类也。西北荒中小人长一寸，则朱衣圆冠而乘辂。奇肱国人，一臂而能造飞车，汉时有至中国者。毕勒国，人长三寸，有翼，善言语，常群曝日下。羽人国，人有羽，善渔。员峤山，有陥移国，人长三尺，寿逾万岁。员峤与方壶、蓬莱，为海上三神山。是其仙人之流欤!

《传》又云："有毘骞国者，其王不死。"抑闻之，张果老是混沌初开时白蝙蝠精。道书又称老聃生于龙汉元年，脱高龙汉，混沌之上代也。又彭祖乃颛顼玄孙，当商末年，已七百六十岁。汉文帝得魏文侯时乐人窦公，百八十岁。或又云："老子骑青牛，西出流沙不死。"皆中国之异寿也。

今考《西域记》云："毘骞国王，生于汉章帝之二年。本朝称董喀尔寺呼尔托托。圣祖曾遣使者至其国，见之。王头如桶，颈如鹅，俱长三尺，张目直视，语不可辨。其子孙皆生死如常人，惟王不死。事载《康熙天文大成》，随园先生传之。"又《南史》云："毘骞国王头长三尺，万古不死。"是天地间真有此不死之人矣。

《元命录》云："王国于大荒之域，天人之界。"抑王有别所，仙都与天地，循环无终极，未可知也。凡天下事，不得以耳目所常闻见定有无，大率如此。

万里长沙 千里石塘 南湾（澳）气 黑水
弱水 暗海 黑海 西洋

大海之外，有万里长沙、千里石塘。石塘舟不可近，绝往来。船至此，人无生还矣。云在长沙东南。又云其间有三门，可出入，然难测。长沙虽险，沙多石少，产海参，尚去安南不远。潮平波定时，安南海客有航小海舟来取海参者。舟败于此，人苟生存，多为所救。

鹳塘有陈生，自苏航暹。其舵工用蚀公账，故意作恶。舟近长沙。众见水面有五色鸟，大骇，盖此鸟惟万里长沙有之。共语舵工，船须急驶北。工不听，竟逼南上礁于长沙。于是舟败，且百人齐奔沙上，遇害者不过数人。沙上有土地小庙。其旁有米咸及火烧等物，若或遗之，众因得活。且时取沙上鸟雀烧食之。其鸟皆不避人。涯旁有蚶，大如斛。上沙时，有不知避者，胫骨为所合，则断去。时以法取食之。又见海石缝有珊瑚树，高下不等，皆作黄红色，心知其宝，不能取也。蚶或有珠，大径寸，有取之者。居月日，遥望见有小舟至。识者曰："此采海参船也。"呼救，果来。其人曰："予舟小，不能多载，此刻波平，予可另约舟来载也。"果不爽信。众取在舟携带金，厚酬之。计舟中人，全活者十七八，乃自安南另船回广。

南湾（澳）之地，正南出大海，无边际，未有道之者。凡船道，皆下西南行，上东北行。谚所云"上至天津，下至马辰"是也。若东南行，未至彭湖，对过不远，则由南湾（澳）气。气乃一大屿，多沟港，内若有气，吸舟及人物而入，故名。凡至此，皆往不还。

陈将军师资，闽人也，少航海，尝误入其地。云由小川入气内，水皆直趋东南流。约行数百里，又外见大海，其水低洼，视内海若墙壁。盖时值波定，陈乘三版小舟，载用物由气出，冀得生也。然至此，惊叹无生理。食物未尽，留残喘焉。忽一夕，海作声如大雷雨。陈惊起视，若潮头涨，其低洼者忽与内海平。陈素习驶舟，急作法，鼓三版乘潮上。适遇好风，乃张布为帆，日夜间，直达彭湖，得生。按此潮，如内海之八月潮，一年一次。外海以年为日，则三百六十年一次耳。陈之遇此，盖天幸也。且有将军福命，神又助之耳。

黑水者，七洲洋外大海水也。广无边，深无底，故黑。语云："自问尔心赤不赤，来看此水黑不黑。"盖人见此，心胆多寒，不敢作妄想云。

黑水之外有弱水。舟稍近焉，即多食水痕十四五。望见其水，虽有风不能起波，潋潋然若将蚀而下者。不急避贪北山，则误入不还。

又往西洋，当数日过暗海。若夜不昼。

又有黑海，亦近西洋界，乌鬼国虱其间。乌鬼有二种：曰顺毛乌鬼，曰逆毛乌鬼。二国常相仇，遇辄杀之。见西洋船至，各卖与为奴。奴于西洋人，各受训诲，不相仇矣。西洋人最巧，传为诸番之祖。故人多称西洋祖家云。

西洋祖家，所辖国最多，及日入之处。来中国须三年，去中国云十万里。按：大地径七万馀里，中国居东南，西洋居正西。弦行十万里若鸟道，径行在六万里间耳。

四海

海一耳，古称四海，言乎东西南北所极，冥晦之区也。斯海亦曰溟。语地域者，乃以徐扬、西域、交广、青沧当四海。《左传》楚子言于齐师曰"君处北海，寡人处南海"是也。《尔雅》又属以九夷、七戎、六蛮、八狄。杨用修则谓四海之别，有渤海、涨海、青海、瀚海。《淮南子》又云："海滨曰歧海，其外曰涨海，涨海外环瀛海，瀛海之外有稗海。"为因而重之之四海，实中土在大地巽位，所见者东南隅海也。西北之海，略因地取号耳。

海潮

海水日再长，朝曰潮，夕曰汐。统汐于潮，又皆曰潮。或又曰：潮，朝也，谓海水之逆朝而入也，书称逆河是也。

潮州古曰揭阳郡，谓在揭岭之南，山以南为阳也。水又以北为阳，潮之州，大海在其南，是州海北也，故又称海阳。海则有潮，又称潮阳郡。唐时，潮至恶溪，在潮城上。贾朗（阆）仙《寄韩潮州》诗曰"海浸城根老树秋"是也。

传百年前，潮到急水，则已去城二十里矣。今及庵埠上，且五六十里，居潮城者，盖未尝见潮水云。然此乃城东门外南下之大河，由澄海出口者。若西边小河，由揭阳出口者，则去城十里为长美桥及官寮桥，其潮水皆如期至。但比歧海往往差一时多耳。

予故居在城西南三十里之淇园乡，正在潮水中，知潮最悉。尝参考昔人论潮水书，有同异，且语多混。盖未尝分别潮势潮期，与内河、歧海、涨海为言耳。兹请详之。

《海峤志》曰："海随月盈亏。"张封寅曰："月周天而潮应。"一以月体论潮，一以月位论潮，皆是也。然体应潮之势矣，位应潮之期矣。马古洲曰："朔后三日，明出而潮壮；望后三日，魄见而汐涌。"潮汐互文耳。壮涌，言潮势也。潮人谓初三、十八为大流是也。马又云："每岁仲春，月蒙木生而潮微；仲秋，月明水落而潮倍。减于大寒，极阴而凝；弱于大暑，亢阳而缩。阴阳消长，不失其时。"则言一年之潮势也。至言月位潮期，朱子深取余襄公"月临卯酉，则水涨乎东西；月临子午，则潮平乎南北"之语。有以哉！然又须善解之。月出为卯，月入为酉。天中为午，地中为子。涨言初起，平言已满。东西南北，黏卯酉、子午之间文耳，无容泥。月周天而潮应，即此旨耳。知此，并不必问日期，仰观天象即知潮水。谚云："月上，水涨。月落，水涸。月到，水转透。"且日期亦以月定。朔望，子午潮。上弦下弦，卯酉（酉）潮[1]。弦前三日，寅申潮。又前三日，丑未潮。弦后三日，辰戌潮。又后三日，己亥潮。谚亦云："初一、十五，海潮平子午。初三、十八，丑未潮水发。初五、二十，寅申潮头立。初八、廿三，卯酉潮痕添。初十、廿五，辰戌潮起橹。十三、廿八，己亥潮水作。"今拟《潮信右手指掌图》，于子、午二指，各安八日；卯、酉二指，各安七日，以应一月三十日之潮期。食指曰子（三十、初一、初二）、丑（初三、初四、初五）、寅（初六、初七）。中指曰卯（初八、初九）、辰（初十、十一、十二）、巳（十三、十四）。无名指曰午（十五、十六、十七）、未（十八、十九、二十）、申（廿一、廿二）。小指曰酉（廿三、廿四）、戌（廿五、廿六、廿七）、亥（廿八、廿九）。是可以得其略。乃志书又称琼海月上潮，与他处异。不应月而应长短星，不知涨海之外皆月二潮也。朔望潮长，至弦则消。弦界潮消，朔望又长。但外海至内，每差三日。故内海以初三、十八为大流，时应外海之长。外海月再消长，应月体生明、生魄，皆长也。内海应月位，故子午满而卯酉平也。然则内海之潮势，又外海之潮期为之欤。

又考涨海、歧海、内河消长略殊。且潮期亦参潮势，潮势微时，其长不久；潮势倍时，其消亦不久。然以常论，则每汛六时有奇。曰三时为长，三时为消，有如朔望之子午潮。则海中卯酉为伏潮，辰戌为起潮，己亥为长潮，午子为满潮，未丑为消潮，申寅为落潮。伏者落之极，满者长之极也。海滨则以子午为长潮，内河则以子午为起潮矣。然月中则仄，潮满则消。朔望月于子午二时，互当天地中，是为中极而仄，运极而返之象。故应月之潮，以海中为正。

夫海，晦也；潮，朝也；汐，夕也。朝夕之朔，出于晦；潮汐之子，起于海也。是造化之根，阴阳自然之气运也，《易》曰："往来不穷谓之通。"潮有之矣。

考潮之信，三时而盈，三时而缩，昼夜凡再。然积二日必差一时，所谓消长六时有奇也。其度则准诸月。盖月之行，一昼夜不及日十二度有奇。以昼夜百刻计之，一刻该得三度六分半。潮惟应月，故日一消长，得六时二刻有奇。一昼夜再消长，共得十二时四刻强，恰应十二度有奇之数。积二日共差八刻强，而迟一时。积十四日半，得刻凡五十，而潮复值其初。此所以二日必迟一辰，而朔望之潮所以同也。志书所载，大略如此。然须知是一潮一汐，两者互翻得半如此耳。望时计朔日起汛之原潮，只下生到午。必再积十四日半，又得刻五十，方上生到子，复其原始。朔为阳生之子，中其卦《复》。望为阴生之午，中其卦《姤》。天根月窟时来往，秘尽此矣。奈文家彼此互举，遂成得半之论，未究其全耳。今观指掌之图者，亦须知言子则有午，言午则有子也。

又《新会志》潮汐分五节：初一、二、三谓之平，水族定而川禽可毕登；十六、七、八同之。初四、五、六谓之落，水族降；十九、二十、廿一同之。初七、八、九谓之败，鱼虾退；廿二、三、四同之。初十、十一、二谓之起，潜鳞作，可渔，兼宜种植酝酿，忌医灸；廿五、六、七同之。十三、四、五谓之旺，水族会；廿八、廿九、三十同之。此候一月中之潮势者。

江邨人造酒，每相潮头高起时，取水起醅，云酿可多得。固又相每日之潮势也。下钓者，宜潮之满，曰鱼乘潮，方出游取食，拗罾亦然。截流下网者，则必俟潮之退，曰鱼归其壑，顺流下也。取蟹者，又必之流心，曰惟坚实有膏者，敢当水势游。然惟淡水之潮有好蟹，海水中蟹无膏，水性别也。凡取蚌蛤及蛏，宜望前后潮退时，望月明，潮势满，则介族丰。中秋前后月华，蚌有珠，候满潮之退，即取之，佳。若过此，败矣。三十潮虽满，不得月华，蛤肉不满介。是介族偏宜望月秋潮也。月以秋明，潮以秋壮。金水相洄之极盛[2]，抑闻广陵最胜。唐赵嘏诗云："一千里色中秋月，十万军声半夜潮。"善状潮月哉！

闻琼海之潮，每月中，又有数日伏流不动。询客琼者，皆不能知其故。且云其水汛数时一换，不可以老例定。既换则另揭其期于渡口天后庙，大约得诸讨海渔人。按其水一月再消长，既与外大海同，当是水中有阴穴径通涨海之外，应其伏潮、平潮则然耳。无老例者，彼之两潮，微倍参差，未有能测九十年三百六十月之机缄者耳。又闻瀛海外，以年为日。以三百六十年为大年，是为一运。《邵子》曰"运统十二世，世统三十年，年统十二月"是也。《南华》云："海运，鹏徙南冥。"当际此期，陈将军到南湾（澳）气外，见海水高下，若判墙壁，俗所谓落溜也。海运潮平之会，则得上，将军会逢其适。盖三百六十年中之大潮汛。汛，信也。信至，斯平。期过，又渐渐而分，不得来往。潮海之大，难以测识，与天元通，有如此者。

又潮阳县西数里许，为西岩。上有应潮泉，潮长则泉倍，潮消则泉微。予尝游其地而探其穴焉，有"一身生两翼，飞出苍茫天；海脉窍山脊，喷作清泠泉"句。考《水经注》，平乐县南，亦有朝夕塘。塘中水日再增减，应潮汐。吴都有朝夕池，《风俗通》又以朝夕池名海。《南华》又云："南冥者，天池也。"是海为天池。

且潮信之所应，亦至不一。潮阳东四十里许，有石井岩。上有石鸡，或鸣应潮。予亦尝游其地，有"拟听石鸡宾海日，对潮来上最高峰"句。鱼庄蟹舍间，鸡鸣亦往往应潮，是曰"潮鸡"。前人诗云："江浦潮鸡迷早夜。"又海埂有拜潮蟹，拱螯如拜，应潮之至。又有潮头风，唐人所谓"芦花风起夜潮来"。又潮伏而静，将起时，涯旁土作水泡，凡虾蟹春[3]，结水面。秋潮大水落，则潮田中禾虫无数，随之下，俗呼水蚿[4]，可和卵煮醋作羹。

又潮人谓潮为流，长曰转流，消曰涸流，潮末有壮流。《易·大壮》："止也。"潮略作消止，而继长也，顷乃如旧消，惟极大流时有之。又有合流，广人谓之沓潮，乃小水之潮。新旧合沓者不宜渔。且凡潮之发，中流为高。潮信之来，伏流先动。中流急，则其旁有反流。伏流行，上流水以次应。飓风之变，乃有海翻潮，咸害稼，是潮应风。日杲流竭，雨阴流溢。是潮又应日与雨。岂惟作大化之呼吸，应太阴之盈亏云尔哉！

予癸亥应古学试，有《观潮》二律云："潮势掀天驾杳冥，真疑大地等浮萍。澜回贝阙三山紫，浪卷齐州九点青。消息有机通造化，晨昏应候激雷霆。壮观不负平生志，欲趁鲲鹏徙北溟。""曾穷地脉尽东南，俯仰乾坤一气涵。拂面云涛相上下，排山雪浪展穹嵁。广陵自昔开雄眺，枚笔当耳（年）纪壮谈[5]。吾亦沧溟追眼界，鱼龙万状管中函。"取第一。

庚辰八月廿七草此，置稿几上，忽轶去"琼海潮"数语，若或剖其纸者。觅弗得。次早得诸墨池右，且旁伸故潮稿一条。何去何来，殊不可测。谛视，实以得此稿为当。岂纸笔间，真有司之者在耶？亦一异也，因附记之。

校记

[1] 卯酉，原误作"卯百"，今改正。

　　[2]湤，字书未见此字记载。盖"㴇"字，潮音同激，从文意推之，"湤"字或是"激"字之谐音异体字。

　　[3]"虾蟹春"中"春"字，为潮汕方言，意为"卵"，即鱼子。

　　[4]蚙，原刻本漫漶难辨，现在此字出自林校影印本，但字书无此字记载。

　　[5]耳，林校影印本改为"年"，当是。

海防

　　古无海防之设，其时外洋诸国少通，洋商鲜食之利未普也。今多广其利途以道海，而至险难测者又莫如海，奸宄伏焉，于是有防。夫防贵知要，要在海门。海门者，内河出海之门也。出入有守，在察水寨。水寨之察，内外营卫之防所由峻也。而欲峻其营卫之防，必先详其港口之浅深，与夫水道之夷险。

　　吾粤海防，分为三路，其海门凡三十有二。中路六所：从广州出，其最大者，曰虎门；其小者，曰虎跳，曰鸡踏，曰鸡啼，曰三门，曰东洲。东路十有六所：从东莞出者，曰南亭。从新安出者，曰小三门，曰屯门，曰急水，曰中门，曰鲤鱼，曰双箸，曰南佛堂，曰北佛堂。从新宁出者，曰大金，曰小金，曰寨门，曰官门。从惠来出者，曰甲子。从潮阳出者，曰河渡。从澄海出者，曰水吼。西路十所：从新会出者，曰厓门，曰松柏。从顺德出者，曰黄杨。从香山出者，曰金星，曰上十字，曰下十字，曰马骝，曰黄麖。从吴川出者，曰限门。从海康出者，曰白鸽。此三路海门也。至三路海门之水寨，其在潮州者，旧曰柘林，今镇南澳。南澳一岛，距柘林横渡四十里，明末多为倭寇洋匪所巢。今自雍正间，再定军民府总兵官，为闽粤外洋管钥，亦奇甸要区也。而谈海防者仍云柘林，非也。其在惠州者曰碣石，其在高肇港曰恩阳，在广州者曰南头，在雷州者曰白鸽。皆汛地之要。

　　广寨港口之深者，则屯门、佛堂。潮寨港口之深者，则东岭下河渡。肇高寨则神电、马骝。雷寨则北隘头，其港深可泊大船，馀则港浅。惠州碣石卫多海石，惟有白沙湖可泊大船。馀港多外浅内深。甲子门亦浅，琼万港俱浅。其鬼叫门有暗沙，万州一港颇宽，中有神物，避风其中，人或不虔，则港口且生横沙塞之。祭禳乃灭。又海中沙礁，至远且大者，有若万里长沙，至险且怪者，有若南澳气。皆确然有定在，谙海道者知之。间有时隐时见、险夷不测者，胥若有神物致之，不可不敬慎云。

　　知海门水寨港口海道之要，可语海防之捕盗。

　　己巳春，百制军拟捕洋匪，行文各属，俾人士有一知半解者，各陈事宜。吾郡太守夔门陈公镇尝觞昌时于座，命陈要规。昌时上书曰：

　　窃闻将除天下之害，必破其害之所恃，而绝其害所自来，并穷其害所由往。则根株之拔，可克期待也。

　　方今六合恬熙，薄海内外，莫不承顺。而洋匪或虿陜滋风涛间，有害商民利涉，固仁宪所急扫荡澄清，以昭圣世"海不扬波，民无草窃"之治象者也。生世居海阳，涵濡旧德，半通未赘。一蠡自操，常测海国利病、捕匪险易之方，而冀中万一焉。夫洋匪之患非一日矣，能捕洋匪者非尽无人；其人之出捕洋匪也，亦非尽无功。然旋起旋伏，靖于东者，复扰于西；灭于目前者，复窃发于数年之后。此岂洋匪果足梗化哉？皆未建其捕之之规，而破所恃之源流，以定其要也。

大约洋匪所恃，一在潮汐之往来不测，易于逞奸。一在帆樯之便习无方，易于走险。一在港澳之阻深靡涯，易于匿迹。然潮汐有信，帆樯任风，港澳有定地，未有不可按局而破也。尝按广东海防，惠潮东路为门户，广州中路为腹心，高雷西路为吭背。虽三路潮汐略有异同，而子午、卯酉之期，要以应月为准。善乘其势，即如万马奔突，百艘可当千艘。盖彼之逞奸者，托于虚，捣虚得势，迅于捣实。再得善觇风色之舵工，善操帆樯之水手，以我水师之便习者发其先，举焱陨叶，倾海注萤，彼亦无能自脱矣。港澳之地，若虎门、崖门、碣石、南澳，以及通界交阯之三条港、两家滩等，四十馀处。有可守者则守之，有可攻者则攻之。至大洋之外无可守与攻者，惟荡涤其可攻可守之处，匪将不剿而自平，夫无所恃其援也。

害所自来，曰人、曰粮、曰器。人虽无赖，未有生而为贼者，诱之使入，屈之使从，皆我耕渔赤子耳。太平生息日久，海隅日出之区，林总莫纪。其数惟严行保甲，则耕有常业之农，渔有常业之夫。且海口无轶出之米粟器械，洋匪之徒无与为资，乌在不日就销铄枯竭坐毙乎哉？或曰："保甲，旧例也，有虚名而无实效，奈何？"曰：治法以治人兴，在为上者作之而已。往者戊午、已未之间，潮属花会，械斗掳人之习方炽。自宪台敦行乡约、族正副事，民气十静其九，其明征也。今行保甲，勿委其权于小人，而重其权于君子。勿专其事于少壮，而监其事于老成，时与乡约族正相表里。当途再加以礼，再养以威，则耕渔之子，得所约束。其以米与器资盗弋利者，不待吏纠之法，而保长蚕烛其奸。未然者戒之，将然者挽之，已然者送究而惩之。则交结弊蠹，漏泄风清，洋匪自来之恃于此立绝。

至穷所由往，在遏其利薮所归而已。夫洋匪皆小人，小人惟利之知。利之所在，商舶为巨，得其一舶，利溢百万缗。且勒赎及渡人之小艇，抽扣遍采捕之渔舟。所剥财货，奚堪计数。然天下无不用之财，无不易之货，无取于水而不取于山之物曲，无蹈乎海而不蹈乎陆之人生。彼宽其途、廉其值，亦尝市诱往来于沿海之途矣。法在首饬海滨之营弁，使不敢以守法之人卖法。次及峒丁、蛋户、澳蛮、箐姥之辈，而上联乎鱼庄蟹舍、既耕且渔之平民。以责稽察，考成于保长族正。则洋匪不得与陆通，虽得货利，无所设施，果何所乐而为匪乎？乐而为匪，陆沉其家，即鲸鲵其身，将幸生何所依宿乎？捕匪之归，必穷其所由往者此也。

三策者定，万里烟涛，燎同指掌，潢断港绝，寇无复之。则物穷反本，无良之夫，将有改心革面而思投诚者。然投诚可受匪党之支流，必不可受匪党之总脑。盖支流多诱屈之人，受之可以杀其势。总脑乃极恶之匪，诛之可以涣其群。先以受而断以诛，所谓昭日月之明于天地覆载之内也。严以诛而宽以受，所谓解云雨之泽于雷电震怒之余也。法立恩流，仁至义尽。仰承熙朝至治，清宁海宇之规已立其要。若夫击除馀匪，勿使复萌，亦乃于绝所自来，穷所由往之下，力破患端所恃。以芟以夷，而瘴氛尽息。至击除之人，每师船中，用投诚头目一二人而足。耳目效灵，手足益奋，殆借医家以毒攻毒之例欤。生愚陋无知，陈说多陷冒昧。谨拟此拜望原宥以上。

越明年庚午夏，洋匪以次投诚，大小悉平。制军又咨各属陈善后事宜。值昌时游于黄冈海防分府傅公修孟署，傅公又命时具稿。时仍拟"海防善后事宜"曰：

谨按：久安长治之馀，其虞小丑之窃发也，必振作焉，以杜乎其微；纲明纪饬之下，其望化宇之恬熙也，在安厝之，以善乎其后。我国家治平百有余载，薄海内外，民事其事，草偃风行。以至斥卤岛夷之区，莫不宁顺。比来沿海居民，生齿繁盛，浮于耕渔，滋为游手。而一二奸民诱作洋面匪徒，甚至燎难扑灭。阁下莅广以来，励精日昃，扫荡是图。一载之间，雷厉风飞，日月清照。涉波涛之险，矢厥丹心。初不欲其漏网，念陷溺之徒，皆吾赤子，亦复予其并生。以故吁帝而开三面之网，式古以张一目之罗。则有某某等，后先投诚，海面录（戮）力，而积年洋丑，坐是廓清。东南一带额手欢呼，咸依仁宇。窃生以生长海疆，幸逢清宴。而逡巡草莽，未效驰驱。惟是地冲闽粤，所见投诚人等往来行止，颇得廉厥情形。伏图方今善后事宜，尚有数款可备采用。虽其大皆不出阁下比来督行条件之外，而末义所参，或将有裨万一。

其一曰：立干员以稽保甲。其一曰：行赏赐以劝乡勇。夫是二者，业奉举行，一治其内，一御其外，容非尽美尽善之规哉！但乡勇出自农民，非同仰食粮饷之营兵。虽以自卫为名，势难保其聚焉而不散，久焉而不倦。保甲习为故事，非同《周官》比闾之联属。只凭书差造唤，每易至于名存而实亡，册是而人非。若不伸之以厚赏，加之以严稽，犹未足善其后也。

且是二者，得失所关，尚在岁月之间。而目前所不可不急筹其善者，则又在开召募以安投诚，严稽察以绝奸民，重惩究以杜窃发。夫若辈之素业耕渔，受劫而入于匪者，得反其居，如兽走圹，如水趋下，无可虞矣。间有勇悍难驯及游手好闲之徒，若不使其隶名于兵，予之食而治之以法。当投诚之始，虽曰愿归为民，而抵家失业，以佃以渔，难亲不习之网罟；买牛买犊，业无可卖之剑刀。势将结党朋奸，复聚为匪。则欲乘此休息之际会，绝其芽蘖之复萌，似当速于沿海地方，另开召募，招为候军屯丁之属。庶水资泽以纳污，流缘潴而不溢。既复其所，乃遂其生。不惜小费，可造永图。再着文武人员，切实稽察。其投诚至家，不归于耕，不归于渔，不归于兵，仍为游手滋事者，即以奸民严治之。间或貌于耕渔与兵，而故性未驯者，其犯事仍比平民重加惩究，应得答者治以杖，应得杖者治以枷。见向日之生也，本生其可死。则今日之刑也，实刑其所不必生。夫而后投诚之人，知劝知徵，得所安归，不敢再窃发而为匪，其亦可得善后之宜矣。

然则圣上天地之仁，国家清宁之庆，阁下奠定之功，岂不于斯称极盛哉！生用不揣颛蒙，谨拟"海防善后事宜"以闻。

治都里事宜

邑侯徐公一鳞，尝以治都里事宜下询昌时。昌时具论乡约、族正、保甲诸务以上。曰：分合者，治道之大权也；聚散者，人情之大窦也。人情散，则治之以合，所谓纶之使知爱。人情聚，则治之以分，所谓经之使之敬。窃观今日都里人情，君子多散而弗合，小人多聚而弗分。所以君子弗爱人，小人未易使，皆坐不知学道之故也。

昔苏文忠公作《韩文公庙碑》云：潮人未始知学[1]，公举进士赵德为之师，而潮称易治。又云朝散郎王君涤，凡所以治潮者一以公为师，因以"爱人""易使"目潮人。何今与古异，治忽相悬哉？窃谓治之之方，惟在联其情，定其分，本学道之意理之。则古道可复，而今情可敦也。

今之君子多散，合之奈何？考《周礼》乡大夫乡师以下，皆有读法训民之责。今之乡饮久成虚文。为乡绅者，非庆吊不相往来，非教读不相闻问，非请书文、出仕不见官长。即其间有以耆老称而沾衣帛食肉之惠者，亦多为人所易，不足矜式。窃拟立约长、族正二事以责君子。既得其人，即予事权。为约长、族正者，互相联络，各告诫其属之子弟，以时属于总理之人，旦暮达情于官长。则散者庶几可得而合，而君子治矣。

今之小人多聚，分之奈何？考《周礼》比闾族党，皆有胥徒之给。九职任民，各事其事。其游民转移执事之外，不稼不蚕者有罚。今之保甲祗奉故事，为平民者亦以耕凿自安。然太平日久，生齿繁盛，游手多于农民。或且叫呼郊野，纠党为非。每寻两族小言，酿成大祸。以至掳勒械斗，积月累年，牢不可解。窃拟立甲长一事以责小人。既得其人，即重稽察。为甲长者，各就比近以约束其游民。凡非同乡共井之人，不得窝住。以时属于族长，而旦暮达情于约、正以至官长。则聚者庶几可得而分，而小人治矣。且夫聚散者，情也，形也；分合者，理也，道也。君子之散也似分，然非理其绪焉。以分之不知敬者，所以卒不知爱也。小人之聚也似合，然非比其类焉。以合之不知爱者，所以卒不知敬也。乐以合爱，礼以同敬。君子小人胥失敬爱之道，此礼乐之所以乖，而民行之所未由兴也。地无大小，时无今古，皆可详分合之道，以起敬爱。兹请十家之里立甲长，数十家之乡立族长，百家以上之乡立约、正。约、正以绅士之有德者；族长以耆年之有品者，而副以殷户好善之强有力者；甲长以农民之良善壮佼者。如是以专其任，给之牌戳。再立齿德兼隆者一人为之总理，而以有才力知义者为之贰。日奉扬官长之意，通达闾里之情，则分合交相善，而治具毕张。聚散无所私，而化理可洽。爱人易使之风，不失古训。又安见海邦之非邹鲁，而斯民非即韩公所治之民哉！是在师韩公之治以治之而已。

此数则博物之学、格物之识，经济之才兼而有之。洪松湖

校记

[1] 苏轼《韩文公庙碑》此句为"始潮人未知学"。

卷之七

二禺　五岭

粤山之见于古者，惟二禺为尚。《山海经》云："二禺之山，有八桂焉。"传又称轩辕氏二庶子，长太禺，次仲阳，降居南海，与其臣曰初曰武者偕隐。太禺居峡南，仲阳居峡北。南禺有三十六峰，北禺少其四，是为清远中宿之峡。

《史记·张耳传》云："秦南有五岭之戍。"师古注："西目衡山，南东穷海，不详其名。"夫山横绝为岭，锐而高出为峤。或谓台城之峤在大庾，骑田之峤在桂阳，都庞之峤之在九真，兰（萌）渚之峤在临贺[1]，越城之峤在始安。是五岭广东得一，广西得四，湖广得一也。[2] 裴渊《广州记》则谓大庾、始安、临贺、桂阳、揭阳为五岭。大庾即梅岭，在广东南雄府北；始安在广西桂林府北城；临贺在广西平乐府贺县；桂阳在广西桂林府兴安县；揭阳在吾潮揭阳县□□□界。是广东得二，广西得三也。要以此为的。

校记

[1] 兰渚，当是"萌渚"之误。《辞海》："五岭，即越城、都庞、萌渚、骑田、大庾五岭之总称。"兰渚，山名，在浙江省绍兴市西南。萌渚，为"五岭"之一，在湖南省西南与广西壮族自治区的交界处。

[2] "是五岭广东得一，广西得四，湖广得一也"，三处相加为六岭，而非五岭，"广西得四"，当作"得三"；或许因为萌诸跨广西和湖南，故两地均算。

浮山　逃石

罗、浮二山也，罗山为主，浮山为客，铁桥固之。传浮山乃蓬莱左股，古时自海外飞来。又云：尧时自会稽浮至。予有句云："白玉作柱金作桥，罗浮山色尚飘飘。人间已阅四千载，长说飞来自帝尧。"

韶石东北一里，有逃石，高三十余丈，广圆五百丈有奇。相传从武城逃来，临江峭立，有客附状。语云："蓬莱一山，合于罗山。东武一石，附于韶石。"谓此也。

韶石　甲子门石

韶州北四十里，舜南巡时曾奏乐于此。其石三十有六，各为本末，不相联属。曰左阙，曰右阙，曰宝盖，曰奏乐，曰楼阁，曰骆驼，曰三峰，曰凤阁，曰侍石，曰左球门，曰右球门，曰新妇，曰狮子，曰太平，曰马鞍，曰红霓，曰大香炉，曰小香炉，曰富，曰石臼，曰石井，曰朝仙，曰盘龙，曰圆，曰石钟，曰石船，曰石砚，曰石帽，曰石桃，曰罗仙，曰上鱼鳞，曰下鱼鳞，曰石仓，曰石廪，曰石田，曰二使。诸石俱空心，窍穴相通，风入其中，大小声一时响应，仿佛箫韶遗音。

甲子门离海丰二百五十里，有石六十，应甲子之数，故以号门。又有奇石十八屹立，宋时承郎范良臣取十八学士之义刻"登瀛"二字。景炎元年，端宗航海至此，范良臣供军食三日云。

九曜石　海上洲

九曜石在药洲水中，南汉刘龑所移诸太湖三江者。按：药洲，今西湖街九曜坊也。地有今古之异如此。又考一石刻"药洲"二字，宋米元章题，在藩署二堂东院。八石在学院，一刻许彦先"花药氤氲海上洲"诗，一刻"仙掌"二字，一刻"拜石"二字，余不能详。然学院之石不止于八，其原石或迁徙不尽可纪。故老云：府学圣殿后一石，乃九曜之一。梁孝廉宅东北壁一石出土三尺，亦其一也。

五羊石　巨人迹

五仙人之乘羊降于楚庭也，仙人既留一巨迹庭石间，羊亦化石，迄汉赵佗增筑五羊城，人观其庭，祀五仙焉。文其语曰："懿哉仙翁，少者居中，老极还童，更始成终。粳稻之持，泽国之宜，黍稷菽麦，四耆佐之。履武稼穑，古人考样，牧畜蕃庶，三百维羊。五石可叱，楚庭是疆，愿此阛阓，永无饥荒。人抚五石，作者伏者，角者逐者，牧且触者。手摩香熏，润泽蒸云，叱欲起云。"

海珠　鱼珠

海珠石，在珠江心，排石如掌，而珠擎之。宋宝祐中，李昂英读书其上[1]，登第后，建慈度寺焉。江受灵洲水，合郁水支流，自石门东南汇白鹅潭，趋虎头门达于海。是曰珠江。

扶胥口溯珠江而上二十里许，有鱼珠石，托海埗上，草树苍翠。置水驿焉。

校记

[1] 昂英，原刻本作"英昂"，当系颠倒误刻，现改正并说明。

石母　石子

揭邑有山，曰石母。山巅有石，如女人状。旁又有石，如小子，曰石子。近山村落妇人艰嗣者，每以上巳重阳之日祓于石，手摩石身得沙粒者，即有孕。所生子，为石契子。

凡有事祷焉，故又称石为石母娘。山下有古寺，其东又有石瓮、石器物等。古传瓮出米，可给石母寺僧食。岂石母中馈余粮耶！

铜柱　铜鼓　铁柱　铁鼓　铁船　石船　石篙

铜柱。伏波将军之平交趾也，立此为界。且铭其柱曰："铜柱折，交趾灭。"故土人每岁培而固之。将军归汉，留卒戍之。戍卒后为马留人。

铜鼓。马伏波征蛮，以山溪多雨，制铜鼓易革鼓。而雷、廉迄交趾界，濒海卑湿，革声不振，胥便之。肖鼓以制，亦曰骆越鼓。

铁柱。南汉刘氏铸铁十二于沆和殿，周七尺五寸，高一丈二尺。宋柯述取其四植于帅府正厅，今藩署铁柱是也。一没于城东濠，一没于直司淖中，馀莫知所在。

铁鼓。藏韶州忠惠公庙，傅系公所铸，击之用斩江中蛟者。当时又有铁船，一日来往五羊城，术亦神矣。今庙中尚存蛟骨二段。

石船、石篙。高州潘仙坡有石船，若荷花片，长八尺，广四尺。石篙长二丈余，在云炉洞。潘仙所遗物也。

铜钱二事

潮北阁真武像，有明万历年间铸。其时几易铸，僧梦神语曰："明日午时有捐金入铸者，可成矣。"时至，一女人来缴铸，叩所有，云："有渡钱一文，闻铸神像，乃绕道由桥来。"投焉果成，钱浮腰带间。

揭阳西，明时有某乡绅方建第。一道人来谒，众不与通，道人戏印迹于木，削之垢深入，或施之钱，亦不受。道人戏以足踏钱，在石版上者，入石不可出。众异之，白主人。主人急出谢，杳矣。

双井石

省垣北双井街有周氏者，治圃得断础。见古诗刻础石上云："芝兰生深林，无人长自芳。君子处此庭，明德惟馨香。游鱼牣且跃，好鸟名鸳鸯。微风动林岸，此心共回翔。"是为双井石。

双溪石

饶平县，前明成化年间建。宋时王十朋过其地，夜宿双溪口，闻更鼓声，曰："他日必有筑城于此者。"因题石云："天下大旱，此处半收。天下大乱，此处无忧。"后以饶平名县，正符此，是为双溪石。予庚午寻幽城北山寺，见此石为人磨去，未尽没字痕焉。寺后山巅有塔，塔下山腰有九曲仙迹石。彳亍缘苍翠，云烟界杳茫。

望夫石

历考地志，称望夫石者，所在多有。谓石为望夫之妇所化，事近诞，殆文人以是表其情之真诚耳。揭钱冈面海处，有巨石，可望远，亦曰望夫石。土人云：元时有林氏女，字于里之陈氏子。既成婚，陈出海贸易不归。妇日登此石望之，积岁月不易。石留履迹、绩（渍）筐痕。既逾十载，有说妇改适者，妇以死誓。忽一日登石巅，自坠死。里人哀之，为立墓石下。镌石上云："元贞顺林氏之墓。"墓成而夫归。石下有洞，可一人居。夫曰：予亦于是老。及没，后人为之合葬焉。

望夫山　留人石　望夫河　思夫水　思乡水

广东肇庆禄步都，有望夫山。广西南宁江北岸，有留人石。东人客西，多为西人所留，故谚云："广西有一留人石，广东有一望夫山。东人不见西来路，山焦石烂摧心肝。"

又电白有望夫河，德庆有思夫水。廉州界乃有一水去而又还，曰思乡水。土人谣曰："水亦思乡向故山，人流不似水流还。人流若似思乡水，那有离愁在世间。"予尝读广州张海门大进先生诗集，有《连州歌》云："连之水，瓶可以没；连之山，戴石而立；心终不解石乎石。连之水，远送吾舟；连之山，吾去汝留；去屡回头，深情无限；何所望耶？其将留耶？抑有思耶？"反复吟之，不能无感于怀矣。

负姑石　将军脱甲石

河源沿涯多异石。柳城墟岸又作翠黛色，有一石，双其体，作相负状，皆锐其巅，如女人之髻，号负姑石。予尝题句曰："阿姑将何之，长当阿妇负。秋水暮漫漫，无梁不可渡。"

柳城西南下一塘，曰将军甲塘。河西一盘石，大数十亩。水洞其下，上盘林木，聚小落焉。炊烟缥缈出丛薄间，杂以夏碧秋红，亦粉本所难得。最奇崛者，石唇濒水作厜屭，上有立石若人解甲状，人目之为将军脱甲石。予题句云："披甲上征鞍，脱甲下江干。霜风炼石骨，涛声号晓寒。"

山影　山馆　水中双月影[1]

龙川霍山，周七十余里，为峰三百七十有二。秦时有霍龙字灵阳者，居此山。天旱时有影出天际，峰峦大小，一一相肖，移时而没。不出三日，雨矣。予家去桑浦山二十余里，祠内天井，大雨水平，或时现山影。

东安大绀山极高，云霞常罩其半。樵采者每遇馆舍池塘，碧桃红杏，犬吠鸡鸣，倏忽不见。此与揭阳飞泉岭之夫子泉化境略同。

揭阳双溪之合流也，中秋夕，潮信长，月出桑浦石龟之尖，可于合流处得双月影，亦一奇也。双溪明月，是为揭阳八景之一。

校记

［1］"水中双月影"五字，原卷首目录为小字。

龙湫塔影

金山东北，城堞倚之。城外滨河，古之山麓也。今石根矗河干，云昔年有寺在石上，因而起塔，曰龙湫宝塔。寺塔久废，而风定月明之夕，塔影隐现波心。

桥洲神鱼

广济桥分东西洲。其东来第三洲，有神鱼。洪水至洲若干尺，则神鱼出。仅见其尾长尺许，摆弄波心。有戏取之者，设罾网捞之，见已得矣，出水无有。

龙虎相锁

城东南有石盒墙间，作一龙一虎。土人云：明初广筑潮城时，至此屡圮。或谓隔江虎山祟坏也，因作此石压之。爰命其地为龙虎相锁。

麒麟吐火

普宁县东界二十里，有山曰五龙尖，为郭相国正夫先生葬祖处。其山分支特起玉屏西北向，屏角曜气，乱石林立。中脱嫩数十丈，平美无片石，但仍吐火唇作顺局。且左右坑风射之，难入时眼。一日，正夫先生之祖寻地至此，知其异，方与时师较量，忽一牧童在旁抚掌歌曰："麒麟吐火人不识，时师误认退田笔。明日郭公来到此，牧童为我传消息。"郭闻之，呼童问曰："歌何为者？"童曰："昨日有老人在此歌，且命予效。予能歌，失老人所在。兹乃不禁手舞足蹈为此也。"公心悟，厚赏童子曰："今而后子可无歌，予即郭公知之矣。"遂卜吉葬。不数十年，发正夫先生。最异者，《雪心赋》云："屏角出旗枪，末朝将相。"先生拜相南朝，恰符。

飞鼠衔珠

飞鼠，蝙蝠也。中针天星女土蝠配癸。予淇园故里，地本卯龙，自艮位入首，穿河后，又转癸入手。结里中祖祠，作子山午向，兼壬丙，出丁口。族老传始祖进士伯舆公（讳与欢，见《府志》）。由闽判潮，因立籍揭之蓝桥。继卜淇园，目为飞鼠衔珠形。祠前水中屿如珠，左带一印。水自郡垣分揭作西流，至此为蝠形右翅所回。东流五六里许，左周小河。珠印皆浮水面作文星。通判公葬蓝桥，为金乌侧翅形，坐庚毕月乌。后毓乡贤闻人。

龟蛇狮象关锁

地理号形家，故喝形虽鄙术，而往往不可废。桑浦东麓，开局毓秀，有龟蛇交会形。其龟地有荷叶幛盖其后，坐巽向乾，葬状元林东莆先生祖。对局蛇地，鹳巢名宦李氏祖，是龟蛇之皆结阴地者也。郡城本骑龙，其右河、右随龙之水，分作西流，由揭阳枫口出海。内局已有一狮一象，皆东向朝郡垣。狮坐水北，乃制军家勤恪公阳居。为北界平洋特起尖山，周二十余里之尽界，故曰山尾。象坐水南，乃前明江西提学黄沧溪先生之祖穴。此山周围皆水，起于灯（登）冈山，盘曲数十里，与狮山交会。山后有池，曾育真白象。枫口外局水东流，再三四十里至海口。又有狮、象二山，狮居水东，为青屿水塘。有营弁，为形势扼要之区。象居水西，为石井岩，乃棉邑奇胜。有三峰寺。峰背之下，亦有水塘，与青屿作门户交锁。

急水关锁

郡左韩江，南下二十里为急水。关山锁石，西岸低，建塔焉。志曰："居六府之先者，阳侯也哉。大波为澜，小波为沦，直波为泾，此奚以急称耶？山不峻则不奇，水不急则无势，殆与三峡争雄矣。"

仙城论诗

观楼陈夫子昌齐官给谏，昨以读《礼》归海康，侵掌教粤秀书院。庚申秋，时以诗赘夫子。诗凡千百首，夫子未尝囫囵一字不为时口讲指画也。后每坐谈，必命时侍。有赠句云："铸人乏术颜增甲，爱尔谈文口泻河。"岁杪，时将归里，夫子语时曰："子好古诗，盍要其归于五古乎？盖五古乃汉魏所尚，《三百篇》下，此体最古，须以意理神韵相追，不同七古可以才气声华夺也。"因作一诗送时归里，为先君子寿。其词曰："郑子潮之秀，见我仙人城。赘我以新诗，寒木繁春英。久处意弥洽，相见无晦明。临别为我言，父兮老诸生。少年通经史，议论聘纵横。为文良刻苦，笋好难为凭。两度江南游，笔砚代耒耕。晚岁始家居，诗礼闻趋庭。择里轻去乡，非为爽垲更。今年逾古稀，豪气仍崚峥。我闻生也言，喜得所未曾。无源有甘井，无根有芝茎。谁知帷帏间，根源在敬承。韩山岿千仞，有松长青青。韩江万古流，有水长盈盈。生归持献祝，用以抒我情。"昌时拜而受之。

后夫子以入都言事称旨，出为浙东观察使，侵告老居家。己卯主修《广东通志》，仍司粤秀铎。时得再趋阶下请训诲，呈近作《说隅》四种。夫子为序其一曰《四书要典》，且面许云："何典瞻似《汉书》耶？会作此，可不朽。"时因呈句云："齿牙许我千秋事，文字难灰一寸心。"初接面时，夫子亦即笑语曰："五羊城下挂帆席，千古地上行江河，非子庚申和予句乎？"

西园课士

鄱阳果泉胡克家夫子之观察惠、潮也，以崇起文教为己任，下车观风，多所遴拔。昌时因以受知。凡韩院课士，必躬亲拂拭。署有西园，为郡之胜。水石钟秀，妙入天然。每池莲盛开，辄觞多士，观莲会诗文焉。故澄海洪孝廉肇基尝献《白莲》诗十首。予亦有《嘉莲赋》。均蒙击赏。及其升迁去潮也，自书诗联十数事，赠当日所拔士为留别。且嘱曰："予来斯土，有二事未行，介然于心。其一为藏书韩院，其一为开通河道。君辈如有力，尚与当路商而行之。"后公抚上江军，广有隶员。公麾下者见公时，公犹惓惓焉询及韩江旧桃李。

怪郡守

尌湖韩夫子义，会稽人也。初为海阳令，后署潮郡守。病小人之伺迎意旨也，故示人以不测状。人因咸以怪目公，然公性情似怪而心正。至待正人理正事，又惟见其性情之正，而不见其怪。所举事，如筑堤、赈饥、修学宫、建书院诸大务，力为倡始，有终勿倦。人用乐相趋赴。其考试也，极严其琐。然最爱士，不忍趣多士净场，直至鸡鸣，曰"恐未尽所长"。张进士中阳为公己酉县试首拔士，予壬子缪踵焉。府试所拔佳士尤多。

贫别驾

此乡多宝玉，慎勿厌清贫。为宦于粤者勖也。予所见，近宦粤而清贫自乐者，有吟山毓琇刘公。公古濮人，己未、庚申间，署理海篆。初莅任，书役辈例派（派）贺金数千百两，列单荐。公火之曰："此中物不自天降，不自地出，非所谓民膏民脂者耶？汝曹其慎办公事，无多索民。"公自是囊无一金。逮去官，公寓数不举火，邑人士时馈薪米焉。后调补山东兖州别驾，操如前。没无以殓，众醵金赙之。番禺明经吕石帆在粤挽于故寓曰："广东山东，两袖清风。"

老孝廉

近以年老竣场事，例请恩赐孝廉者多矣。然果能青云其志，不作老态颓唐者，亦少其人。予师荣园叔祖，今年八十有五，尚健能登高。方八十拜恩赐时，尝自题联曰："百岁尚存年二十，九重待对策三千。"可信老而益壮矣。乙亥重九前一日记。

老画师

老画师者，海阳郑润雨亭翁也。翁幼聪颖，书画精妙，出自天分。长游姑苏，姑苏人奇之，谓其画品不为建派（派）囿。《画征录》中特为翁列小传。后游都门，其书法又为当代巨公所重。有石刻《吾心堂帖》行世。覃溪翁侍郎尤所执好也，尝赠之诗云："雨亭居士将出都，来小斋话别，留名印于嵩阳帖，感赋兼以赠行。词曰：人生姓名不轻记，极不留意极不忘。烟云禅榻楚还粤，花柳春江蜀与杭。共来苏斋看趺息，复写赤壁留江光。莫从次律问卢氏，似识忠惠酬嵩阳。"丙午、丁未间，翁老于家。而补山孙制军以台湾之役驻潮，凡公务匆遽后，必召翁作清谈，闲及艺事，因阅翁所临抚揭本，赠以诗曰："拂茧腾梭誉蚤驰，解衣盘礴兴尤痴。人言诸葛真名士，我爱维摩老画师。匹马每从碑底卧，束缣惯向佛堂施。摩挲合作淹留贾，况有中郎幼妇辞。"其重于品题如此。然制军之所以重翁者，抑又以翁之未尝恃制军爱，有所陈托也。

内心宿学

研之先生者，金其姓，作砺其名，饶邑明经。有内心之学，雍正间宿儒也。俗谓先生勤于学，不谙习世情。偶晒衣，雨骤至，先生急将衣竿入室，格门巷间，其室人至，转手纵纳焉，先生笑谢。予谓是事有无不足辨，设有之，固先生之求道于大也。道大莫载，天下惟莫能载者能载物。一纵一横，道之所以物物也。横之不纳，纵则纳之，道固然耳。其笑谢也，得之矣。又尝咸旦而覃思乎咸之所自入。予曰：此先生之求道于小也。夫小莫能破，固能破物。旦者形也，咸入之者，气破形也。其所以破，则理也。道该理，气小无内也。故吾谓先生无是事则已，有则合理气以求道耳。世俗不察，至有指其发覆于咸鸭以相笑谑。此直野人舛语，乌足以博道趣哉！

先生之玄孙在庠，曰文蔚，性聪颖。与予谈论，足先后予。予尝作文有感，质以句云："所业未成频看镜，有怀难寐不吹灯。就将日月殊今昔，攻击瑕疵仗友朋。"豹山伯父曰剑光先生亦在庠，与予后先游榕庄邱公之门，邱公诵其孔子下四句题时艺佳句云："斯时也，木业微脱，洞庭欲波。系马江皋，伊人不见。"

逞才文人

顾君金殿，如皋人，因其兄金声先生宦潮，尝署海邑篆，久寓凤城。命其侄潮生、凤生从予学。因言年少作文，无妨任其放笔。述其乡有老先生，从学多人。间有一才子弟，骋笔作文，先生不甚取，亦不之非。其人不自安，托密于先生者旁问先生以何如。先生答曰："逞才。"人以告。其人即痛自脩饬，文字遂尔熨贴。先生见而取之，又惊叹曰："止此矣，不知阿谁教尔收敛若是耶？"其人曰："生闻某述先生言。"先生曰："予所弗轻向子面示收敛者，正大有望于子也。谓子天机未破，才质非凡，大可造也。今就绳墨如此，亦中人耳。继自今，子执笔作文，必先悬一爱好成式于心目间，安能别有造就。惜哉，惜哉！"予窃谓此人必外重内轻，素有见小欲速之病，故难再造。

泊舟难

客有自羊城来者，云学院缄石顾公元熙抱疾督学广东。其病归羊城署也，道中以成语"富贵不如闲"为题，赋诗一首云："早识林泉趣，年年咏《考槃》。无端遭劝驾，不日庆弹冠，旧侣辞猿鹤，新班列凤鸾。云衢扶翻易，风岸泊舟难。插脚惊尘网，回头忆钓竿。有怀防覆辣，何计勉加餐？臣节惟冰凛，君恩较海宽。初心登仕版，原羡广文官。"公由是卒于任。"泊舟难"三字，良宦海箴也。

出头难

趋事入局甚易，而出身独难，不可不戒也。忆明府遵陔傅公修孟尝感世故，诵《坚匏集》中《蚌鹬相持》一律示予云："老蚌晞晹晒浅滩，野禽何事苦相干？才离海底珠胎损，偶到江边翠羽残。开口不如缄口稳，入头方信出头难。早知俱落渔人手，云水飞潜各自安。"

缄口稳

张女史黍庵者，羊城孝廉张海门先生之女，明经吕石航先生之夫人也。尝因刘君敬可出诗集示予，其《咏瓦鸡》有句云："断尾早知缄口稳，何劳风雨不平鸣。"时予徙倚羊城，方著《鸡鸣集》。诵此为憬然云。

读月惜花

谢五娘者，韩江才女也。为前朝万历时人，有《读月居》诗一卷，巨公尝以入选。《小园即事》云："翠竹青梧手自栽，芙蓉未秀菊先开。小轩睡起日将午，黄叶满庭山雨来。"三四用拗调，越峭越逸。以"山"字拗"日"字妙，抑"山"字且拗"满"字更微妙。《春暮》云："杜鹃啼血诉春归，惊落残花满地飞。惟有帘前双燕子，惜花衔起带春泥。"泥在八齐、支、微、齐、佳、灰五部之通也。非深于音律，不能用此拗法。解此通法，盖泥叶读雷也。杜鹃啼血，惊花落地，燕子惜花，又衔香泥起来。以花鸟组织春情，极其深挚。视即事诗之以自然致其逸，斗峭发其隽，又别开法门也。予因咏曰："七字新奇《读月居》，红尘合此浣清虚。残花落地香泥在，春燕定巢朝雨初。"盖缘巨公评五娘诗有风流放诞之语，为之静而镇之，见诗品焉。

再世他生

"春恨千重不可删，愿君再世变朱颜。妾为君婿狂游去，亦逐东风不肯还。"此大埔郭孝廉辅畿百首闺词之第一作也。因今世饮恨于良人之离己者，拟以再世报其良人。出乎反乎？亦幻矣哉！

又传娄东秀士沈承之殁，其妻薄少君作百绝句吊之。有云："痛饮高谈读异文，回头往事已如云。他生纵有浮萍遇，正恐相逢不识君。"计他生有遇，尚恐有不相识之恨，况茫茫者了不可期乎？何思之深也！是又于尽头处再作加倍写法。

纪晓岚先生《乌鲁木齐杂诗》有曰："鸳鸯毕竟不双飞，天上人间旧愿违。白草萧萧埋旅榇，一生肠断华山畿。"盖其时有寻所私妇至乌鲁木齐约同受刃死者。越日妇苏云："受刃时痛极昏迷，倏如梦境，急觅是人，不知何往。惟独立沙碛中，白草黄云，四边无际。正彷徨间，有将之去者，见官府，叱杖驱还。"按：此固所为非义，然亦足见泉下之茫茫，安论他生再世也。或云："果报者何以不爽。"曰："是必请于冥司行之耳，究非所能自主。"

香云好鸟

彭城纵右白秀才，甚豪爽，而善作妩媚语。有《无题》诗十首，中一联云："好鸟依人春宛转，香云入梦夜温存。"庚申来潮，出示予。予适是年《送春八叠韵》亦有"香云在榻休惊梦，好鸟窥帘莫放飞"之句。

一足双螯

"文名夔一足，书味蟹双螯。"此江左李听山先生和予句也。时方馈蟹，分作"螯"字韵诗，旋念"夔一足，蟹双螯"，可取作对。而李即裁对及之矣。又予质所作稿若干首于李。李次日见，即为拈出《寄题睢阳》句云："孤城无鼠雀，大义有君臣。"《咏海棠》句云："名友如君能有几，不求富贵学神仙。"

三株松

饶邑于山，地宜松。傅公遵陔令饶六载，所手植诸署者有三株焉。其将去饶而理南湾（澳）君民府篆也，时在庚午之冬，作诗勒石云："手植三株秀，贞葳望欲成。春风如有约，不负岁寒盟。"想诗意所寓当不一事，而其时公适命其二子一俟从予游。因曰："予属春风于子矣。"殊次年公卒于官，子俟皆归闽。予怀怅怅。近或闻其采芹云。

午夜灯

辛未壬申，予设帐于揭邑巽宇李公署，深蒙青睐。凡课读之暇，多取予所未见书相勖。□予《四书要典》一书，实草创于是，而其时焚膏殊矻矻也。公赠予句有云："午夜青灯深院月，传经心写子云清。"良深愧感也。

深夜读书

宗叔南楼甚力学，登壬午副车，庚寅乡榜，生平著作甚富。予尝得其遗稿，旋被其后人索去。兹仅记其《深夜读书》作中一联云："夜气深时疑有得，吟声苦处自生怜。"

灯有灵

陈君尧漱，秋溪人也。素力学，肄业韩山书院时，五夜灯红，阅月大有进境。陈山长评其文曰："谚谓'灯光有灵'，予于该生益信。"

砚磨人

大庾戴孝廉泽山咸亨先生，丁巳、戊午掌教韩山。性好砚，藏端砚数百十枚，尝择其尤者命予为之铭，榜所居曰"百砚山房"，竟怀是老。其卒也，曼唐饶太史吊之云："空囊存百砚，岂墨磨砚，砚磨人。"

一叶双星

"金井才惊飞一叶，银河又说渡双星。"此北直王均坡正训先生七夕寓揭句也。时予方从学诗，届冬景，予适成种草绝句云："种草当北窗，北窗多北风。风吹南向叶，叶动转西东。"先生云："此魏晋人笔沠（派）。"

岁杪天涯

予所交诗人，以嘉应谢绿田献畴先生为深相喻。其定交也，曰："倾交似子真名士，不醉令人成腐儒。"其示予以入都草也，呈座师云："四十二名门下士，八千里路梦中家。"怀归云："菊满东篱人未归。"出都曰："北风江上雁南渡，黄叶声中人白头。"初见黄河云："今朝于水见黄河。"后掌教于闽之丹诏书院，寄予云："月供五斗无腰折，花满一庭惟眼开。"予尤爱其江南道中绝句云："苍茫江水暝烟含，岁杪天涯两不堪。乡路八千犹有几，扁舟百日到江南。"曾写作一小直幅赠予，其"客南渡"为易以"雁"，先生狂喜。

晴日和风

予师邢叙畴先生，不欲以诗擅长，而涉笔无不绝妙。曾题三绝句于予家《鹡鸰栖新柳图》云："晴日和风淡荡时，曳来杨柳散轻丝。争春吾亦怜鹡鸰，独占流莺第一枝。""趹趹小鸟唤声多，花信风来几度过。似报柔条春色早，不为行路唤哥哥。""绿意婆娑换绽金，依依趷地集来禽。分明画里疑闻语，似隔春丛不可寻。"

芳馥贻人

"文人妙来无过熟，机圆笔转手从心。不弹三日指尖硬，悔却当初一夜琴。""昔人贻我多芳馥，文人妙来无过熟。季子当年一卷书，几回倦去带锥读。""揣摩两字时标名，（鬼谷子有《揣摩篇》），鬼谷先生笔后生。文人妙来无过熟，何妨借彼学从横。""霭霭春空飞尺幅，一波甫起一波伏。问渠那得爽如斯，文人妙来无过熟。散散云人题于畔五堂书庄。"此银砂长发杨太老夫子弁先君子所读熟篇卷首者。公于乾隆初年，由选拔抡乡魁捷南宫，榜下即用知县，旋改吏部考功司主事，假归在籍。学问行谊，实为吾邑老师巨儒。

其课门下士以文也，每每勉人读熟篇，曰："揣摩两字，纵横已耳。"先君子刻苦为文，公心赏之，乃以"文人妙来无过熟"，作辘轳体诗四章特示之。所选文共十首，公且云："读本如是，心领则或一或二或三足矣。"其文不出夏醴谷《文宗证是》篇中，而公手评尤加详云。

慧灯分照

予每临事处境，仿佛间似尝经过，又或若尝于从前梦中得之，殊不可解。庚午冬杪，傅公署南澳军民府事，延予下帐金山寺中。及夜读，则分明履前所入梦景也。爰题四律云："入世行踪出世心，地轮尽处水轮侵。泱泱碧海环空阔，滚滚红尘混古今。眼界清时见风色，耳根静处觉潮音。瀛南一角梵王宇，墨客好参双树林。""从前绮语洗来空，听水无声许听风。波外微茫鸥泛白，林间寥汆叶飞红。欲将画意归摩诘，总把诗心属长公。解扫尘氛仙即佛，将毋兜率海山同。""兹游亦说冠平生，苏海文澜老更成。敢为心源穷浩荡，宁于世路侈纵横。风波惯坐舟能使，云墼忘机鸥可盟。拟学成连水仙操，抱琴不鼓已移情。""莲花峰下水浮天，忆我尝题《观海篇》。觞咏放怀重九日，光阴弹指十三年。蜃楼屡换空中色，杯渡旋添世外缘。风景何时先入梦？慧灯分照夜依然。"

规师儆弟

尝于佃翁扇面上见五古《规师》诗一首，词甚剀切，不知何人诗，但云郭君所书也。其词曰：

"士为四民首，教学有典则。我今为俚词，于汝作程式。文章根理义，课读宜专一。师勿惮其烦，弟勿耽其逸。温故斯知新，循途乃罔失。抗颜为人师，宜谨弟子职。清晨须早起，次第理书帙。无论熟与生，卷卷背诵毕。饭后说经书，训诂宜精密。发蒙参大意，成童求心得。午后讲艺文，明圣有作述。理达词必顺，文成法不忒。出落与先后，顺逆设缓疾。昼短知夜长，青灯继日昃。三冬足文史，古人惜此日。如何九十月，解馆以为率。伊谁始作俑，薄俗生荆棘。学成惟业勤，有秋在力穑。三八订文期[1]，二七较艺术。一六与四九，濡毫兼染墨。庶几攻苦多，因之智慧出。胡为此邦人，而独疏文笔。文由熟入妙，努力始砚北。人休我不休，人息我不息。十年可致身，九万奋鹏翼。我患为人师，责备近苛刻。为其沿习久，不肯勤训饬。师劳弟子贤，师荒弟子惰。往往费口舌，劝师尽心力。必能尽心力，乃不愧堂室。主人洁脩膳，弟子礼慕敫。古义本在心，相期唯学殖。"予读竟，因步其韵，兼儆世之为弟子者。词曰：

"弟子依归师，是效兼是则。遵法陈先型，由来重矜式。用心不可二，训古专守一。师岂敢拙谋，作乃弟子逸。拳拳服诸膺，昔贤期勿失。学古如入官，尔位分业职。试看案头书，千箱复万帙。不了此功夫，会与吾生毕。杜渐而防微，一疏误百密。口耳也徒然，新故悟心得。须知圣有作，每赖明者述。则古定范围，循途莫差忒。倘耽目前欢，终抱没世疾。月盈知必亏，日中知必昃。此日足可惜，分阴惜此日。自分作儒生，研经奉其率。视彼南亩夫，长年勤稼穑。雏鹰解习飞，蛾子喻时术。说谓学致道，敢尔废绳墨。大德不逾闲，小严入与出。岁岁一床书，朝朝一管笔。惟师训是程，受业谨面北。学记示微言，曰藏修游息。百子作吹嘘，六经相羽翼。成文水可翻，作诗烛可刻。无严乃如临，五中铭戒饬。敦善令德崇，去恶修隐慝。仁道云至大，一日苟用力。安宅吾所居，升堂遂入室。但愿英俊年，闻此致处敕。学问丛诸身，若货于赐殖。"[2]

校记

[1] 三八，原书"八"字上部漫漶，香港影印林校本描补为"六"，当系误，从诗意理解，当以"三八"为是。

[2] 这首儆弟诗，说步规师韵，但不知何故，少了一韵，即该诗中"伊谁始作俑，薄俗生荆棘"一韵。

乐善读书

"为善最乐，读书便佳。"此集对格言也。予族中昔有嗜学前辈曰□伯，九旬读书勿倦。学正舒亭士翼公赠以联云："善能自乐真为善，书不求名信读书。"盖伯不应试者有年云。

"莫遗鹏程迟鹤算，还将竹简换蒲轮。"此杨中翰北海赠开诚蔡翁句也。翁迈八旬，力学益笃。其乐道人善也，又不啻以心为口，艺林诸公共重之。兹孙仲来克昭饩于庠，擅赋才，贻谋有属矣。

予有叠韵《读书四时》诗，为傅二少君萃文赋。附志于此："笔草旁抽苗薦诸，（薦正出者曰都，旁出者曰诸，旁出盛多称薔蕌。）墨池暖应负冰鱼。经锄媚柳明花下，艺试和风丽景初。妙岁由来似春日，秀才所贵在知书。韶华拟看心葩绽，茅塞先教诵读除。"（傅公有句云："教锄茅塞心中径，会有花生笔下时。"）"砚沼鸿源隘望诸，恢台欲化北溟鱼。须知高挹群言下，正是扶摇六月初。此际欣逢年似日，为人可令腹无书？板床折节树阴者，讽诵声中炎热除。""白藏转瞬换居诸，绿简霜前走蠹鱼。凭几刚逢残暑退，开窗好值晚凉初。乾坤清气三秋日，松桂香风万卷书。（韩诗"读书松桂林"）。朗诵宵分邀月上，圭光和露映阶除。""芸篇映雪朗方诸，莫晦奔鲟误烛鱼。（奔鲟鱼膏可为烛，照饮则明，照读则晦。邝露诗云："丁年误买奔鲟烛，丙夜谁传太乙书？"）屋角诗吟花着未，楼头赋就叶飞初。无多日月岁云莫，不了工夫人读书。逼我青阳换青简，宁同爆竹一声除。"第王（三）首《秋日》一篇，乃应傅公嘱，初作也。

卷之八

龙虎之异

乾隆癸丑冬杪，潮西关有虎入市，为居民所围，虎负于墙莫敢撄。有一力士醉酒出，□之特向前，徒手搏虎。虎开爪不开口，但爪伤其人而已。其人仍力抱虎腰，虎不能脱，卒为市众所毙。后虎卖数十金，众以大半偿力士。

嘉庆丙子二月廿五日辰刻，有龙垂尾西关外，当西湖山之右。风云腾沸，湖水起立，损七娘宫前后民居数十间，幸不伤人。予时在城中，见疾风起，俄见龙蜿蜒城西隅，去地不过二十余丈，首末了了，但不分足角，围约丈许，长不满十余丈。然龙能大能小，能长能短，本难为准也。

又忆予于乙丑秋七月十三日，在揭之钱冈，见海面一龙腾出，亦不甚大。海水蒙蒙从之起，略化云雨。风亦不甚疾，惟□□用有暧靆黑阵，龙径投黑阵中。须臾天日开霁。钱冈，歧海之□也。

澄海林秀才梦凤言尝见一龙悬山前，带薄云雨。而龙体大能遮山，通透若玻璃。不可解，倘所谓能幽能明耶？

虎乙　虎皮　虎魄　虎伥　神虎　仁虎

"虎挟乙，龟藏六。"见苏诗。龟之六，首尾四足也。乙，虎之威骨也，形如"乙"字，长一寸许，在胁两旁。尾端亦有之，不及胁骨良。佩之可辟邪。

又以虎皮为卧褥，可去恶梦。

又虎目夜中有光，能照里许。虎被弩射，目光坠入地。掘下尺余，有状如石子琥珀者，谓之虎魄。服之可明目。

虎有鬼，曰伥。不定其伥，虎不知所之。是曰"伥伥何之"。或云：伥即虎毙之人为之，得代则免役。《听雨记谈》谓伥解人衣带以人供虎，而《正字通》以为诞。门人刘生则言亲见一陈氏子死于虎，众立尾逐，得死者衣服于地。并不用解钮带，若禁体小之，作蝉脱者然。

有神虎，忽有无。有仁虎，不食生物，曰驺虞。

龙涎　龙骨　龙鳞　尺木　之　而爪　角

龙以秋冬为夜，盖秋分暮而春分旦也。夜乃蛰，不寄蛰于他处者，向多栖于昆仑之墟。昆仑者，海中大山，非河源之昆仑也。龙栖滨海磐石上，睡中流涎。海面大龟食之，旋吐于海堧沙中。番人收之，炼如膏，服之可益人神气。然有二种，一系鲸鱼涎，可混真。惟以鸡毛煎水试，能惊散者为真。真龙涎，予少时尝得到数分服之，其物衔于口中，终昼夜不能蚀其丝毫，是固真气所凝结也。

龙骨无甚奇，但作药材收涩之用。人言龙死昆仑，非也。龙，神物，多不死，但换骨耳。《书》云："龟换壳，蛇换皮，为蛇脱，蝉亦然，象易牙。麋鹿解角。"凡取龙骨者，不见有龙鳞，是龙体仍化去也。

传龙鳞八十一行，应老阳之数。鲤三十六，阴也。阴阳相得，鲤可化龙。

又龙头有骨，曰"尺木"，其能升天以此。鳞缝曰"之"，鬐鬣曰"而爪"，或五或三。独角，蛟。龙二且歧，似鹿。

龙栖　龙蛰

龙栖有定所，蛰则无定所。古云龙栖昆仑，是矣。予阅陈公师资《海国闻见录》云："西洋祖家，尝欲与龙争昆仑地。多烧鸡毛，放火炮，龙渐避之。然终不胜龙，故弃去不居。"陈，康熙时人，所云若此，是其时人尚不敢居昆仑也。今闻山下有人家耕种。龙栖他所，其地曰横，在暹罗西南，固海中浮屿，多绝大树木，望之蔚然云。

其寄蛰也，则云或在池潭中，或在居屋，甚或近寄人之身体内。曾有眼皮作红丝结者，医不愈，一夕大雷雨，若有虫自中飞出，则愈。或在其屋外见龙起焉。

《续子不语》云："萃里民王兴，左手大指着红纹，形纡曲，仅寸许，可五六折。每雷雨时，辄摇动弗宁，兴憾焉，欲剒去之。一夕，梦一男子谓兴曰：'予应龙也，谪降在公体，公勿祸予。后三日午候，公伸手指于窗櫺外，予其逝矣。'至期，雷雨大作，兴如所言，手指着纹处开裂，而龙起矣。"

李秀才荣春，丙子年肄业城南书院。曾于七八月之交，见院后一池中央忽溃水高丈许，中作一旋涡。池旁居人甚稠，皆骇立视之。又须臾不溃，旋涡处忽又突起数尺，如一塔然，西北行之岸，渐行渐小，及岸而已。众皆不解。己卯乡试，与予同舟，为予言之。予曰："其龙之蛰乎？"

论曰：吾闻古飞龙氏造书，苍颉制字，天雨粟，鬼夜哭。大禹铸鼎象物，伯益烈泽凿井，神归元冥，龙栖昆仑。盖人巧，日与天道相远也，是时人执中道。迄三代，犹有御龙、豢龙、扰龙之人，是天之远人未甚也。夫龙栖昆仑，阅四千载矣。乃一旦忽来与龙争地之洋人，争弗胜，侵弃去。又阅百年，龙卒避之他所，让与人居。呜呼！龙之避而思去也，独以洋人争之之故哉，穷人巧者可思还矣。然龙，神物也，蛰以存身，又无之而不可。

龙子九种　龙种五类

世传龙种有九，皆真龙所生子，不成龙者。然各有所好，制器象之。一曰"赑屃"，形似龟，好负重，为石碑下趺。二曰"嘲风"，似兽，性好望，为屋上兽头。三曰"蒲牢"，龙形而小，性好吼，为钟上纽。四曰"狴犴"，形似虎，好威力，立于狱。五曰"饕餮"，好饮食，立于鼎盖。六曰"蚣蚁"，性好水，立于桥柱。七曰"睚眦"，好杀，立于刀环。八曰"狻猊"似狮，性好烟火，立于香炉。九曰"椒图"，形似螺蚌，性好闭，立于门。《广雅》又云："有鳞曰蛟龙，有翼曰应龙，有角曰虬龙，无角曰螭龙，未升天曰蟠龙，皆真龙也。凡五类。"

谚有之：龙生龙子，言其类也。兹者所陈九种皆弗类，异哉所闻。说者曰："龙，灵也。滞于所好，则弗灵。此九子之所以不能为龙也。"或又曰："龙卵生，十子一龙，少为贵也。哀牢龙种，十儿一王也。"

龙马　龙驹　人龙　木龙

伏牺（羲）氏时有龙马，马而龙者也。出于河，背上旋毛为图。因则之以昼卦，尚矣。后世西域有龙驹，龙而马者也，日行千里。天用莫如龙，地用莫如马，同德哉！

志怪者云："龙驹乃龙交马所生，最肖者胁有巨鳞纹。"比又阅志异书，且谓龙不择交，随其所遇，故亦有感于人者，前数年，吾邑云清景眉苏公，出宰上江、芜湖、宁国等邑。予表兄苏孝廉其来尝往游焉，言其所治某邑中一村妇，感龙生子。方五六岁，即长如弱冠。惜貌伟心愚，问焉莫知答述。雨腋下亦有鳞甲，猎猎然。或时取石子椎下丹田元窍，以自退其强阳烈气。计今且十余岁矣，不知别有变动否？是龙而人也。如有法，教而慧之，不即成就一人龙乎哉？

《后汉书》载哀牢夷有妇人入水捕鱼，触沉木有孕。生十子，沉木为龙出水，九男惊走，一儿不去，背龙坐，龙因舐之。后诸儿推为哀牢王。沉木者何？昔龙而木，后木而龙也。

飞龙　应龙　蛟龙　先龙　气生　胎生　卵生　化生　寄生　湿生

考《淮南子》书曰："嘉羽生飞龙，飞龙生凤皇，凤皇生鸾鸟。是孔鸾及雉，毛彩若鳞，长头蜿蜒，尤种之肖者。故孔雀及雉，交于神蛇。"又曰："毛犊生应龙，故龙牛头鹿角也。应龙生建马，其有鳞之龙驹欤？建马生麒麟，麟有鳞，龙种也。"又曰："介鳞生蛟龙，蛟龙生鲲鲠，鲲鲠生建邪，建邪生庶鱼。若南溟之龙虾，大者目上有角，须长数尺，尤龙之神肖者欤？"又曰：介潭生先龙，先龙生元鼋。"元鼋，大鼋也，尝于志见之。土弁余仁者，康熙时人也。邑志称其沼中有物，如鼋而大，生两翼，紫花遍体。登自渔人，魏观察、刘总戎命放海中。放时见两翼掬水，一跃数丈。后回顾若叩首状，遂没。"据此，其先龙所生之元鼋耶？《书》又云："元鼋生灵龟，是为介族长。"然则羽毛鳞介，皆种于龙，非以龙为造物之灵哉！夫龙，灵于造物，居形化，初造物灵。龙固又以嘉羽、毛犊、介潭、介鳞、宰气化分形。飞禽得气类之先，是以首称嘉羽焉。

气化者，气生也。以气造形，自无之有也。形化者，胎生卵生。以形传气，而即以形传形也。又以气夺形，则有化生焉。以形寓气，又有寄生焉。以气夺形，如鹰化鸠、鼠化鴽是。若蜾蠃之祝螟蛉，则又以形传气，不能以形传形，而因以气夺形也。土之得水，有湿生，皆气化之为，草木之类最蕃，虫鱼亦寓焉，寄生在水族，如蟏蛸之腹蟹，及附赘于海中螺壳者皆是。在木尤夥，附桑树者良，可入药品，通经络，祛风邪，强筋骨。

孑孓为蚊及虫鸟化生诸异

物之大者，有鲲化鹏，昔人常言之。其至小而恒见者，莫如蛆之化蚊。蛆生雨水中，亦曰沙虫。《淮南子》所云孑孓是也。按：雨水易生孑孓，欲收用者，或收于昼，或收于夜，勿使相参，则不生孑孓矣。

又按：化蚊之物最不一，有蚊母鸟，鸣则蚊出口中。有蚊母树，子中有蚊，如榕子。又水边树，结叶中，实生苍蝇。芩根化蝉。且有夏虫冬草者，夏则蠕蠕然虫，冬则拳拳然草。又斗蚊变蝇，虾变蜻蜓。蜻蜓被扑，则毒怒为蜈蚣，偓斯国如是。国有鸟来，千百为群，遇大雾，伏地不起，化为灰鼠。月令季春田鼠化为鴽。今则九月十月以来，田中多鹌鹑。或云鼠所化，或云蛤所化，或云蛇亦能化。季秋，雀入大水为蛤。孟冬，雉入大水为蜃。仲春，鹰化为鸠。其于仲秋不言鸠化鹰者，重归拙也。

揭阳岭麓有鸟焉，大于雀而方其首，毛窃青黄色。应霜降节至，他处无之，人命之曰"霜降鸟"，殆化生类欤？千百成群，取以入馔，极肥美。节过渐希绝。

揭澄海口有水鸭，秋冬之交，群乘潮出入，莫计算。渔人网取之，利倍于鱼。鸭与他时鸥鹜不同，略似家凫而小。或云鱼化，可代鸭脯。

驱蚊檄 附载

夏小正云："丹良羞白鸟。"《淮南子》云："孑孓为蚊，白鸟亦蚊也。"顾是物，血人为粮，恶无此大。敢吁真宰，檄以驱之。作驱蚊檄。其词曰：

万物之生，人为贵，乃凝命作万物君；百虫之族，蚊最微，以善噬为百虫贼。荐食上国，动摇口舌作干戈；荼毒苍生，排击皮毛入骨髓。困扰龙伐蛟之智，曰以大视小者不明；局狝禽薙草之图，曰以贵除贱者难尽。芸芸扰扰，接时而生；墨墨昏昏，所在多有。岂知物害及人干天讨，声罪传檄凛风驱。将摘发而定罪状于纤微，可噬肤而决科条之诛殛。

尔乃烦气之余，浊流是酿。谬张变态，不作鲲鹏。省识前身，徒沦孑孓。情常依乎阴晦，性畏逼乎阳明。发迹虫沙，匪君子之化猿，匪君子之化鹤；潜踪绣幕，混嘉宾之鼓瑟，混嘉宾之鼓簧。未鸣清曙钟，轰轰者已先人起；正击黄昏鼓，壤壤者如待晡餐。盖其目乃夜明之砂，夜惯择肥为饱；文非霄烛之炳，霄偏绿隙相先。不容托方朔之诙谐，竟尔妃唇可啮；弗事藉侏儒之餍饫，居然臣腹无饥。旁掠背攻，亦乘驹隙之偏而施戕旦昼；扬惩阴伏，旋偷凤律之戾而贻种秋冬。要无如兹九夏之辰，深蒙其毒；乃直令夫群伦之体，显受其殃。气为卫而血为荣，皆人物所资生，彼则取荣以败卫；心为君而身为国，皆元命所由立，彼则袭国以扰君。倘不急为扫除，孰其委狼。曷昭摧陷廓清之令，而弭短兵长舌之萌乎哉！

惟尔丹良，称于小正；羞兹白鸟，绰有成能。纪其绩者自夏后以来，于今为烈；张其威焉及水泽之国，所获尤多。彼睫巢鹪鹩，当不如尔之明通五夜；脚夸虎豹，岂真如尔之字照六韬。矧有蝙蝠能飞，可作先锋之将；虾蟆善距，亦张后劲之军。克敌同心，趋时戮力。又皆勒朱明之律令，视白鸟如仇雠者也。

檄到，三帅其仗义执言，誓师致果。墙阴布蚁公之阵，地必封鲵；檐隙结蛛子之丝，天无漏网。逃亡可捕，用点水之康鸡；伏匿宜除，遣搜山之蝎虎。先时举事，岂俟扫之以严赵；望气生威，宁容攻之以烈火。且勿因其负山有力，蛊惑虚声；勿因其聚响成雷，震惊朕众。勿以微渺相视，谓卧榻上可姑容；勿以幽隐难周，谓屋漏中莫遍及。夫不文不武，久弗许若臣之虱其间；载除载驱，谁复敢作难而梗于化。蠢兹小丑，宜早闻知；契我灵龟，肃将神武。无忽！

鹏毛 蝶翅 蟹壳 虾须

康熙十一年壬子，琼海上，一日近黄昏，忽黑云蔽天至，且闻腥秽气。老人云，此大鹏鸟过也。旋如黑夜，泥雨倾泻，人尽避匿。明早见鹏粪遍地，且落一毛，长数十丈，毛孔中可容人马穿进，色黑如海燕。

珠厓有大蝶，展翅如帆，海客曾获之，见《志异》之书。罗浮仙蝶，如盘如斗，见《罗浮志》。倘为蚕作茧，应大于瓮。

《汲冢周书》云："成王定四方贡献，海阳大蟹。"或云螯可专车。传昔揭阳山尾庙，庙祝用蟹壳化油，捐予者下数十斤不能满。

东海虾须，长四尺。

虎沙 鹿沙 鲤鱼变化 蜻蜓生虾

海中沙鱼最多种，巨沙有虎、鹿二者。海客尝见其变化，云将变时，必于有沙石之处，冲跃久之。虎沙为虎，鹿沙为鹿。鲤化龙于龙门；又或至深山石涧，跃化鲮鲤。沙虾化蜻蜓，蜻蜓点水，又生虾，环以复性。

鸟人 鱼人

余明经月楂先生，言尝在羊城都城隍庙前见一鸟人，略如五六岁童子。但鸟其嘴及爪，与果蔬生熟物，搏食之，时作鸟声。扣所自，携者云："海客得诸绝岛中，衣食而活之。取来大都会博泉布也。"

海中有鱼曰奔鲜，鱼身而人面，脂可燃灯。或云：鱼乃古懒妇所化，故用照歌舞燕饮则明，照纺绩诵读则晦也。

宝货之异

货者，化也。凡诸宝货，皆造化之为之也。日精雷火，寓于沙土，为金银、丹砂、雄黄、硫黄等物；月华云液，入于介石，为珠玉、云母、钟乳等物。

海阳西北鄙山中，多出水晶。初出时，有白光霄朗。其前后必有水晶路，现六棱小石，间带四棱沙土石。其自土中生者，皆六棱。其为石所化者则否。六，水之成数也。或两山隔数里，白光贯彻而生石缝，若合符节。

又滇南闻大雷，则生碧霞洗。山左深涧中大雨后，或漂出空青石。西域于阗河，八九月间，石子化玉，采尽复生。每天大雾，山上石变为山料，河中石变为水料。粤中永安佳蜡石，皆田格土所变。潮工多作带钩烟壶玩具等物，然必色老者方不返，太嫩者数年返为土色。

星石

庚辰之秋，予在秋溪见饶平金述之茂才家藏星石。石大不满尺，比常石加重，黑其质，略带白线纹，体不圆方，作三角状，极莹润，若髓之凝者。云自厥祖进士学山先生在时得，且六十余年矣。时见星落于庭，旋跳入水，水大沸腾，定后，捞取得之如此。予为题七言长古一首，略云："娲皇补天石五色，天雨此石黝而黑。今来甲子已一周，犹记当年下辰极。万丈红光贯地维，斗杓箕口为转侧。星兮作使行不留，石也为丈坚其德。吾仰问天缺陷多，星陨亦同日月食。此石缘何陨自天，此星在天乌失职。天有显道类维彰，房集恒星纪岂忒。吾欲炉锤借娲皇，再炼阴阳相羽翼。还以补天作天星，五色重光大罗国。"

雷鋈　雷墨霹雳砧

世言雷公有鋈，究莫得实。揭有林孝廉者，出宰某邑。邑有雷起，而衔其鋈于古木。木界两家地，两家争取之。讼于官，林判入库。及其解组也，囊以归。胡学博尝见之，云青黑色，似铁非铁，似石非石。

雷州人祈于雷庙，或得雷墨霹雳砧，云可辟邪、催产、书牒。

天硫黄

鹤墅刘君善绘事，尝游某宦署，时天将作雨，值与幕客对弈，忽雷起桌下，人皆颠仆，幸无伤。既定，起视桌上，有硫黄堆积，火气犹未尽息。因扫取与入药者配视，毫无异。或曰："此天硫黄也，比地产者气加百倍。"

帝流浆

随园太史云："庚申夜，月华中有帝流浆，其形如无数橄榄，万道金丝，累累贯串，垂下人间。草木受其精气，即能成妖。狐狸鬼魅食之，能显神通。"盖草木有性无命，得流浆精英，可以补命。狐狸鬼魅，本自有命，食之尤大补益，多灵异。是说也，乾隆戊子之岁，传诸乩仙陈真人。

土格　瓷碗　璞石　玉碗

揭人尝于开山土格内，得瓷器碗。予亲见之，实非时世体制。随园太史又云："乾隆五十年荆州大水，周王山崩，有璞石，随流而下，耕人得而锄击之，中得玉碗。"岂皆历劫不磨之物耶？

劫灰　劫器

予尝至潮阳特浦山中，见土人开田格，不数尺，得灰。非土非木，湿则重，干则轻，云可烧之以肥田。所谓劫灰非欤？昔汉武帝之凿昆明池，所持以问东方朔者，无乃类此。

又闻吾邑之三山庵前后田，地开数尺及丈，可得黑土。不用火化，晒干肥田，利于植物。然黑土亦或有或无，不能一视。其无处，或与沙界，沙有水源。又或于沙间得古器瓷铁等物。殊不可解。抑历劫器也。

井中船桅

予友丁君巢云松，家城之东堤。传东堤者，古城东之堤岸也。今以城作岸，则东堤乃城内地。丙午、丁未间，潮大旱，井皆涸。巢云家命工人修井，多浚深数尺，见白沙；又数尺，见黑土；又数尺，见土中横一大海船桅并绳索等物。削出灰暗，尚存质。然泉立涌矣。

田中海蟏

他处筑墙用石灰，潮滨海，皆用蟏灰。蟏出海壖中，不可测，其出必毫光。庚午、辛未间，予董筑韩山书院事。春间适少海蟏，人传鳄溪上数里，有许氏田出蟏可用。市之，果尔。云田出蟏时，亦有光。初不知为何宝，乃掘土得蟏也。夫此田在潮城之上三十里矣。他处无蟏，而此独有，岂所谓不测者耶？然闻田上之山，实号海角山。是此山明明在海之角，出蟏不足怪。惟是今古沧桑，水土变幻，仍在不测之目。

虹桥版　驾壑舟

武夷山有虹桥（版）[1]，朱子云是尧时民避洪水所驾，想当然语也。要是太古以来物。

其上又有驾壑舟，康熙年间，大风曾飘落片木，云色如陈楠，有微香。殆神仙呵护之物欤？

［1］此处"版"字原缺，兹据标题补。

阴沉木

阴沉木者，地中历劫之木也。有香而柔，似伽南。其木有生气，作为小盒，投肉于中，固合之，暑月不败。湖广人或以沙土中古杉木版代之，其实仍一物也。得真者，易树樌，直千余金。

木心砚　纸灰砚　澄混（泥）砚　铜雀台瓦当砚　老坑石砚

戴泽山夫子尝蓄一砚，全类木，且重重木纹包其心。命予铭之。予题曰："上古有木，名曰阴沉。亿千余祀，犹见其心。"

又有用纸灰炼药作砚者，可浮水。澄泥砚者，澄漳河之泥为之，故铜雀台瓦良。山陕地，古宫殿瓦当甚多。好古者取作砚。要无如我粤端溪老坑石砚良。老坑石，乃山泉间格土所化。在泉穴内，剥取时，质甚柔润，似石非石，似土非土。出而风之，土乃石。昔年老坑极罕开，乾隆、嘉庆间已屡开。而石性大嫩，有似永安蜡石未老者，故又不如老石良。予尝作《老坑砚辨》二篇云：

今日之砚，无老坑端溪美，石皆托老坑名。老坑者何？以其开于唐宋，老之耳。

老坑凡三洞，皆出斧柯山之水岩，而联为一。中洞、西洞多蕉白，东洞多青花。青花者，石腴之粹也，故东洞贵。盖尤山之麓，下岩左转，而濒于大江者。

唐初取山背龙岩之石而未美，乃历取上岩、中岩以迄下岩，是为水岩石，而三洞辟焉。宋人重之。

三洞由中洞以达西洞，最后转东洞而美斯极。东且新矣，西其老乎？近今三洞泉深，鲜所获。别开洞而东于东洞，是三洞者皆西而老也，故曰老坑。然而今之人重老坑名，以所开洞异于旱坑之石，仍目之曰老坑也。

旱坑之石焦，杂坑之石顽，胥不足阅。顾不知者多惑之。惑之奈何？曰：耳食老坑名，徒求坑石之表以为证，而不审其实也。实何以审？曰：手其质，目其色，耳其声，以是审之而已矣。今夫声色臭味所以举乎？天下之物之大端也。石辨声色，在审其质。质取诸润，润形于色，为肉色；润昭于声，为木声。肉色不土，木声不缶。合是二者，美质斯得。杂坑之石，亦或有木其声，而无能肉其色也。旱坑之石，无能肉其色，而亦无能木其声也。宋明旧砚，声不尽木，以其出土之久也。今开之石，色沃于肉，以其带水之重也。水重斯土重，石气未完，今所以不古若也。然金水相涵，石不厌水，故宝砚者多蓄之于水。

坑石有三层：上带皮而多油光，下带滓而多裂痕，中带眼而多花结，则皆岩之水气为之云。凡坑砚之优劣以此辨。

若夫求火捺，验眼脉，而广搜乎水纹、云气、玉带、银丝、珠泡、钱轮、龙文、鱼脑、雀斑、鸭绿、虫蛀、冰片、瓜囊、未黑点之属，徒胶其证，勿审其实，则蕉白不白，青花不青。端石得砚表之粗者多有也，罕不为杂坑所淆，胡老坑之能得？辛未孟夏中浣，因与友人辨砚而书此。

或又曰："察其实，洵辨砚之要道也。然不详其证，则砚之窃其名者且竞进，奈何？"予曰："噫！谓是耶。予为好砚而知砚者言砚也，非为好砚而不知砚者言砚也。夫好砚而不知砚，乃好假砚。"

昔叶公好龙，不知真龙，乃好其似龙者。今夫风云雷电，龙之证也。真龙至，风云雷电必与偕。叶公素好龙，而见之乃大骇，卒坐是失真龙，为天下笑。郫中人有鉴公失者，则以风云雷电为龙也，终其身于捕风捉电中求龙，而杳无所得。其不知龙，不足以致龙与公等。善哉！庄生之言曰：迹者，履之所出，而迹岂履也哉。云之证龙，犹迹也。

虽然，证亦有辨。夫致用在实，表实惟证，证固附实以为质，兼审乎此。不能窃其实者，即不能窃证之实。今夫体相联者，气相合也，根相并者，叶相类也。润则俱润，焦则俱焦。所以正青花之砚，多带翠绿之活眼，而不作焦黄之垢迹也；正蕉白之砚，必带紫艳之火捺，而不坠枯暗之死灰也。是谓真砚之表也。然要必立表于不用之地，而勿砚堂之是犯。

晋人堂用凹，唐宋用洿，自明以来多用平。堂凹蘸笔则锋圆，堂平抹笔则锋扁。故学晋帖者，利用凹砚。是又制砚受用之法也。

且砚之利于用，在发墨而不损毫。酷暑池不涸而隆冬或不冰。体腻可悦，气润而和，则然耳。凡堂之净用乎此，青花、蕉白之谓也。次用天青，肝石降矣。或闻之，喜曰："吾究砚之证，而益详其实。"语有之：不知其人观其友。友者人之证。固曰：不知其人，斯观之彼。云者，从龙者耳。

潜雷石

揭邑黄岐山上有一洼池，傍有峙石。岁旱以池水洒峙石，石滋润，即云蒸而雨。有铭云："元气之核，风雨之胎。我疑尔腹，定有潜雷。"又闻揭人祈雨于岐山之虾蟆石，想即此石。因题铭而今昔异号耳。

宝鸭石

三水江中有巨石，合沓凌波，故传内有宝鸭。后为寻宝者凿去。有句云："撑开的皪云根月，点破沧茫水底天。"范端昂《粤东见闻》作浮沉石，谓石在江心，能与涨相浮沉也。

蜡石

吾邑西山中多蜡石。有大坑，约一二十里。每大雨后求之，必得奇致。备象人物器皿之类。大者可取为板、为几、为屏、为假山，小者可为杂物玩具。予尝见而心好之，恨未能往取也。有人出数十事示予，皆佳妙。予尝赠之以诗云："古有隐君子，称为黄石公。今子嗜黄石，乃有古人风。贞介固石性，通理而黄中。磥砢列几席，坐卧铭幽衷。因此博天趣，蜡凤妃金龙。一一人物状，琥珀锼元工。瑞雾霭朝旭，土德荣中宫。元圭与苍璧，光价珍黄琮。吾来寓游目，上尊宝气隆。愧乏色丝辞，志之垂无穷。"

英石

予戊午在省垣李氏故苑中，得一小英石，具三峰焉。携归以为笔山，颇有可玩。考英德为奇石之薮，有根者丛起而为峰，无根者散布而为石。其出土者曰阳石，质坚色苍，扣之其声清越；入土者曰阴石，反是。人以四字评取之，曰"皱、瘦、透、秀"。予因赞曰："艮象为山，亦为小石。惟石无小，与山奇特。拔乃精英，萃乃血脉。清越其音，苍翠其色。芙蓉陡峭，乳窦开辟。勾漏巉岩，径路间隔。风云可通，千里咫尺。斗伟逞奇，陈力奋职。世罕此宝，毓诸英德。"

云母粉　紫石英　阳起石　石钟乳　雄黄

罗江多云母，昔罗辩服之得仙。增城产云母，何仙姑服之亦仙去。诗云："凤皇云母似天花，炼作芙蓉白雪芽。笑杀狂游勾漏令，更从何处觅丹砂？"凤皇，雄黄也。云母根为阳起石。东莞爆山产紫石英。谚云："增城云母粉，东莞紫石英。有人知服饵，往往得长生。"又乳源出石钟乳，可健人。然闻石性多发奇疾，服不可苟。

蛎房木枝

予得一木枝于海客，有牡蛎房结其末，若开白莲花然。以手擦木至热，则闻香。殆阴沉木之类。爱为题曰："阴火潜燃，海宇灵光。若木亚枝，白莲沉香。炳太乙曜，结牡蛎房。天葩历劫，流太古芳。"

金龟刺斗

近得一笔斗，旧制物也。紫檀其口足，木性坚光晶艳，作红金色。大结千百，小刺万千，且盘旋布生致，不知何木。后有识者曰："此金龟刺也。"反其背相之，果有数大结如龟形。予即用贮牡蛎木枝，亦为之铭曰："濡染巨笔方淋漓，欲薄鸾凤驱蛟螭。金龟作斗为守之，中植琼树交柯枝。大魁翰运文所司，天葩奇芬增华□。"

玉屏海日

羊城前朝时，有一旧家，洗砚于池，沉焉。命人没水取之，弗得，反捞起一青石板，大于砚数倍，因留置厅侧。后有洋客，望气探宝至其家，见此石，以实告曰："此水苍玉，其中有异表。可制为屏三事，愿攻焉而以一奉还。"旧家许之。专治累月，大焕光彩。青质而赤章。一作"沧海日象"，一作"赤城霞象"，一作"丹凤冲霄象"。皆希世至宝。客载霞、日二屏浮海去，曰："此洞府珍玩，丹凤留君家，百年后，恐亦飞去。"及经兵燹，遂失所在。

木枕笛声

南海梁氏蓄一木枕，每秋宵月霁，则闻笛声隐隐自枕中出，不减海底龙吟。盖枕乃影木，后或以有笛声之怪剖之，见其中天然木纹作一人对月吹笛影。再粘合之，不复作响矣。

鸭旦珠　雄鸡旦

家琢之尝得鸭旦珠，问所用于予，且穷旦能生珠理。予曰："传有之，珠可以御火灾。盖珠与玉，皆太阴之精。太阴，水也，金为水母，是故玉生于石而珠生于介。鸭旦与介类，故珠孕焉。太阴之精，无往不在，偶于此泄珍奇耳。"琢之又问曰："是珠之在旦也，诸旦藉有光，人以数次暗中分旦索得之，今出旦何以无光？"予曰："气如白虹，见于山川，璞玉之光也。及其取而器之，厥光遂敛。盖光者，时出表异之物也。犹乎天降时雨，山川出云，有开必先耳。初有光而今无光，非无光也，敛焉，无所事光也。"予因曰："相宝如是，相士亦然。吉士之文章，春华也，珠玉之光也。异日之事业，秋实也，珠玉之器也。世有善相吉士者，慎无徒相文章哉。"

抑予又见《秋灯丛话》载雄鸡旦，可治目疾。取验，如空青、石髓。然则鸭旦中珠，或别有所用。请俟质博物君子。

蟾蜍珠

旦有珠，肉珠而介类也。盖珠类中有蛇珠、蜈蚣珠，谓之肉珠。然闻介珠坚肉珠软，则肉珠者，殆木火之精欤？当与介珠金水之精异。

凤城金山麓有古墙，墙阴多古木，久蔚不治。尝一年当月生明夕，有人见古木穴中，吐白烟一缕，摇曳透空。惊为怪，取利器狂撼古木。忽见穴中，逸出三足蟾蜍，口吐火珠一颗，卷白烟冲月而杳。按：人佩介珠，可避灾祲，服肉珠可益神智。蟾蜍月精，又肉珠之函阴魄者，与鸭旦之珠在肉而介，正相等。

石鸭生旦　石旦腹蟹　水晶石子孕虾

有浴深涧者，得石鸭。绿苔匝体，若毛然。携归置盆池间，月望之夕，即产石旦。后因误剥去其苔，不复能产。

又有雨后得石旦于涧中者，纳诸腰斗。至家解视，石湿透斗。因破其石。活蟹腹焉。

予又有一姻党，揭邑人。言其戚守泛山间，于山之泉眼处，得一水晶石子，精莹通透，隐见其内孕虾影。后石子被小子击破，果一活虾趯出，为鹅所吞。

按：石鸭所生之旦，得法种之，可成美玉。腹蟹、孕虾之石，与珠同珍。盖得太阴之精者，蓄以清泉，足御灾厄，惜得之者皆不知所用也。

传方化鹤

《医学正传》云："昔蜀中有一老人货药于市，自云寿三百八十岁矣。每歌曰：'尾闾不禁沧海竭，九转金丹都漫说。惟有班（斑）龙顶上珠，能补玉堂阙下穴。'有好道者，传得其方，老人化为白鹤飞去。"今粤中所货班（斑）龙丸，云即此方，服之有效。按：《正传》方用鹿角胶、鹿角霜、兔丝子、柏子仁、熟地黄各八两，白茯苓、破故纸各四两，共研极细末，酒煮米糊和丸，或即以鹿胶入好酒融化和丸，如梧子大。姜盐汤送下，早晚各五十丸。斑龙，鹿号也。盖此丸以鹿角为君云。

采香得蟾

伽南香乃药中之宝，能助气，能补水，能升能降。书中所记，皆云出二洋占城。又产琼州者为土伽南，云与沉香同类。据予所闻，吾潮出真伽南，不在香树，亦无苗种，乃久年铁树所化。其化成也，即生三足蟾蜍守之。

铁树一名珊瑚，黑干青枝，不作花叶，如海中铁树珊瑚，故号。青枝之嫩者，可和鸡蛋煎饼，治腹疾。其久年之根，即不化香，原可代香用。化香亦偶然事，极难得。盖其木多乳，性辣，得南方火精，偶应太阳融结而成。而二气保合，又得阴精蟾蜍守之，故妙也。但蟾蜍乃神物，采香者当并蟾收贮，俟其化合，香魄乃不散。

按：木枯再青，有蟾守香不审者，为生结，上也。本死性存，见香不得蟾者，为死结，次也。木性不古，虽结香而未尽化者，为虎斑，为马尾金丝结，又次也。其有色如鸭头绿者，曰绿结。揢（搯）之痕生，释之痕合，按之可员，放之仍故质，锯则细屑成团者，又曰油结，上之上也。其枯根朽（朽）皮所包裹，润若饧片者，曰糖结，上之次也。凡藏香锡格下，须通眼而贮石密。香久佩则气耗，当濯以清泉，取出俟干，仍求香削函之。或取白茅叶包座屋中净土，旬日取出，则香魄仍返。伽南或作伽偳，考字典无"偳"字，惟释典有檀樾伽蓝，当取香树利济义。尝与饶之大观陈君证此。君庚辰岁得所化一树，辛巳用香治时气腹疾，济人甚多。

香气引鹤

《本草》云："降真香，性温平，无毒。主天行时气宅舍怪异，烧之辟邪恶之气。又建醮向空应星辰度焚烧，香气上升，能引仙鹤盘旋下降。"按：白鹭亦鹤类，焚香致白鹭，尝见之。

论曰：香，阳也。求神于阳，斯焚香，宜致仙鹤之来翔。

香烟成鹤　古榕花王亦结伽南

《南越笔记》云："鹤顶香，在古榕之腹。常有鸟衔香子，堕落其中，岁久香木长成，其枝叶微出榕杪。白鹤之所盘旋，朝夕不散，久之香木作结，坚润如脂。人取而爇之，香烟翔舞，悉成白鹤之形。鹤形大小，则视香烟之浓薄，是名鹤顶香。东莞时有之。"或曰：是遁香也，身在榕中，而气与鹤相感。盖以榕为体，以鹤为用者也。

或又曰：古榕亦结伽南，盖其泥乳似铁树也。又有花王者，泥乳全与铁树同，粗枝带刺，节节丛生，枝杪有叶，乃铁树别种，亦能加伽南。

说曰：榕，容也。材无所用，斧斤容之也。然榕泥可作胶粘，铁树泥则腐物。其化香者，殆炎精结乳。神奇其朽腐欤？花王，火所在也。

沉香　油速土伽南　速香　云头香　檀香

沉香，亦系结成者，但不同伽南之化结。沉香以出海南者良。谚云："海南多阳，一木五香。"凡采香人见香木，以刀砍之，砍痕多受雨露，香乳内凝，便结沉香，质坚中实者为角沉、蜡沉，其浮水者为煎香，其中空者为鹤骨香，形如马蹄者为马蹄香，爇之极清烈。东坡云："既金坚而玉润，亦鹤骨以龙筋。惟膏液之内足，故把握而兼斤。无一往之发烈，有无穷之氤氲。"此香品之上也。《笔记》曰："伽南与沉香分阴阳。沉阴，牝也，味苦而性利。其香含藏，烧乃芳烈。阴体阳用也。伽南阳，牝（牡）也[1]。味辛而气甜。其香勃发，而性能闭二便，阳体阴用也。"又云："产占城者，静而常存；产琼南者，动而易散。静者，香以神行；动者，香以气使也。"详按诸说，要不若潮产之守蟾伽南，神气完阴阳合也。《记》又云："采香者于高秋晴爽之时，视山木大小皆凋瘁，中必有香。乘月探寻，有香气透林而起，以草记之。其地亦自有蚁封，高二三尺。随挖之，必得油速土伽南之数，而沉香为多。其木节久蛰土中，滋液下流结香。则面在下背，带木性者出土。"或谓沉香不沉即为速，其气浮而烈。油速则又温润所凝，是为土伽南。盖向来以软为伽南，坚为沉香也。又沉香中有云头香者，结香一线，错综如云，有文彩，数珠用之。至杂木坚节，焚之酷烈，为鸡骨香，品之下者也。又香树有檀香，分黄紫白等。潮之白银树，即白檀之类。予尝见海阳黄田山之东曰岭门，弥山皆是。人取其皮以为香。

校记

[1] 牝，应作"牡"，以意改。

龙脑香　梅花脑　樟脑　龙涎香　紫梢花

龙脑树如杉，年久者，每于风清月朗时喷香气，霏霏如冰雪。采者先以布缠树间，惊之令坠，状若蜂蝶翅。次或断树循理得之，大者成瓣，小者成粒。俗呼冰片，亦曰梅花脑。入药开窍、辟邪、催生。方用冰片三厘，温水调服，立产。又有用樟木脂升炼者，曰樟脑，专杀虫治疥癣。按：樟脑，人力所造。龙脑，天生者也。出佛打泥者佳，故又称大泥片。

海龟食龙涎不化，吐埋海岛沙中，上聚苍蝇，收炼为香，曰龙涎香。夫龙阳龟阴，早炼合成丹矣。嚼不蚀，可洗，用鸡毛水冲之，散。考《本草》，龙于水边遗沥，值海槎，则粘着状如蒲槌，色微青黄，复似灰色，号紫梢花。性温味甘，治阳衰阴痿。盖补精、助气、益神之药。又云：可解阿芙蓉引（瘾），杂百和焚之，翠烟千结，蜿蜒蟠空，经时不散，可剪分香缕。焚或遇雨，则焖爆作声。鸡毛之辨，观所恶也。雨中之焚，观所宜也。

桐包花子

张守府秀翎翁，四川人。己卯、庚辰间，来游凤城，尝憩予书馆。言以梧桐叶包贮凤仙花子，明年种之，可令开花于叶。因忆癸卯春，先君子尝自梅州传来凤仙花栽一盆，云彼处人呼为"飞来凤"。盖花开叶上及末，栩栩如飞也。及开果然。而明年竟失其种。想即用桐叶包裹变化之法，彼处人未之明言耳。时业师谢碧池先生在座，为题句云："又见奇葩幻凤仙，翻红托翠自翩翩。临风进作回翔态，如览德辉来绮筵。"张又云："实凤仙子于丝瓜种丝中，可令花作藤本，母鸡抱之，作五色。"

艾啮菊枝

丁丑秋杪，澄海陈元戎凤高翁，自载菊花百十盆，来凤城与众同玩。其花极盛，且有人所未见者。诘之，云："苏人取大叶艾本啮菊枝，培活转栽之，每变新样。此间种，多自苏州海舶新来者。"予为作诗赏之者再。及翁送予菊，又再次韵谢之。备录如左，以见一时韵事也。

《闻菊至，将往观，先以诗》云："海天一夜西风凉，吹送江程百里香。牙樯锦缆载秋菊，特来凤渚标孤芳。孤芳自赏知者少，春花陌上媚春晓。那似秋花晚节佳，独傲霜严依月皎。风流今有陈将军，平生意气凌秋云。种此寒英百千朵，渊明之后难为群。此花自是霜下杰，那比群芳恐鸣鹈。爱花知有同心人，白衣载酒酬佳节。吾闻新姿相斗奇，红紫淡白共纷披。就中正色黄花贵，金球蜡蕊艳东篱。欲往一看不轻看，未对以酒先以诗。诗情早与西风发，海国江城不断吹。临风请向主人歌一阕，问我看花宜不宜？"

《灯前携侣赏菊》云："金飙习习霄露凉，银缸细爇兰膏香。莲添宝炬桂助月，澄心静领幽花芳。惜花幽情如君少，不把秋昏换春晓。春晓花酣烟霞浓，秋昏花洁星河皎。笔阵森森张吾军，菊屏叠叠罗秋云。不夜城在众香国，秉烛结社与花群。花中隐逸人中杰，一任寒蟑咽啼鹈。岁华难老驻秋容，夜气长存持晚节。苏航湾（澳）海花信奇，金英玉蕊灯前披。天文今夕五星瑞，不聚东井聚东篱。已对佳花过佳节，可逢佳景无佳诗？诗客联翩此间集，清辞逸调歌管吹。华堂四照焕光彩，粉壁吟笺贴最宜。"

《谢送黄、紫菊花二盆》云："绛雪丹砂融晓凉，蜡房金屋凝秋香。盆菊对开清兴足，惠然小阁来芬芳。花开花落知多少，惜花情绪几人晓？凌晨先起玉绳低，午夜不眠珠露皎。香坛筑垒推将军，凤山添灶煮秋云。五花布阵战佳菊，就中黄紫最超群。姚魏富贵岂英杰，争奈三春怨鸣鹈。孰似此花色态佳，能伴诗豪醉秋节。九仙骨抱秋花奇，朱紫衣同一品披。黄目上尊辉鼎耳，赤玉作槛金作篱。鹤翎虽好不入座，谢却空文白战诗。薇垣辞客展色绢，锦绣花前候风吹。吾学此体答君觇，诗匹花好恐未宜。"

重台芝草　并蒂兰花

戊寅秋，予得重台芝草，未抒吟咏，值吕钓溪以并蒂兰花作索和，因次其韵并赋之："君咏兰花并蒂生，吾拈芝草恰重茎。联翩谢砌香风满，次第商山瑞气盈。倾盖亭亭双美合，同心得得二难并。两家玉树相辉映，四照平分晓色清。"又丙寅秋，予斋中兰花，有一枝兼并蒂重台两奇者，题云："高低联四照，骈叠各重华。"

芝蕳

《说文》云："芝，神草也。"语又云："芝草无根。"诗又云："枯朽亦能出菌芝。"《庄子》又云："蒸成菌。"《礼·内则》亦载芝蕳，疏谓不花而实者是。要之惟无根表异者曰灵芝。若食物之芝，则在土薯藕是。故莲曰水芝，木有耳即蕳也。

竹起　石行

癸酉八月，飓风拔木甚多。揭之石港有丛竹，已仆于地，一夕忽自起如旧观。俗争神之，萃香火焉，经年乃已。

又传前朝崇祯庚午年七月，惠来百花峰前，有大卧石，行移七步起立，行迹入地半尺许。陈明经国英为作《石行赋》，有云："地有三千六百轴兮，尚有时摆撼震动而不宁。石亦地中之一粒兮，又恶能历沧桑而不改其形。"按：竹起者变而复常，石行则悖常之怪。

桃木再生　梅枝重花

予童年闻揭有茂才，插枯桃木于花瓶中，春日再生，开花如在树。乾隆庚戌冬，予亦尝插大梅枝于水瓶，已花矣。辛亥春初，忽重结蕊作花。予适以是年魁县榜。

卷之九

城南书院

今之城南书院，昔之所谓韩山书院也。志称宋知州王公涤，移刺史公堂后韩文公庙于此。抑予又闻故老云："王所建庙在州南七里，今圣者庵也。后毁于火，乃移此。"然此庙亦屡改，淳祐三年，知州郑公良臣改祠堂，建斋舍课诸生。元至顺间，总管王公元恭乃改城南书院，后屡修葺。明知府郭公子章尝题"浩然堂"。国朝顺治四年，巡道曾公宏又题额曰"昌黎过化"。康熙间，知府石公文晟又立"南隅义学"。嘉庆丙辰、丁巳间，知府韩公义重倡修建复，仍题为"城南书院"，并四隅义学而一于此。院前有"太山北斗坊""鸢飞鱼跃亭"。元王公翰建。处士戴希文有联云："西廊云连沙树晚，前池风荐水花凉。"

韩山书院 （《八景》诗附见）[1]

今之韩山书院，昔之所谓昌黎书院也。考其地，自前明为御史蔡公梦悦祠。公有惠政，万历间修广济桥。民德之，故为立祠。有碑记，且建坊曰"千载甘棠"。康熙三十年辛未，巡道史公起贤移坊于左，即坊建大门，颜曰"昌黎书院"。题其堂曰"原道堂"。移蔡碑于史祠。雍正二年，绅士请归原祠。迨雍正十八年[2]间，太守龙公为霖又再辟院址，奉蔡公、史公于院内之景贤祠。按，景贤祠者，许祠也，乃宋里人许会元申之祠也。公乃榜院门曰"韩山书院"。传当日院向本拟庚酉，历筹修改，莫果。戊辰温公承志为巡道，倡改之。举绅士为司事，昌时与焉。至辛未而成。溯书院初建，适交三甲子也。门额易以灰，立石坊于内，书"抉汉分章"四字。院前有池，池上故有观鱼亭，最佳胜。因易向方起去，予拟重立，并重摹韩公阳山所刻"鸢飞鱼跃"四字于石，可与韩庙公书《鹦鹉碑》相辉映。已白于当途及绅众，未果。因拟《八景》诗如左：

亭阴榕幄

绿树荫如幄，青山张似屏。此中堪着我，坐啸飞霞亭。

石磴松涛

驱涌起云涛，韩文八代高。长松撑石磴，竟日风飍飍。

曲水流觞

九曲涧边水，三春掌上杯。临流人对酌，一笑山花开。

平池浸月

池水碧于油，春宵平不流。中天澄璧彩，横笛浪西楼。

橡木遗迹

科名以人重，重人及此木。后来科名人，尝以花开卜。

鹦鹉古碑

奋势如跳龙，藏锋作卧虎。天门凤阙中，灵异调鹦鹉。

水槛观鱼

休道我非鱼，莫论子非我。万物一体中，达观无不可。

山窗听鸟

松枝挂山鸟，窗前话春晓。欲舒一春情，笔舌无尔巧。

校记

[1] 括号内文字据卷首目录补。

[2] 雍正十八年，当有误，雍正年号只有十三年，查相关文献记载，此次重建是在雍正十年(1732)，"八"字当系衍。

韩山书院落成七古一章 以下古近体诗附载

公来驱鳄去骑龙，精灵鳥奕双旌峰。至今木石焕英彩，鲜明四射金芙蓉。祠堂端坐芙蓉里，始宋咸平陈刺史。自后迁复非一朝，吾知公神长依此。橡木一株公所栽，乾隆甲子曾花开。此物岂以科名重，解卜科名亦信哉。橡花虽开有荣枯，笔花之开无时无。庙左广辟韩山院，院中雅富笔花图。康熙辛未书院成，雍正壬子加峥嵘。是岁辛未百廿载，重建书府嗟莫京。史公（府宪）善始（辛未）龙公（府宪）继（壬子），温公（道宪）王公（府宪）完巨制。如帛有幅文有章，此中匠成瞻伟器。坐见多士来跄跄，挟册吟诵登此堂。"原道堂"上学公学，手扶云汉分天章。灿烂披锦绣，光辉发琳琅。李杜之焰十千丈，特与公文参翱翔。

韩山双旌石怀古七言长歌

双旌之石高摩天，激宕江风消瘴烟。刺潮八月韩夫子，尝扪此石登山颠。此山终古得韩名，山花秀发山水清。水作韩江花韩木，南邦文物增辉荣。邦人祀公韩山下，金阶玉陛依螺青。濯磨韩院读书客，风雨勿弃墙边檠。我来高山追仰止，攀龙一举飞云汀。俯视潮头驱鳄处，仿佛雷电收六丁。起衰八代扫巨笔，壮志勃勃胸棱棱。霞佩斓斒垂锦裳，踌躇四顾何苍苍。碧玉坛宇蟠山骨，遥祝云龙一瓣香。

驱鳄行

奔雷激电驱鸿波，大地立海天悬河。黑云四起风雨作，鳄鱼南徙惊蛟鼍。三日五日至七日，凛约命吏去之他。命吏来奉天王令，虎符佩印马鸣珂。四隩六合仰清照，扫除鬼域降妖魔。是鱼敢崇扬州土，吞噬民畜牙齿磨。涵淹卵育秽群丑，出没飓母骄潮婆。异物有知布晓谕，未烦弓矢挥干戈。文严字重六丁下，羊豕刚投霹雳过。嗟哉！刺史韩公之贞诚，肃将王命宣威明。驱除民害康乃生，鳄鱼远遁风波平。州南涨海多鲲鲸，神鳅潮汐大鳣横。蛇龙放菹圣所膺，功在禹下莫与争。至今父老为说恶溪事，按歌翻作驱鳄行。

鹦鹉碑歌

人读韩文诵韩诗，一若元气入肝脾。独惜考古少韩帖，银钩铁画无由知。韩江之湄韩山麓，中有韩伯昌黎祠。神在天下即在此，笔迹犹传《鹦鹉碑》。泊凤飘鸾翙羽翼，对舞琪树交柯枝。毫端直欲翻林木，飒飒疑有清风吹。世言米颠实祖此，苏黄不得争雄雌。昔王右丞擅赋手，《鹦鹉》妙辞推色丝。雪衣巧舌越表异，不数纯黄，五色翠衿交陆离。文公濡染此巨笔，光价倍增云锦摛。二百余字见精彩，仿佛神物相奔追。岭南旧家雅好古，搜罗远欲穷轩羲。至宝仅见倍知贵，什袭珍藏尊蔡箸。嗟哉五季兵燹后，玉简金匮销雷霆。况今又阅数百载，河山丘壑几陵夷。拙窝刻赋寻剥蚀，鸣泉落汉非故基。南冥赤水森无极，苍茫孰索元珠遗。讵非造物秘呵护，留与贤守探精奇。西蜀龙公具真鉴，掎摭曦娥馀参箕。购归朝阳纪真迹，乃诏匠氏开劂剞。草法兼行径数寸，摹勒不敢差毫厘。告成辇置雪色壁，精光焕射青琉璃。四座盎溢风云起，一堂璀璨琅玕披。奚啻石鼓籀书列太学，凤翔典物来周岐。橡木手泽与辉映，波澜鳄渚添淋漓。韩水韩山尽生色，峥嵘灼烁辉朝曦。典册诗文久示后，如今法帖复昭垂。旷世麒麟凤鸟出，薄海文士瞻型仪。浩气直养塞天地，孟夫子后一见之。八代起衰竖赤手，龙虎跳卧挥毫时。

题原道堂五古六十四韵

此堂曰"原道"，道载于文章。韩公秉经训，著作兴有唐。文风高八代，道气与之昌。浩然配孟氏，俯视荀与杨。大醇无小疵，陶冶归精良。吾闻入道者，则古称先王。好古择必精，信古语必详。必约六经旨，与三古颉颃。浸淫润古泽，浓郁熏古香。英华含且咀，古色生辉光。宛彼貌心古，示我以周行。间有正不至，白黑分毫芒。汉晋何老佛，周末何墨杨。杨墨变佛老，未然难预防。所以孟夫子，补苴此旁皇。韩继孟子后，辟佛矢担当。一对奏九重，八千谪潮阳。大道由己传，灭死无恨伤。全诸已坏后，之南过衡湘。邦人幸八月，过化千秋方。曰有赵天水，师范遥相望。延以训文行，济济在胶庠。南珠依北斗，相得美益彰。离方振文教，铎韵今孔长。仰止韩山麓，祠宇殊煌煌。厥左新院落，斋舍分两厢。中乃"原道"址，竣整临岩廊。史公题此堂，示学者表坊。龙公书此额，导学者津梁。蛾子此时术，百廿阅星霜。昔观侵不壮，士气或不张。温公曰新之，坐向重较量。撰宿主心月，毕乌面西飓。翰林与文圃，雉鸯曾窨藏。风骨翙彩耀，文凤瞻翱翔。落成萃多士，聿新角艺场。古者士习射，命中祈饮觥。文家有彀率，正直志体臧。因之定甲乙，日月分饩粮。谷驹拟维絷，野鹿歌笙簧。造器珍瑚琏，储材隆栋梁。出将为远志，岂彼小草芳。山古有韩木，手植森椐橿。花开卜科第，灿炳火维乡。科第待人重，品望树轩昂。立品审端直，多歧哂寻羊。今际昌明会，同风遍海疆。遵王之道路，天衢恣腾骧。勤学奋时习，追琢表圭璋。道在勿纷驰，日用务其常。道在式古训，勿怠而勿荒。束身范规矩，洗心融汁浆。身心与道一，原本泰以匡。和顺为已得，公正于人□。为天下国家，若网之在纲。海滨有邹鲁，数仞及宫墙。由韩孟希孔，至海非断潢。畴谓千百载，坠绪多茫茫。体明用乃达，鼓箧陈青箱。辛亥读书处，省识旧文房。戊辰越辛未，司事愧不寝。于道涉其藩，举足多踉跄。五箴凛朝夕，五原洞肺肠。吐词六百册，敢题"原道堂。"

观金山拙窝石刻五古四十韵

人心竞百巧，雕琢伤天和。毕竟巧所全，何如拙者多。情欲恣机变，真性先销磨。矧乃物役物，相轧如投梭。混沌一以死，蛮触争干戈。逐逐穿屋雀，营营赴烛蛾。畴能反之正，拙鸠安鹊窠。提刑周夫子，道统希孟轲。为智恶乎凿，静观理无讹。按潮下车日，赋拙除烦苛。终凶与终吉，差谬复几何。欲使含生者，巧利遏妖魔。留题古刹壁，兼化千头佗。逃佛巧之过，安拙民靡他。海滨故邹鲁，望风加切磋。不为兔之窟，戒厥鸟之罻。玉匪鼠误璞，珠岂露倾荷。四境称易治，坦平无侧颇。廖判雅好古，芳躅追抚摩。并集晦翁书，金山镌拙窝。儒宗两巨笔，宁同纸博鹅。为章灿万象，耿悬秋曙河。人坐淳风里，春蔼吹卷阿。吾生复旷世，登攀披薜萝。尝见鹦鹉碣，坐卧犹婆娑。瞻星纪北斗，矧敢遗羲娥。愿榻一万本，举世皆诵歌。更立濂溪祠，豆俎山之坡。霮落划两庀[1]，光怪腾青螺。如刻十石鼓，太学瞻隶蝌。薰德无近远，心追口则哦。革薄从忠厚，人海恬风波。上开三面网，下安一目罗。还淳而反朴，古意相渐劘。平平降福祉，熙熙疗瘵瘰。道德与吏治，由来非殊科。趋巧德之贼，有如虫在禾。守拙治之则，近于柯伐柯。请告持刑者，刻石今峨峨。古训式且明，神化著存过。

校记
[1] 霮，字书未见此字记载，疑为"霝"字之异写。

飞泉岭七古

南山蠹五岭，最秀推揭阳。横跨闽粤界，十里百里分青苍。中有飞泉布灵气，护卫谷口读书堂。闽域儒宗朱考亭，千里声气通云梭。来访郑君看山立，瀑布泼面风泠泠。星槎游客路，水月幽人情。秉烛山斋若梦寐，起弄笔札朝霞青。飘然一身来世外，几家鸡犬云中声。倚杖门前闲侧耳，更有空山琴筑鸣。鸣泉落汉半天色，大书石壁留深刻。逝者如斯不可息，云卧书帷亦八极。他日相思学海深，但看飞泉浩浩洒烟墨。

落汉鸣泉五排二十韵

迢迢来碧落，滚滚走飞泉。玉色分河汉，锵鸣入管弦。名区标揭岭，大笔洒高贤。一瞬龙蛇动，千秋水石传。故人此清听，胜会话当年。侧耳惊风雨，留题在几筵。几间初结宇，五夜不成眠。有字原如斗，其才已欲仙。山中响琴筑，空半弄云烟。铁画神通处，瑶函鬼斧镌。从兹苔迹古，留护墨痕鲜。细草绿坡合，幽花红雨溅。依依看韮倒，作作认针悬。青赤峋嵝畔，巍峨泰岱前。剧铭秦陇外，铜柱粤山巅。俯仰成今昔，光辉共后先。悠哉凌绝壑，逝者在前川。去住通三岛，源头溯九天。浮槎寻海客，凡界轶张骞。谷口同倾注，班尝玉笋联。

潮州八景（七律八首）[1]

忆予庚午季夏，尝与读画者论《八景》诗入画所宜，作诗纪实矣。兹因类次古迹诸作，仍附记之：

凤台观水

峙城东南，下流障也。古属鸦洲，今俱名凰。肇自前明太守侯公必登。其地襟江几桥，山明水秀，入画宜春。旧云"凤台时雨"。

悬河天半折三三，砥柱层台对碧潭。逝者如斯无昼夜，观其所止尽东南。洲鸦远去凤初集，壑水交腾春正酣。有客凭栏濡巨笔，九苞流彩镜波涵。

鳄渡乘风

汇城东北，为唐韩文公刺潮驱鳄处。其地蜇帆贯碧，擢鹢驰青。今犹踔厉风发，入画宜秋。旧云"鳄渡秋风"。

直拥雷霆鼓浪来，九天阊阖望中开。飞凫缥缈欲仙矣，徒鳄威灵真壮哉。八月流风清海国，千秋元气涌江隈。云涛驱驾潮阳笔，不数披聋《七发》枚。

韩庙棉红

在城东双旌峰，韩公刺潮游览处也。传公手植橡木，花开可卜科名。其地林红岫碧，入画宜朝。旧云"韩祠橡木"今见木棉。

韩文春丽蔚鲸铿，千树棉花簇绛英。廊下珊瑚齐出海，枝头蓓蕾欲飞琼。扶桑日御辉南国，织锦星机丽太清。瑞彩葩流映霞佩，还同橡木纪科名。

马丘松翠

夹北城金山，为宋摄知州事马公发殉难处。井上立墓，峦石森奇，入画宜冬。旧云"金山古松"，今余翠黛，有东南第一山华表。

心如古井无波水，节重东南第一山。万里岛风森石骨，三冬云日凛松关。黄龙出海涛声怒，白雁横江木叶殷。千载虬枝余翠黛，赵家寸土守螺鬟。

117

龙湫听涛

界城东北，金山崖坳，韩江水曲。其地交流浃渫，激石匈匈，浪叠波旋，月中疑见塔影，入画宜夜。旧云"塔院维舟"，今圮，上流障也。

当年宝塔镇龙湫，此日龙湫水自流。不改涛声吹地转，频添月影向人浮。春来正噀桃花浪，秋到宜维竹叶舟。几许豪情输枕畔，松风入耳夜飕飕。

洞湖垂钓

环城西银山之麓，涯石上有仙人迹。康熙间石壁自开，内有"何人不爱洞壶清"句。其地紫翠凝烟，入画宜暮。旧云"西湖渔筏"。

壶里洞天开古瀛，西湖水占洞壶清。水清鱼岂贪香饵，洞古人来寄连（远）情[2]。榕下垂纶消日永，矶头寻迹得仙名。晚风初渡芦花径，缓卷丝筒待月行。

长桥榕荫

曰广济桥，创于宋，驾城东。其地水木清华，藏虹媚日，入画宜昼。旧云"湘桥春涨"。桥非湘也。俗传为韩湘子所造，立祠桥上，讹也。

迤逦长桥界碧溪，绿榕阴匝水东西。灵根络石非依土，密叶藏波不照泥。天上白榆虹映带，关前红树雁高低。扁舟暗掠雕栏过，云掩篷窗翠鸟啼。

峻阁星枢

曰北阁，祀玄武，临韩江，负城北金山石壁。石题"青天白日"，驾回澜亭。其地绿树齐云，红栏照水，入画宜夏。旧云"北阁佛灯"。

石布星坦（垣）耀水滨[3]，幽崖飞阁动嶙峋。天如倚盖云垂海，地应旋枢山拱辰。壁上龙蛇蟠白日，江间波浪滚红尘。珠杓自运成今古，玉立回澜照八垠。

校记

[1] 括号内"七律八首"四字原无，据卷首目录补。
[2] [3] 此两处均为林校本所改，是。

韩江竹枝词

壬戌孟夏，予道韩江游丰溪明府傅公署。公时方以竹枝词试士，绿酒红灯，戏索新句，因而得此。匪足言诗，聊征风土见闻耳。备载上、下、平三十首如左：

家住韩江东复东，沿江绿柳护轻篷。梢头月落添春梦，制得新词唱晓风。

绕郭青山翠几重，西湖石上印仙踪。桃花载得春前酒，醉倒城头玉笋峰。（城西有湖，湖侧有仙人石，上即西湖山，山有玉笋峰。）

茶烧白酿正盈缸，中酒寻春气未降。惆怅看花人独立，江头飞燕故双双。（潮酿有白烧，茶烧。）

东风剪剪雨丝丝，雨意风情少得知。绿水有鱼皆比目，十分春在放生池。（池在西湖山之麓。）

侍郎亭下半斜晖，游女齐歌缓缓归。看花莫到春归后，春到归时花乱飞。（亭在韩山，多木棉花，争飞春莫。）

一桁虹桥界碧虚，春愁作涨燕飞初。红栏影里拈香饵，欲钓缄封双鲤鱼。（湘桥有仙鱼，可定春水信。其鲤鱼亦嘉美，称桥边鲤云。）

流黄织席织龙须，凤城绣毯添凤雏[1]。郎坐凤艧侬载，侬上龙舟倩郎扶。（席、毯皆潮产。）

碧烟笼柳柳笼堤，燕尾流分三利溪。村鼓峯歌放秧马，平畴耕遍绿云西。（溪即通城东韩江之水，西流灌田，及三属。）

榕树成村柳作街，穿花蝴蝶上花鞋。眼前细认三叉路，发际深藏两股钗。（潮多榕，冶游者好穿蝴蝶鞋。）

龙湫宝塔水云隈，一曲琵琶向晚催。绝爱洲前春涨活，蔡家围外载花来。（塔存古迹，斜对蔡家围。）

四月初旬犹赛神，五更三点有游人。居然不夜长春地，几度风光过眼新。（潮城元宵后方赛会，或至四月未已。）

东西弦管暮纷纷，闽粤新腔取次闻。不隔城根衣带水，《马头》高调送行云。（潮近闽，歌参闽腔，韩江舟户又尚《马头调》云。）

临水洞开广济门，门头杰阁俯江村。鱼庄蟹舍知何处？昨夜新添烟雨痕。（东门曰广济门，通水利。）

炎天过雨作微寒，草阁曾偷一枕安。饱吃花罗新米饭，却携樽酒带书摊。（眠曰摊饭，饮曰浇书，花罗乃大早米。）

秋老城头半壁山，金银双峙插云关。翠微宝坿新盘马，一道黄云放鹘还。（城里有山，曰金山。城西湖山，曰银山。城西北有走马坿，唐刘刺史所筑。）

翠锁山凹小洞天，古瀛亭下草如烟。出游好及元宵早，争说新年胜旧年。（古瀛洞天在湖山。）

廿四城东驾石侨，浮梁十八水迢迢。只今空待潮婆信，港口沙高不上潮。（即城东广济桥，昔年海潮至此，故贾岛有"海浸城根老树秋"句。）

懊侬春尾与夏交，无那芳心未许抛。画黛绿低杨柳叶，枕痕红上海棠梢。（春末夏初，欲雨不雨，曰懊侬天。）

江上青山号竹篙，沿堤十里翠周遭。瓜皮小艇轻鸥外，付与游人信手操。（在城北。）

楼外朱栏对碧波，隔烟晚调唱秦娥。东边月出西边照，照见如花人渡河。（谓韩江楼。）

三年科举一离家，郎有文笺夺彩霞。好载书囊郎赴省，今年多放橡林花。（城东韩山，古有橡木，为韩文公手植，花开可卜科名。）

歌罢离驹酒一觞，凤栖北上过头塘。郎是凤凰不凡鸟，侬为竹枝栖凤凰。（城北水驿十里曰凤栖，俗呼头塘。）

鳄溪水溯青溪清，青溪水入鳄溪行。船往船来随处泊，一样蓬窗秋月明。（潮赴省水驿，由鳄溪溯青溪而止。鳄溪俗呼蔡家围。）

岸上枯株出夜萤，水中谢豹变蜻蜓。浪西楼畔开明月，长照侬身化小星。（韩江之西，古有浪西楼，贾岛诗有"月明初上浪西楼"句。）

瀛洲无雪复无冰，十月时添燠暑蒸。却试春衫小春日，拗得梅花上古塍[1]。（潮古称瀛洲。）

木棉花开江水头，韩江春水带花流。不系轻舠随浪转，好风吹下凤凰洲。（江干多木棉，下流为凤凰洲，宜春泛。）

乌叶离枝买夏林，去来大小暑相侵。闽图粤谱新论遍，三百枝头颗颗金。（潮果以乌叶荔枝为最，谚云"小暑来，大暑去"。）

颊上红潮酒半酣，槟榔荖带蜊灰含。多情又送相思草，一例薰心入醉谈。（以槟榔荖和蜊灰啖之，咳唾殷红。潮烟最浓厚，皆可醉客。烟又名相思草。）

卖花声里启香奁，旋向红窗揭翠帘。鱼子兰兼珠价重，绿云分穗压眉尖。

浅酌低吟玉盏衔，昵人新燕语喃喃。凭墙有客风流甚，卅幅花笺替锦帆。

傅明府评：《竹枝》本楚歌，托湘妃之斑竹以起兴也。后人多用之以道风土。直而不野，婉而多风，斯合古法，作者得之。

校记

[1]塍，原作"垾"，"塍"之俗字。下同。

潮州二十四咏

丙辰之秋，粮宪王木轩宿善夫子观风潮属，时蒙首录，尝为评定《潮州杂咏》八首。兹广集前后所作以备见闻，成二十四咏云：

金山（在郡治北，为凤城后扆。巉岏苍翠，上多巨石、古松。）

为峛金城跨碧峰，岿然形胜壮雄封。平临十万铺鳞屋，高倚千寻偃盖松。卧石阴崖啸风虎（山上有伏虎石），灵湫飞浪卷云龙（北有龙潭）。此山正毓凤冈秀，莫向钱龟寻隐踪。（昔有人隐金山，守一龟，小如钱。）

银山（即湖山，下临西湖，上多名迹，州人选胜，皆集于此。）

一带湖波洋翠岚，风亭水槛接名蓝。秋云正煮黄花灶，古堞斜围紫竹庵。千日神仙余酪酊，半峰金碧焕澄潭。登高载酒人如玉，合向银山着屐探。

鳄溪（在郡北数里，昔有鳄鱼，韩公为文驱之。一夕暴风震雷，悉徙去云。）

黑风天外倒鲸波，极浦雷声昨夜过。鳄徙南溟知政肃，溪回北郭沛恩多。半川树影悬青幔，两岸山光点翠螺。此日平澜安泽国，放桥人狎浪花歌。

浮桥（即广济桥，东接双旌，西控凤城，横截韩江，涵罩百态。）

渴虹垂影吼云隈，秋晓潮声春夜雷。玉海有人鲸背立，碧天如水雁行来。平分螺黛山光满，半截银涛雨色开。十八巨鳌联铁鞚，浮梁飞渡小蓬莱。

古瀛洞（在湖山南老君岩之颠，巨石如屋，可坐数十人，上镌"古瀛洞天"四大字。）

谁领仙人海屋筹？洞天来策古瀛洲。松添晚翠经千载，鹤驭晴云下十洲。琴调初停琼岛月，诗心都集镜湖秋。好招羽客拈瑶草，吟望蓬山最上头。

化象潭（唐李德裕谪潮，携一玉象，至鳄溪，跃入潭中化去。迄今时见光怪。）

葭露苍苍岸溢蓝，恶溪深处瑞华函。鳄鱼他日还驱海，玉象今朝已化潭。虹气流辉沉雪浪，瑶光散彩入烟涵。清风两袖心如水，所宝由来在不贪。

西湖（一泓潋漫，上环银山。）

水郭通明入画图，玻璃界里见西湖。一奁白浪风初定，两岸青山兴未孤。石外支筇秋得得，霞边引缆晚徐徐。荻花枫叶烟波淼，好放闲身作钓徒。

北阁（倚凤城，俯韩江。）

万水千山绕郭回，峥嵘峻阁倚天开。窗摇石气干云上，木卷秋声破暝来。南海有人瞻北阙，瀛洲无地隔蓬莱。一灯空际（阁上灯光，可见数十里。）星辰朗，长放文光烛上台。

韩文公庙（在城东双旌峰麓之中）

岭表蛮烟一卷空，南珠辉映斗山东。狂澜人作中流柱，瘴海春回八月风。鳄渚每添香草绿，橡林长卜好花红。双旌缥缈云霄外，犹见骑龙下帝宫。

陆丞相祠（在韩山麓左界）

厓门风雨感摧残，又拜双旌紫玉坛。岭表伊今留俎豆，天南何处葬衣冠？马衔路绝黄龙渺，鳌殿波沉黑水寒。惆怅东郊寻古碣，木棉花外篆痕丹。（东郊去祠二里许，传有丞相墓，多木棉。）

三忠祠（在韩山文公庙左）

祠下奇葩放木棉，千秋共照赤心悬。回天锐力沉精卫，望帝英魂托杜鹃。柴市草荒犹碧血，厓门浪阔半寒烟。瓣香独向韩亭立，欲进三仁配古贤。

韩庙碑（宋苏文忠公，公制文并书。）

辟佛锄奸正气伸，后先岭外作孤臣。道原三古惟归一，政率旧章容说新。两代诗文配潮海，千秋穷达证天人。巍碑巨笔明师法，语契心源若有神。

侍郎亭（在韩祠左，公刺潮时，尝游于此。）

侍郎当日此停骖，留得孤亭着翠岚。共仰骑龙来帝侧，不妨驱鳄到天南。寒江吊古枫初落，绝徼怀人酒正酣。驿路微茫瀛峤外，断云疏雁夕阳含。

南珠亭（宋太守郑厚之所建，义取韩公别赵子"婆娑海水南，簸弄明月珠"之句。）

海上星晖晓未收，南珠亭对浪西楼。玲珑水槛侵鲛室，依约风帘卷月钩。古薜润添鹦鹉碣，晴川媚绕凤凰洲。登临谁是探骊者？掌握婆娑敢暗投。

回澜亭（在北阁左，抵上流。）

河伯东驱万叠澜，危亭砥柱屹江干。直收大海回风势，不道中流插脚难。镌壁清词悬月峡，盘空劲气敌霜湍。百川手障千秋事，吊古登高独仰韩。

独游亭（在府治后思韩堂北，与叠翠亭相对。按：古府治在今镇署，即金山麓也。）

野桥西畔（陈尧佐诗"独游亭在野桥西"）偶寻幽，闲对孤亭忆独游。槛外乾坤殊落落，怀闲今古自悠悠。春回岭海无边地，人醉烟花第一州。忽听新莺呼好伴，毵毵柳色锁朱楼。

凤凰台（在城东南洲上）

层台高拥海云苍，贝阙珠宫接混茫。雨霁遥天垂嫩碧，风生极浦卷鲜凉。空江夜静鱼龙出，断岸秋深草木荒。何处吹笙呼凤侣？澜前竹实正披香。

龙湫塔（在北阁下河干，昔有龙湫泉，因建塔其上。今废砖石尚苍茫洲渚间。）

共传神塔俯龙湫，遗迹苍茫杜若洲。浪啮石根云拔地，波移砖影月涵秋。珠楼十二崚嶒势，宝界三千汗漫流。古院浮图（相传塔旁有寺，俗云塔院。）劳指点，骚人频系木兰舟。

梅花庄（在西湖上，与莲花池相映带。）

古瀛洞口占清芳，几树梅花别有庄。玉蕊破寒春漏泄，冰魂入梦月昏黄。影横流水半溪雪，枝逗冻云三径香。欲访孤山林处士，湖光深护读书堂。（庄系明唐伯元读书处。）

莲花池

冬日梅花夏日莲，高人净友各翩翩。西湖一例浅清水，五月南薰香色天。绿叶亭亭云作盖，丹葩冉冉醉成仙。玉壶自满清华气，却道霞杯解语传。

观稼亭（在湖山上，唐李中丞宿所建。前瞰平畴，苍翠如抹，为州人社日登临处。）

红杏花开社酒酿，平畴一抹翠云封。荷锄课雨原头立，击鼓分秧柳外逢。（分秧时击鼓唱畬歌，是潮人旧俗。）昔日中丞念民隐，此间二月省春农。亭西指点山家路，又见耕畬（即畲字，火种也。）过别峰。

四望台（在西湖山巨石上）

南北东西四望通，云根拔秀撇虚空。高丘远海登临际，吊古怀人感慨中。翠柏重邀仙客到，狂歌或与昔人同。洞壶清绝尘踪迥，回首桃花隔岸红。（石有仙人题句云："有客重来山柏翠，何人不爱洞壶清。"）

古松（在金山巅，蜿蜒夭矫，势若蟠龙，不计年代。）

盖影应垂太古前，山中雪干挺蜿蜒。凤城自昔饶佳气，瀛海于今见大年。入地白苓皆化珀，巢云玄鹤已成仙。虬枝不向岩阿老，竟逐飞龙上碧天。（十余年前尚存古干，今失所在矣。）

橡木（在韩山麓韩公祠内，传为文公手植，故名韩木。郡人恒以花开卜科名。）

南州昔日（以橡木卜科名，皆昔日事，今存古迹而已。）破天荒，橡木花添蕊榜黄。瀛峤储材皆秀发，旌峰摘藻总飞扬。桂林人得一枝隽，杏苑春归十里香。从此幽遐蔚文物，韩公手泽在潮阳。

西园杂咏 应道课

春

深深曲院驻春和，时放香风几阵过。四面绿阴云气重，半庭红树鸟声多。

夏

西轩池馆晓阴阴，水畔双栖翡翠禽。惊落荷花忽飞去，碧云红雨一时深。

秋

蕉影婆娑翠欲流，疏风淡雨晚未收。为清诗梦萧萧响，添得银床一枕秋。

冬

半壁苍阴薜藓封，森森忽地插芙蓉。朔风昨夜梅花外，吹落浮山第几峰？

百怀人（七绝）[1] 检录丙寅旧作，聊当韩江诗话，且资见闻。

丙岁春正，闭门谢客；丁年世路，转眼生悲。遇竟穷人，诗曾工我。乃身失所怙，永抱痛于墙东；语不成文，敢移情于砚北。惟是离群顾影，寂处无俦。发空谷之声，鸟思求友；佩君子之德，花欲媚人。而色左青红，虽扫成蹊之迹；神交纸笔，且参《伐木》之章。无令落落晨星，徒伤惨目；庶几萧萧旧雨，可逗离魂也。作《百怀人》诗，嘉庆十一年岁次柔兆摄提格陬月十七日，海阳郑昌时平阶氏。

校记

[1]"七绝"二字原无，据卷首目录补。

杨中翰敏亭前辈　捷，本邑人。

十八年前久识君，吟笺赠我袖中云。（己酉有赠答之章。）凤池今得飞鸣句，来倡鸡坛领鹤群（近拟结社）。

宗太史秋皋前辈　家兰，丰顺人。

清神丽质妙难兼，谁信拈来在笔尖？寻得池塘春草梦，教人诗思一时添。

杨学博芸皋社长　仲宣，大埔人。

春风领袖筑吟坛，共翙城东凤沼翰。（癸丑结社城东凤台。）此日传经归海上（司铎归自琼海），会收奇气作文澜。

翁进士损斋前辈　有仪，惠来人。

尝向艺林戢翼回，今看云路九天开。五羊城下秋帆驶，万里长风劈浪来。（甲子筮仕，秋月由潮来省。）

杨学博璧堂前辈　廷科，澄海人。

振铎南园诗兴赊，仙心名友共烟霞。海棠耽我一春梦，观化还题《八卦花》。（壬戌，先生之任禺山，别时索予《海棠》诗，后先生又示予《八卦花》之咏。）

黄孝廉一峰前辈　蟾桂，澄海人。

蕴义生风气象尊，一时桃李萃公门。（在郡下帐，多从游者。）琴心谁得水仙操？笔海都将云梦吞。

吴孝廉云峰前辈　化龙，本邑人。

当年作赋见吹嘘，小技何能学子书。（癸亥予作《如赋》，先生以近子书许之。）文出先秦多韵语，请披《骚》《易》证权舆。

邹孝廉乔辉　兰绮，本邑人。

十载蜚声在泮林，鸳鸯绣出不传针。（君文不轻示人。）一枝折桂珍归少，始信先生洗伐深（乙卯以短篇中亚元）。

张进士旭初　中阳，本邑人。

耿介襟期秋水清，羞为罗赵窃时名。怀间探得通神笔，拟轶钟王继伯英。

洪孝廉松湖　肇基，澄海人。

雄谈阔视得君多，海上天风入醉哦。四和渔洋秋柳句，重裁韩院木棉歌。

黄比部冠甫 章，潮阳人。

松湖冠甫我心倾，三友同叨月旦评。赖有飞黄腾踏去，盍开云路向春明。

李孝廉岱林 维桢，丰顺人。

自是多情界里人，诸天兜率证来因。空中有色惊春梦，碧落游丝绊紫尘。

丁秀才巢云 松，本邑人。

醉我交情日饮醇，相于月色与花晨。尘埃不染毫端露，蕴藉多含腕下春。

周明经昆西 玉山，本邑人。

君游燕市寻屠狗，吾住潮州学宰羊。归谒偃师琴鹤署，牛刀鸡试笑论量。（壬戌入都，归寓偃师谢公署。）

卢秀才峻峰 德元，本邑人。

十一洞前春草深，衔杯先约老翰林（饶公曼唐）。酒阑索和新诗卷，赠答情高北斗金。（戊午春，作诗酒会于城北旧黄尚书别墅。）

陈上舍廷服 冕，潮阳人。

吊富高谈且贺贫，（近和感怀句有云："吊富而贺贫。"）非关持论好翻新。素袍欲表天然质，不染长安十丈尘（尝游都门）。

陈学博梅林前辈 蓍，潮阳人。

地因久往忘为客，人到衰年恋故乡。（公在新会赋"归来"句。）叠石山房训经史（著《经史析疑》行世），阶前兰桂已成行。（谓嗣君敏捷，长孙作舟。）

宗秀才渔村 廷楫，潮阳人。

满许宫墙一洗劳（甲子赠诗相许语），儒林流品本清高。世途车笠曾轩轾，被褐怀珠足自豪。（君曾自题《行乐》云："人骑我笠名自可，人锦我褐不相左。个中心事个中明，子非我兮焉知我？"）

傅明经梅林 占春，本邑人。

丁年匹马上长安，正值西风古渡寒。（君句云："秋风寒古渡。"）爽气横秋入诗册，至今纸上起波澜。

陈明经梧峰 凤章，本邑人。

倾盖枫溪松盖前，（斋舍有松，常此聚谈。）凤台入社又翩翩。知心海内能多少？与子论交十九年。

朱明经晴云 晖，丰顺人。

挥霍红尘亦自雄，须眉如戟气如虹。黄金买妓赠知己，酷有当垆豪士风（尝于酒中挥金为岱林买妓）。

谢秀才博之 佩文，本邑人。

东粤西江路几程，迎梅送柳款行旌。鳄溪凤水乡关梦，楚尾吴头去住情（时喜至自江西）。

王明经俊成 秉均，本邑人。

城南十里到英塘，结社招挥麈尾郎。雅量照人无芥滞，鸡坛铁树倚琳琅。

陈上舍尧联 登甲，本邑人。

行路谁能知我心？对君韩院一灯深。七屏山外碧云合，目断孤鸿挥素琴。

宗秀才开之 泰春，本邑人。

山房夜雨镇萧萧，纸壁书声破寂寥。共凿小窗对灯火，每于疑义拆（析）深宵。

宗秀才艺苑 春芳，本邑人。

文杏花开十里红，当时属对试儿童。（辛丑春，予至兄家，兄屡命对试予。）那知廿载桃花水，（辛酉试古学，兄以是题获隽。）待送清流入泮宫（系予带保）。

宗秀才灞桥 春魁，本邑人。

苍茫江水晚烟痕，惜别维舟点火村。（戊午省旋，在此语别。）南北自兹伤旅梦，溪山终古黯诗魂。（后成永诀。）

邢君发树 奋鳌，本邑人。

七千里外七年别，一旦相逢百感生。（世兄自庚申从叙畴师之官河南，迄扶榇归，今始相见。）书策在前先手泽，宵分弹泪到天明。

宗秀才国健 锦标，揭阳人。

名场蹭蹬两难堪，长别春风铁岭南。（同受业于邢公，公自号"铁岭拙樵"，居于杨铁岭南。）君寄雄心交斗鸟，我倾心幽思轧眠蚕。（客冬相晤，君弄斗鸟，予适苦吟。）

黄秀才建香 馥，揭阳人。

扛鼎文心盖世雄，烧秦一炬照天红。《项王本纪》然灯读，痛下沉舟破釜工。（君昨在郡读书，气力兼人，曾一夕，限数遍成《项羽本纪》诵。）

孙明经晓生 耀东，揭阳人。

谈经说传齿先儒，藻绘词章别一途。花样易成嫌少味，回甘谏果容知乎？

余孝廉子祥 钟岳，本邑人。

深稳文章深稳心，销融圭角见胸襟。如君与物原无忤，那许风埃玉宇侵。

林秀才秉纲 元弼，饶平人。

骏足奔腾不受羁，年来世路转岖崎。郑人正作芭蕉梦，仿佛林中即鹿时。

宗秀才桂林 一枝，潮阳人。

乡曲尝推干济才，那知甘井易埋颓。千秋孔翠文章误，敢望蔚罗三面开。

林秀才肃夫 子恭，本邑人。

山梁雌雉苦文多，高举偏逢一目罗。（乙丑君避族累游丰溪，以书扇而招逮。）我亦飘摇同作客，望风洒泪向江波。（时予亦避榕江，俟白粮累之诬，未得旋梓。）

许秀才朝藩 振绪，本邑人。

獬史方型百炼金，先生有胆岂无心。（君先人日炽先生有咏杨樵山句云："先生自有胆，后死岂无心。"后为御史有直声。）读书种子今惟尔，翘室那堪风雨侵。

李秀才子贤 久郁[1]，本邑人。

文字有灵尝哭鬼，先生无术可医贫。囊余寸铁空奇骨，鼓篆岐阳不隶秦。
校记
[1] 久郁，《潮州诗萃》作"友郁"。

家玉湖 珠子，本邑人。

铁锋妙入兔毫轻，触手无心韵自成。归去来词新篆刻，飘然远岫白云生。

陈明经海门 观，本邑人。

遒娟洞钟得三昧，方行笔阵张吾军。先秦格律存风骨，不放阳冰擅八分。

李孝廉昆泉 长源，揭阳人。

七字渊源讨玉溪，逢君假笔赋《无题》。多情结就千丝网，记得侬家故住西。

杨进士蕙畹 芝，揭阳人。

只今艳雪李诗仙，解和西昆锦绣篇。金屋装成空贮梦，（君自粤西别驾署寄昆泉句云："玉楼去后人非故，金屋装成梦亦空。"）邯郸欲步转凄然。

詹秀才健斋 鹏，饶平人。

养就性灵空瓮酒，览残山水实囊诗（广人赠君句）。昆泉向我吟斯语，人隔黄垆镇可思。

曹秀才旭初 蓉，丰顺人。

鸭湖春水绿于苔，攀折杨枝歌落梅。别有风流曹七步，携柑载酒听莺回。

徐明经萼南 先甲，揭阳人。

韩江春水生涟漪，斜绕韩山放艇迟。仙侣合来天上坐，红尘碧树寄相思。（予住韩山，君尝春泛过访。）

萧明经南池 际培，大埔人。

丰溪之水鳄溪流，与君同上木兰舟。（壬戌同客丰顺，有《丰溪同舟草》。）君今又到双溪去（又入傅公饶平幕），有人吟望鳄溪头。

谢孝廉绿田 献畴，嘉应人。

万里河山作远游，出都吟啸不胜愁。风前拾得销魂句，黄叶声中人白头（君出都稿中句）。

李孝廉砥齐 汝辰，嘉应人。

一帘花雨战清酤，半局残棋竟日谈。自别棉城豪兴少，螺杯谁剖海珠南？

潘孝廉力堂 汝为，本邑人。

种花仙子昔同舟，不把诗牌换酒筹。何日篷窗重结约？眼中山色饱罗浮。

陈学博和之前辈 鸣鹤，本邑人。

为问楸枰着子无，前期误我几居诸。春风不挂红尘事，亦道磨人墨不如。（先生开平学署题句云："万事磨人真似墨，一官着我只如棋。"）

林明经编山表弟 永青，本邑人。

尚书家世拥书城，撷艳熏香萃百英。爱取酿花成蜜后，饱添灯味候鸡声。（表弟乃林忠宣公后人，家多藏书，力学弗倦。）

佘明经碧亭 笃，本邑人。

补拙山房卜筑新，一时觞咏款朋宾（戊午事）。壁间自有龙蛇字，鼠笔风流已晋人（君善书）。

林孝廉蕊庄 如榜，本邑人。

苏海韩潮百世师，追摹久已费吟思。谁从石鼓出新样？换笔来题《鹦鹉碑》（君有《鹦鹉碑》七古传于时）。

邱秀才兼齐 应达，本邑人。

茗碗清谈屡见招，此君深致雅难描。胸无成竹能图竹，月影横窗郑板桥（君书窗长挂郑板桥书竹）。

余秀才香谷 芳兰，本邑人。

不将古调薄今情，吟社都悬月旦评。五字耐人欣赏处，推君话到暮云平（五字乃君作《孔子遇程生》试帖落句）。

韦秀才奕金 士城，本邑人。

廿四人（壬子同案）中最少年，（甲午）芹池采藻艳芳鲜。如何十载芸窗下，慷慨闻鸡未着鞭。

陈解元启愚 昌期，本邑人。

同门（邢门）同案又同庚（己丑），雅淡交游古性情。梅岭抡魁一枝早（庚申解元），云端雪外寸心明。（元文高简，一如其心。）

邱秀才清织 葵，本邑人。

深情热血共论量，岳岳觥觥气吐芒。入世休嫌太圭角，磨治玉质表坚刚。

王秀才藩亭 维翰，本邑人。

约省先茔二月初，传家粒粟宝堪舆。景纯自是文章伯，制就《游仙》作《葬书》。

许明经云显 炳，本邑人。

鳄溪东岸君书屋，二月春风开木棉。鸭绿摇波人载酒，红栏紫舫亚朱烟。

李明经小楼 启大，本邑人。

拥书高占凤皇台（壬戌之春），台外长江滚雪来。约我分间成半日，岱林敲句共浮杯。

余经明翠岚 春山，本邑人。

黝然黑者为星星，摧谢朝华不稍停。见说惊心头发白，闻鸡起对十年灯。（"惊心头发白"五字，先生所得句，十年前尝为予诵之。）

邱明经则荣 第元，饶平人。

壶觞绀碧多年酒，杖履烟霞太古春。醉我饶阳青眼客，寿君堂上白头人。

邱孝廉瑶林 步琼，本邑人。

万竹洲（在道署）前课士时，石麟迈种独称奇（胡公果泉所器）。十年犹说登科早，弱冠初胜桂一枝。（自丙辰见赏胡公至甲子登科，才逾弱冠。）

陈秀才涣溪 文萃，本邑人。

桃花烟景入诗篇，逸思飘飘几欲仙。秉烛同酣深夜酒，阳春召我李青莲。（君有句云："一春相送桃花水，两地交情竹叶杯。"）

陈君圭田 植德，本邑人。

历落襟期险戏途（君见赠句），惊人奇句近来无。相看书剑飘零甚，慷慨谈心酒一壶。

杨秀才日理 询，揭阳人。

白版扉前月影侵，同谁剥啄讨文心？愁人岂独西窗烛，苦忆篝灯小院深。

杨秀才著执 谦，揭阳人。

清才妙笔迥超群，好渥心源洒俗氛。冉冉红蕖初出水，翩翩皎鹤正盘云。

许君太和 本邑人。

吾亦多愁奈尔何，年来世路各蹉跎。嫌侬肝胆如秦越，未解深情哭亦歌。

邢秀才乔函 含章，本邑人。

矩步规行古道存，安知世态变寒暄。庭前不遂伤罗雀，为有君家解扣门。

陈秀才昭王 琼枝，本邑人。

心地图融蚤见春，毫端清脱欲离尘。髫龄负笈应推尔，每作成诗载笔人。

姚明经蔚岑 炳章，澄海人。

秦国有金能斗犬，苏君无计结连鸡。（予偶吟此，或诋之，君特为予诵说。）一身已作伤弓鸟，七字偏逢照水犀。

廖君玉汉 云彩，本邑人。

为营先墓历崎岖，海角传经事有无。对出凤凰山顶脉，牛眠绘作《牡丹图》。[乙丑，蒙君共相先墓于凤凰山派（派）牛角笈。]

石秀才子恭 中玉，本邑人，润青倩婿。

弓剑雄才寄伟词，童乌识字使吟诗（子鸣鹤可学诗）。三春破镜孤鸾影（失偶不娶），五夜将雏守旧枝。

余君竹涯 一枝，本邑人。

逸少风情本绝尘，醉乡追步巧通神。白鹅试放山阴去，可有波头解意人？

刘君鹤墅 翔，本邑人。

此生端不负罗浮，拟续莲峰写壮游。（丁巳，予游莲峰，君为作画。而罗浮有约，至今未之能践。）吹我铁桥空外笛，凭风散作海天秋。

谢秀才南溪 思恭，本邑人。

鹤墅洋洋洒俗尘，南溪笔笔健精神。继图观海图观日，浴日图观日日新（尝为予作《观日图》）。

家吏隐涧青 佩书，本邑人。

书画知名雨亭叟（涧青尊人），覃溪学士古心同。涧青得笔亲风雅，半幅《罗浮》已化工（近为予作《罗浮图》）。

林君秋涧 泉，本邑人。

凤子轻盈底处求，春情骀荡百花洲。写生今有林秋涧，栩栩醋香笔韵流。

林君靖海 士猷，惠来人。

曾倩生绡画美人，华予未卜竟埋春。前身了悟归明月，一树梅花委玉尘。

颜君自超 崇本，嘉应人。

萧散江潭感慨多，《水中梅影》费吟哦。（庚申君游韩江，作《水中梅影》七律三十首。）喟然而叹空诸有，逝者如斯奈若何。（律中佳句。）

何秀才定谷 载阳，大埔人。

灾木青黄酒正酣，树犹如此人何堪？瘿瓢物化空留笔，散作烟云五岭南。（君善书，以病瘦卒。）

胡秀才玉山 辉，番禺人。

粤秀堂中识面迟，《莲花图》上得君诗。谁知华表飞来鹤，原是风尘世外姿。

谭秀才登峰 高捷，阳江人。

旅次相逢两叶萍，何来双眼照人青？酣歌朗月秋江夜，寂寞鱼龙气吐腥。

刘公吟山 毓琇，濮州人，官万州司马。己未、庚申署海阳篆。

鳄浦澄鲜篁浪纹，宵渔久已肃神君。清风两袖一挥手，赠我端溪几片云。

刘少君敬可 以简，刘公子。

不谈时事寡交游，书画相遇证暗修。几写乌丝弄柔翰，闲鸥戏海出瀛洲。

纵秀才右白 际华，彭城人，刘公甥。

逢君对酒别君歌，君到彭城路几多？九曲云涛天上落，凭君洒笔赋黄河。

宗秀才我川 清时南海人，原浙商籍。

谷日好花开水仙，八仙会饮看花筵（辛酉正月八日事）。水晶宫里传新咏，别有仙心属我川。

许公逸叟 宪，闽县茂才，官揭阳令。

古寺栖迟又几年（公卸篆后游寓开元寺），宦囊萧索贮吟笺。曾游确士先生座，着手成春只自然。

孙孝廉云海前辈 钟鳌，连江人。

老健从教杖化龙，岸然身似后凋松。仙霞岭上餐霞客，来看罗浮四百峰。

许明经温其前辈 如玉，同安人。

倚笛高歌响遏云，遥空飞雁落纷纷。丰溪累月同为客（壬戌同往丰顺傅公署），九日（癸亥）重来喜见君。

叶明经汾浦前辈 观海，诏安人。

君言老态多思旧，又道人情最喜新。（"老态"十字，见先生所书卢峻峰斋联。）花蕊易抛春蝶粉，松柯终着老龙鳞。

唐公绣轩 文藻，新建人，后以潮邑令署军民府。

练水双溪政绩新（潮阳、饶平二邑令），青毡作客往来频。芙蓉花下三秋月，记否吟诗有旧人（谓丁巳潮阳丞署）？

缪君小山 复，如皋人。

他年学问吾何有，近日交情子最真。（丁巳同在唐公署，甚密。）对酌每谈天下事，狂歌相望眼中人。

赵君慎哉 南丰人。

练江把盏醉春色，千树红棉三月三。又遇海山重九日，仙心朗照碧天南。

王秀才花农 履曾，华亭人，王伊人先生曾孙。

故事关心月一钩（君句），十年红树纪淹留。仙乎白也倾情甚，（"一代奇才惟白也，千秋嗣响亦仙乎?"见赠句。)弹铗掷梭春又秋。(赠人云:"君歌寄食三弹铗,我怅流年一掷梭。")

姜公尧堃 树,如皋茂才,官海阳丞,后升邑令。

清言朗照玉壶冰,吟啸风流不负丞。东野堂廊尝射鸭,仇香枳棘岂栖鹰?

张大使小珊 兆华,北平人。

莲峰题句剧清遒(庚申尝题《观海图》),隔岁重逢芦荻洲。雨色蒙蒙半池绿,共浮蕉叶赏新秋。

单公厘山 可基,高密人,以进士宰揭阳县。

奇怀不受红尘缚,海上天风吹我凉。(此联公题《观海图》句,观楼陈公叹为压卷。)语到惊人天亦破,东南惟有海苍苍。

伊公墨卿 秉绶,宁化人,以进士刺惠州。

巨笔当年一染濡,斗南千载朗明珠。临风拜领殷勤意,为署莲峰《观海图》。(予《行乐图》"莲峰观海"四大字,公所书。)

叶解元石亭山长 钧,嘉应人。

千秋捕逐笑狂生,《学海》题词浩气横。突出八荒追李杜,韩潮日夕起雷声。(先生题予《学海集》,词极雄辟,有"狂来拟共千秋争"句。)

胡进士和庵山长 鸣鸾,顺德人。

吹气芝帷诩若兰,一篇四座竞传观。陈君自是同心者,射覆无猜证所欢。(先生尝赏一文,未得作者。陈君廷服见之,知出予手。"吹气若兰",奖语也。)

胡山长鹤泉 恂,鄱阳人。

木棉枝上月如钩(山长句),一别棉城今几秋?重九莲花峰顶立,当时已恨不同游。

谢山长憩真 佑祺,宁波人。

告予知己落花翁,七律《青莲》惜未工。赠别一篇君绝倡,("别落花",翁诗。翁桐城人,姚姓。)狂吟洒泪向秋风。

戴山长竹卿 汝东,休宁人。

丽藻凄其古锦囊,残篇出没水云乡。(有《泡涛诗集》,乃出溺所余。)名言忠孝文章骨,至理诗书性命香。("忠孝"十字,集中句。)

陈赞府香野 宝,江宁人,雷州太守,景埙陈公之孙。

三世俱为行路客,何年始作故乡人(君除夕句)?情知宦海风波苦,又向长安问要津。

（近闻入都，侵宦闽中。）

赵巡政雪门 洙，长洲人，香野表弟。

立雪琼枝品格高，恢恢巡政试牛刀。春兰秋菊莲花幕，争说吴侬得锦袍。

罗君浸九 南城人。

膝下佳儿掌上珠，何堪浪掷向江湖。倚门有母君犹我，客舍同披《负米图》（君以此图自随）。

介君 楚人，刘君曾传其诗。
今春初三投刺相仿，予适外出，旋自收去。后物色不得其人，或云名福。

问君何事到瀛洲？一刺投门转自收（竟不谋面）。相赏只今凭五字，为传月冷水声秋（古濮刘君玉田所传）。

李君 潮阳人，并未谋面，后以关心相物色，云名应甲。

未尝谋面未通名，患难关心几送迎。三百文钱成底事，难忘风雨赆依行。（甲子遭事，君来致意，及事定，将之羊城，君又冒雨赠别。）

释平金 又号竺圃，本姓谢，嘉应人，住开元寺。

难得好僧如竺圃，蒲团坐罢写《黄庭》（周崑西句）。崑西赠句原无二，特为拈花显性灵。

释明意 本姓郑，潮阳人，住石井岩三峰寺。

梵宇相逢好住持，潮婆风恶次舟时。吟魂一绕三峰寺，笔韵长留《八景》诗。（戊午初夏过寺，留宿，因作游记并《八景》诗。）

闺媛张黍庵 芬，番禺明经吕鉴先生室。甲子，予在省，定其诗稿，且蒙以诗赠别。

羊城书剑赋归来，拂拭偏逢咏絮才。学得瓦鸡缄口稳，漫天风雨莫号哀。（张《咏瓦鸡》句云："断尾尚知缄口稳，何劳风雨不平鸣？"）

一篇洛诵播嘤鸣，万里飞驰求友声。筑就骚坛拜诗将，推君七字作长城。
怀人满百交非隘，砚北推敲破寂时。愧我雷门持布鼓，公然入座强谈诗。
记忆君苗故事存，相形笔砚自应焚。诸公纸上须眉活，勿作诗看作史论。

愚表弟编山林永清拜题

知感诗（七绝）二十五首[1]

叙畴邢公，知感之作所托始也。庚申春，公之河南，为时序所作稿，属望之切，情见乎词。且手书留别，嘱为他日见面券。甲子春，公卒于官，时适遭事，忽梦见之。事定来省垣，适师榇回潮过省，又见于梦，感痛深焉。因并念素所知感从游诸公，得十余作，为《知感诗》。时八月廿二日。冬杪省旋，侍家严疾，竟以乙丑初夏抱痛。匍匐谋葬事，弗获往奠邢公。越今年正月十三日，闻为公讳日，始往奠之，已后一日矣。由是旋郡舍，阅旧书，追往事。痛先人之手泽，怅师座之春风。兼以闭门谢客，寂寥凄楚，倍难为情，爰有《百怀人》作。用再就先辈中，所尝受一日之知，蒙一事之恩者，添纪《知感诗》内，共得二十余首。欷歔掩卷，洒泪数行。邢公往矣！见面之券无期矣！诸公典型仅有存者，时抱愆尤，谁开示之。丙寅正月二十二日郑昌时记。

校记

[1] "七绝"二字据卷首目录补。

邢公叙畴师 讳九雒，本邑人，乙酉举人，官灵宝知县。时自弱冠以来，诗文无不就正于公。

诗古文词讨究深，七行时艺指南针。（甲子八月廿一夜，梦公讲场屋文字。）秋灯照破他乡梦，犹是平生操几心。

邱公榕庄师 讳耀德，本邑人，乙酉举人，官毕节知县。
庚申时，家君及弟遭他人诬累，公特慷慨代白。

临事无疑道力坚，（观察胡公书联赠公云："临事无疑知道力，读书有得觉身闲。"）汉儒风节范时贤。只缘训《易》多心得（公著《易词纂训》），操守分明石介然。

陈公霁畴师 讳九叙，闽长乐人，壬辰进士，官潮阳知县。辛亥掌教韩山，时受知特深。

美色芙蓉锦亚枝（院中此花特盛），韩山院里课文时。铸人多术幸雕我，玉质金相品妙词。

陈公丹山师 讳凤藻，黄冈人，己亥举人，官大埔知县。壬子掌教韩山。

楚黄夫子细论文，每字都将黑白分。几对琴书生谨懔，人人刁斗卫前军。

陈公观楼师 讳昌齐，海康人，辛卯馆选，官给谏。庚申论古粤秀，喜时识得"权"字，后公观察温处。

知人论世贵通权，得失难全靠简编。觑我深情余掩卷，每于一日见千年。

陈榕溪老师 讳鹤翔，南海人，丙子举人，原潮郡博，出宰三河。甲子予方遭事，谒公，特蒙青盼。

南海衣冠古典型，尝持一卷拜先生。文章毛羽伤零落，又望鹏飞九万程。

何公数峰 讳青翕，县生员，官澄海知县。甲子春，尝出时于险，时有古诗《说隅》，皆蒙作序。

难忘甲子三春日，渐被天南云水乡。假我阶前盈尺地，扬眉吐气作轻狂。

傅公遵陔 讳修孟，南安人，丁未进士，官丰顺、饶平令，升署军民府。喜予《说隅》，为作序，其初则以诗交。

理境谈元举一隅，治经长自愧心粗。谁知鹤署论诗后，别有赠言夸鹪鹩。

韩公斠湖师 讳义，会稽人，壬午举人，官海阳知县，后任潮州知府。壬子县试，时以诗受知。

尝愧童曹拔冠军，新诗裁就日将曛。东风社雨传春色，红杏开成锦绣文。（县试《社雨》诗"浓抹花村十里红"句，为公所赏。）

王公木山师 讳宿善，安邑人，庚午举人，官潮州分府。下车观风，拔时第一，评以清品。

乾坤清气得来难（元遗山句），绛座偏逢拭眼看。海国江天重九日，黄花酒尽一樽欢。（丙辰重九，承命赋诗，有"疏风淡雨江天暮，枫叶黄花海国秋"句，蒙击节留署酌饮。）

胡公果泉师 讳克家，鄱阳人，庚子进士，官惠潮观察。观风潮属，时以《谒韩庙》诗受知，后公巡抚江苏。

不使乾坤容二氏，何妨岭海置孤臣（受知句）。韩祠拜谒传新句，许作陈□第一人。

（戴）[1]公泽山师 讳咸享，大庾人，庚子举人。

文光来（傍）斗山高[2]，百砚登囊气自豪。（掌教韩山，作《百砚山房》。）作记玉楼何太急？为公涕泪几沾袍。

校记

[1]"戴"字，原刻本字迹漫漶不清，据温廷敬《潮州诗萃》校补。
[2]"傍"字，原刻本字迹漫漶不清，据温廷敬《潮州诗萃》校补。

饶公曼唐师 讳庆捷，大埔人，壬辰馆选。

清福浓（才）比似难[1]，几题文笔遍三翰。（公由学博入词林，又历中书。）春来惊得令威信，珠树婆娑泣晓寒。

校记

[1]"才"字，原刻本字迹漫漶不清，据温廷敬《潮州诗萃》校补。

（罗）[1]公九峰师 讳龙光，丰顺人，庚戌进士，官琼州府学教授。

口教何如以身教，经师原不重人师。三春草色垂帘日，五夜灯光照幌时。

校记

[1]"罗"字，原刻本字迹漫漶不清，据温廷敬《潮州诗萃》校补。

倪公立齐师 讳大猷，本邑人，庚午举人，官定陶知县。

造极登峰眼界高，未应琐琐数牛毛。曹刘坐啸金陈笔（公喜论天崇文），学海能吹百尺涛。

邱公春山师 讳应发，海阳学岁贡。

百年遗稿藏三箧，数世书香守一经（近刻《三世合稿》）。刻本只今公艺苑，又披剩墨对纱棂（其世兄又以未刻稿嘱编）。

谢公鹤堂师 讳梦春，本邑人，己未进士，官偃师知县。

庭院奇花一朵开，翩翩凤子恰飞来。（癸卯设帐，时家有凤仙花开于叶上。）先生别有通灵术，（以乩笔降仙，作诗成帙。）瑶草仙禽拟夺胎。

云郡博（本学）**石田老师** 讳志达，琼山人，乙酉选拔。

老眼临财无苟得，死生有命富由天。（有张廪生病故，或贿倒填日期补其缺，公笑曰："张秀才死生有命，云教授富贵在天。"）明拈《论语》为申说，记得童年手一篇。

黄郡博（本学）**朴亭老师** 讳显章，新会人，丙辰进士。

欲磨圭角作圆融，嗜好诗文考异同。患难伤心鞭往日，一挥老泪作春风。（时癸亥甲子遭事，前辈中为感激流涕者，陈公榕溪及公也。）

温学博（海阳学）**灼坡老师** 讳瑞桃，德庆人，丁酉举人。

先生诸弟亦雄文，寄我新篇取次论。谁识文山肠内热？满前声乐总烟云（先生弟来示句）。

陈学博（海阳学）**借石老师** 讳如璐，新宁人，以优贡司海阳铎，又登乙卯副榜。

春风座见古人风，一别云山怅远空。四载羊城逢拂拭，深伤毛羽敛飞鸿（辛酉一别至甲子）。

姚郡博（本学）**达齐老师** 讳璋，镇平人，乙卯进士。

修词用意本兼行，用意居先词匪轻。示我词华重修饬，松心冬秀竹筠菁。

祖叔荣园师 讳光，海阳学生员，庚午恩举人。时十二岁，就学时文与诗。

垂髫束发受书频，《论语》拈题细讲陈。安饱何能累君子，新莺一啭许惊人。（尝以"君子食无求饱"二句课时，时以"君子即有安饱之事，究无安饱之心"立论，叔谓"一啭惊人"。）

祖叔紫塘师 讳兰枝，潮州府学岁贡。

霜叶红于二月花，拈题试笔艳蒸霞。夕阳枝外传诗意，（叔以"叶欲传诗意，枝还漏夕阳"句，为督学称赏。）目送寒山石径斜。

宗叔寿岩先生 讳维祉，揭阳人，丁酉选拔，官提举，署曲靖知府。

八龄何自识中天，试笔成文亦偶然。争许童乌先蜡凤，虞阶鸣盛卜他年。（时偶笔得

"南面中天事"句，叔一见大奇之，属望殊深。）

王公均坡师 讳正训，直隶正定茂才，乙巳设帐于寿岩叔所。

秋风吹鬓将添白，霄露沾襟尚带青（先生乙巳七夕句）。十五年来登廿五，十年蚕味读书灯。（先生云："人生读书，在此十年。"）

独怪多情感慨频，一歌一哭一伤神。徘徊世外关心事，俯仰灯前吊影身。十载春风几知己，三更旧雨《百怀人》。离群寂处谁修我？欲质微词负痛陈。

丙寅正月二十三夜灯下平阶昌时自记

卷之十

韩江《易》学 参采志书

吾邑先儒，多明《易》学。宋林仪曹巽，天圣中应才识兼茂明于体用科，对策忤权贵不录。庆历中，投匦言事。仁宗异之，授徐州仪曹。不就，南归读《易》。著《卦元》《卦经》《卦纬》《丛辞》《起律》《吹管》《范余》《叙和》八篇，总名之曰《易范》。尝叹曰："世不吾知，后五百年，当有演释吾书者。"惜书不传。

卢中舍侗，读书西湖山，通经术，尤邃于《易》。为《周易训释》，以诲及门。皇祐五年，由进士授本州长史。治平初，复以经学荐授国子直讲。后言新法不便，求外补，知柳、循二州。以太子中舍致仕。

王尚书大宝，建炎二年榜眼，著《周易讲义》六卷，高宗善之。孝宗即位，除礼部郎，又除侍讲，曰："太上皇知卿《易》学，故有此除。"后以尚书入对，言理财，要在务本抑末。又尝谓国事莫大于恢复，莫仇于金敌，莫难于攻守，莫审于用人。至以引去激上，上曰："大宝岂容其去。"

元张处士奂，明《易》学，高隐自娱，累辟不出。悯末俗礼衰，为申讲朱子四礼，以化乡人。有盗过其门，曰："此张先生庐也，戒勿犯。"后揭阳林仕猷吊其墓云："横琴榻在秋云满，点《易》砧残晓露晞。"明许御史洪宥，弘治辛酉乡荐。敢直言，尝疏救给事中窦明下狱。所著有《易经管见》。

柯处士望，安贫嗜学，博极群书，深明《易》理。时人称其清介。近今潮阳叠石山房陈氏之以《易》世其家也，有《易数》。吾邑邱榕庄先生之令毕节归，以《易》娱老也，有《易辞纂训》。陈刻已成，邱师付梓未遂云。

补释《易范》崖略

谨按：读经贵乎实践，能实践矣，循经词以求其意理，则有解说焉。因所见以广其义例，则有论著焉。顾解说多循谨之儒，论著多高才之士。而三代下，解说者多，论著者少。不知圣人赞《易》实兼之。《彖传》《文言》《小象》《说卦》《序卦》，解说也。《大象》《系传》《杂卦》，论著也。若林仪曹者，投匦言事，南归读《易》，著《易范》八篇，且望演释其书者于五百年而后，一何思之深也。惜书失其传，然按书目固论著体耳，姑释其崖略如左：

一曰《卦元》。元者何？首也。《三易》有元，则《连山》首艮，《归藏》首坤，《周易》首乾。首艮者何？艮者，始终万物者也。凡言始者必曰终始，贞下起元之理也。是可首艮。首坤者何？先天之道，凡物皆自无而之有，自虚而之实，自静而之动，故《系辞传》曰："阖户谓之坤，辟户谓之乾。"是非阖无以为辟也，可首坤。首乾者，万物本乎天乾，以君之尤道之，众著焉。此《三易》之元也。若画卦之元，则在太极。所谓"太极生两仪，两仪生四象，四象生八卦"是也。观象之元，则悔观乎贞，贞观乎始。此《卦元》之略也。

一曰《卦经》。经者，常也，彻尾首者也。阴阳者，六十四卦之经也，乾坤是。语曰："乾坤从而六子横。"此所以为全《易》之经也。大象者，每卦之经。故善读《易》者，观于乾、坤二卦，可以通全《易》；观于象辞，可以通全卦也。天下之道，体为经，用为纬。天地立体，水火致用，则经天地而纬水火。天为体，地为用，则经天而纬地。知经之所在，其亦可以知纬之所在矣。

一曰《卦纬》。经者，大德之敦化；纬者，小德之川流。以六子纬乾、坤而得八卦。以八卦纬八卦而得六十四卦。又以翻对纬合六十四卦为三十六卦，邵子所谓"三十六宫都是春"也。纬每卦者有六爻，交六爻之纬者又有互卦。又以观变玩占之法详贞悔，则每卦又可自为六十四卦，可得三千八百四十卦。是正之经纬，有六十四卦，三百八十四爻。而变之经纬，又有三千八百四十卦，二万三千四十爻。斯也极乎卦纬之变矣。极变者，参观耳。

一曰《丛辞》。辞者，发象中之意以为言者也。古人观象不系辞，辞皆占者自为之。因时而出，不为典要也。《周易》重辞，文王始之。周公作爻辞，孔子作《十翼》，其辞备矣。后之说《易》者，莫不有传。主义理者，或沦于虚无。主迹象者，又胶于术数。程、朱正矣，又恐或有未尽。此伊古以来所以有言不尽意之叹也。仁者见仁，知者见知，各相所宜而生之。是曰《丛》。

一曰《起律》。十二律起于十二辟卦。子月一阳生，其卦《复》，律黄钟。丑月二阳生，其卦《临》，律大吕。寅月三阳生，其卦《泰》，律太簇。卯月四阳生，其卦《大壮》，律夹钟。辰月五阳生，其卦《夬》，律姑洗。巳月六阳生，其卦《乾》，律仲吕。午月一阴生，其卦《姤》，律蕤宾。未月二阴生，其卦《遁》，律林钟。申月三阴生，其卦《否》，律夷则。酉月四阴生，其卦《观》，律南吕。戌月五阴生，其卦《剥》，律无射。亥月六阴足，其卦《坤》，律应钟。

一曰《吹管》。按：此当以候气之管测之，所谓"吹葭六琯动飞灰"者是也。阴阳之数，仍就十二辟卦为推。王氏乔桂云："《吕氏春秋》载黄帝命伶伦取嶰谷之竹，断两节，间三寸九分为黄钟之宫。曰含少。"盖合其无声者四十二分，则为全律八十一也。得无候气者，亦以声出者之三寸九分，而非用全律乎？夫黄钟当子之中，一阳初动，于卦为《复》。则三寸九分，阳之始也。升阳渐益，故大吕四寸五分。自是太簇五寸四分，夹钟六寸六分，姑洗七寸二分，仲吕八寸一分，而蕤宾则九寸矣。当午之中，于卦为《姤》，阳之极也。一阴于是始生，而阳渐损。故林钟八寸四分，自是夷则七寸五分，南吕六寸六分，无射五寸七分，应钟四寸八分，至黄钟乃得三寸九分焉。此太阳行气之数也。阳之性动，动之数三。始于三寸九分，阳之少也。极于九寸，阳之老也。自九寸约之，复归于三寸九分，则所以贯十律而归于宗也。

一曰《范余》。《易》也者，范围天地而不过者也。盖天地以阴阳为范，《易》道阴阳，是即天之范。三六，天数也。故八卦之画，奇十二，偶十二，是为三十六。六十四卦之翻对，亦三十六。周天三百六十度，而卦三百八十四爻，则余二十四。夫此余者，握体用之全，以神范之，主宰者也。《乾》《坤》《坎》《离》，四卦之爻二十四，是为归余之综焉。

一曰《叙和》。阴阳得位之谓正，无过不及之谓中，阴阳应之谓和。然而中者，得乎和之时者也。正者，得乎和之位者也。和也者，适所用而成乎其德者也。准德位时以叙《易》，可于每卦之爻求其和，而中正存乎其中矣。

又按：《卦元》《卦经》《卦纬》《丛辞》四者，皆以《易》论《易》者也。可本卦象、彖辞、爻辞、《十翼》以演之。《起律》《吹管》《范余》，则必和乐律、天文、时序以论《易》。但三代以前，皆观《易》以象，而辞在其中。文、周、孔子以后，兼祥其辞，而天地人物之蕴无不备。汉儒以后，乃推律历。然则仪曹《起律》《吹管》《范馀》之演，殆又兼取汉说矣。至演《叙和》，则又必以人事合天道。观象玩占，将圣人学《易》寡过之方，于是乎在以占辞求《易》，不尽以占辞求《易》象。举意言义，理深焉矣。

"图""书"说序

《大易·系辞传》曰："河出图，洛出书，圣人则之。"是"河图""洛书"，由来尚矣。迩说者，谓"图"有图象，"书"有书册，不得以天地之十数分位当之。又指洛"书"为"九宫"算法。然"书"备九数含十，数无不该，乌知非算法上合乎"书"？引彼驳此，似泥。且六十四卦之象，即伏羲氏则"河图"以为图也，何谓无象。"九畴"之书，即神禹则"洛书"以为书也，何谓无册。至于"图"有象而象可通数，数可该理；"书"有理而理可纪数，数可兼象。又是一是二矣。世儒谓河通天而"河图"本天苞，洛出地而"洛书"本地符。"河图"是龙马背上旋毛之纹，"洛书"是神龟背上九章之点，彰彰可据。第经无明文，姑存俟考。兹谨推其义理象数之可据者为说如左。

"图""书"五十说

五十为"图""书"之本，"河图"五十居中，以五乘十固五十。"洛书"以五居中，乘四正四隅之合十，亦五十。又分言之，"洛书"戴九，乘五得四十五。履一，一五如五，亦共五十。二八、三七、四六，可例推。然其理与"河图"通。盖"洛书"以戴九履一乘五，"河图"又以老阳居一连九乘五矣。则少阳居三联七，少阴居二联八，老阴居四联六，其皆乘五得五十也。亦可例推。何以联？北里联西表，西里联北表，东里联南表，南里联东表。金水相涵，木火交畅，无非造化自然联属也。

"河图"说

"河图"全用天地之十数，其义取配四方而主于顺生。北方、东方，内阳而外阴。南方、西方，内阴而外阳。北方者，朔方也。朔者，初也，万物之所自始也。又阳生子半，子亦朔也。故一阳数居北，而六阴数在外。一曰水，以一加五得六数。六亦一也，故北方属水。阳数三次于一，故三阳数居东，而八阴数在外。三曰木，以三加五得八数，八亦三也，故东方属木。阴数生于二，二阴生午半，午主南方，故二阴数居南。而七阳数在外，二曰火，以二加五得七。七亦二也，故南方属火。四次于二，故四阴数居西。而九阳数在外，四曰金，加四于五得九，九亦四也，故西方属金。五阳数居中央，而十阴数包五以成之。盖十者以五加五也。五者土，故五十中央土也。五行非土不成，故凡水、木、火、金之成数，必加五数之土以为用也。水生木，木生火，顺生矣。而南方火，何以生西方之金，曰凡岁六月之杪，律中黄钟之宫，俗号为土王用事。是即火生中央之土以递生西方之金，为顺生也。终而复始，西方之金复生北方之水矣。盖天数奇属阳，为一、三、五、七、九；地数偶属阴，为二、四、六、八、十。而自一至五，为水、火、木、金、土之生数；自六至十，为水、火、木、金、土之成数。天生者地成，地生者天成也。一何以为水？造化之初，浑沦穆泅，若水然也。二何以为火？有暖气而生育也。三何以为木？分支劈理，生气条达也。四何以为金？骨节坚凝，生气积聚也。五何以为土？肌肉充满，因以形神完固也。人体生成，亦犹是也。

则“图”画卦说

“图”主数，有奇有偶；卦主象，有阴有阳。然阳一亦奇，阴一亦偶。圣人则“图”以画卦，则其阴阳、奇偶而已耳。阴阳奇偶者何？一三、二四，北东、西南之谓也。阳始于北，终于南，复之一阳。所以生于子半，至于巳午为纯乾。阴始于南，终于北，姤之一阴。所以生于午半，至于亥子为纯坤。而十二月之辟卦，与乾一、兑二、离三、震四之南而东北，坤八、艮七、坎六、巽五之北而西南，视此矣。乃说者谓三连六断等象，与“河图”之数不干涉，有疑圣人则之之义。不知后人善学古人，且在乎学古人之意，不必依样葫芦。况以神圣则天地，亦则其阴阳，自然之理而足矣。讵必斤斤陈迹哉！要之圣人画卦之始，见“河图”之分阴阳而得乾坤，以乾坤相交易得六子，是为八卦。八卦相错，得六十四卦。从而方之圆之，阴阳表里之分，皆与“河图”合，是谓则“图”以作《易》，而此外不必再求其说矣。后邵子又于六十四卦之外，再各加六十四，是为求多于圣人所则之外。其四象相交成十六事，亦不能强立名号，为求多经文之表。国初诸老曾辨之，以明本来则“图”之《易》焉。

《易》爻“用九”“用六”说

一、二、三、四、五为数之体，六、七、八、九、十为数之用。“河图”十、五居中，谨以一、二、三、四居四方之内，六、七、八、九居四方之外。而《易》象八卦数取八，《易》主动又取在外之用。盖一为太阳，太阳者，老阳也。一、九合十，一为体者九为用。二为少阴，二、八合十，二为体者八为用。三为少阳，三、七合十，三为体者七为用。四为太阴，太阴者，老阴也，四为体者六为用。殷人占《易》用七、八，周人占《易》用

九、六，《易》象"用九""用六"之义取此也。然七、八为阴阳之少，九、六为阴阳之老。物极则变，老者变而少者不变。《易》象主观变，故又以周人之"用九""用六"为得其主云。

"洛书"说

"洛书"用天地之九数，中五含十，义取配八方而主于逆克。其方位，所谓戴九履一，左三右七；二、四为肩，六、八为足是也。以配九章，则有一白、二黑、三碧、四绿、五黄、六白、七赤、八白、九紫之别焉。含十者，九一，南北合十也；三七，东西合十也。义取四奇阳数居四方也。二八，西南东北合十也。四六，东南西北合十也。义取四偶数居四隅也。中五者，犹"河图"之土居中宫也。合十包之，亦犹"河图"十居五外也。故"书"用九数，无异"图"用十数也。逆克者，北方之一合西北之六为水，以克西方之七、西南之二火也。七二之火，又克南方之九、东南之四之金也。九四之金，又克东方之三、东北之八之木也。其五行之方，东北水木如其常，西南金火易其次。何也？南火克金，实生土，是为金之胎。故虽疑于无金，而金在中矣。西金受火克，而实得土生，是为火之息。故不必畏其近火，而火与同矣。盖顺生者，天地之体也；逆克者，万物之用也。天地不相生，则万物之体不备。万物不相克，则天地之用亦不彰。是天地万物又相互为体用也。

则"书"叙畴说

《易》之则"图"，伏羲氏即天地奇偶之数，著之为象，以范人事也。畴之则"书"，亦神禹即天地之九数；叙之为"书"，发明天人之蕴也。"叙畴"之说，解者甚多。惟程氏若庸曰："在天为五行，言其所自然。在人为五事，言其所当然。厚乎人而为八政，言其利不言其弊。占乎天而为五纪，言其常不言其变。序其目于皇极之先者，皆皇极之本也。序其目于皇极之后者，皆皇极之验也。前四畴以立其体，后四畴以达其用。信乎天子作民父母以为天下王，可以参天地而赞化育矣。此禹则龟文以叙'九畴'，箕子本禹畴以陈洪范，必以皇极为天地人之宗主欤？又按皇极者，君之立其极于己。三德者，随事制宜，尽其变于人。稽疑者，尽其变于幽明，而天人参。庶征者，参吾之得失于天，而推其固然。福极者，人感天应而劝惩，天下以所同然也。"是为得其要领。张子曰："九畴之叙，民资以生，莫先天材，故首曰五行。君天下必先正己，故次五事。五事既正，然后邦国得而治，故次八政。政不时举必昏，故次五纪。五纪明，然后时措得中，故次建皇极。求大中不可不知权，故次三德。权必有疑，故次稽疑。可征然后疑决，故次庶征。福极征，然后可不劳而治，故九以向劝终焉。"是为得其所由然。乃汉儒作《五行》传，宋儒作《范》数说，非无所本，然亦踵而增之，有求多于经之意。

"图""书"合一说

"图""书"合一之旨，其为说甚广。然以数言之，只是一九、一十。十者，地之数，其体方。九者，天之数，其用圆。一天一地，故曰是二、是一也。乃以十数积之，得五十有五；以九数积之，得四十有五。合之又共得百数，非自然之妙、神明之机，所先后于其际乎？是故谓"书"至禹时出可，谓"图""书"并出，伏羲则之以作《易》，后禹又则以"叙畴"，亦无不可。惟黄帝之画野分州，九区定井，容非"九畴"法象哉？

读《易》观爻说

卦之六爻，各有位也，亦有时。各有物也，亦有事。不分观之，无以达其情。不合观之，无以尽其变。是爻不可不观也。然《易》道阴阳，观之之法，亦以阴阳道之而已矣。乾阳坤阴固矣，而震、坎、艮，以坤索乾得一阳者为阳卦。巽、离、兑，以乾索坤得一阴者为阴卦。乾天坤地，震雷坎水，艮山巽风，离火兑泽，其象也。乾健坤顺，震动坎险，艮止巽巽，离明兑悦，其德也。乾一、兑二、离三、震四、巽五、坎六、艮七、坤八，其数也。然数九亦乾十亦坤，象云亦坎木亦巽也。爻之位，奇者阳，偶者阴。初、三、五，奇位也，阳也。初在爻，数为一，位为下，兹以事言谓之初。二、四、上，偶位也，阴也。上在爻，数为六，事为终，兹以位言谓之上。凡阳爻之在初、三、五者，为以阳居阳当其位。凡阴爻之在二、四、上者，为以阴居阴当其位。当位亦曰"正"，位之相应，则初与四应，二与五应，三与上应也；位之相对，则初与上对，二与五对，三与四对也；位之相比，则初与二比，二与三比，三与四比，四与五比，五与上比也；位之相乘，则二乘一，三乘二，四乘三，五乘四，六乘五也；位之相承，则一承二，二承三，三承四，四承五，五承上也。初、二、三为内卦，四、五、上为外卦。二为内之中，而初、三不中。五为外之中，而四、六不中。阳居二、五，则谓之"刚中"；阴居二、五，则谓之"柔中"。抑内卦之二、三，与外卦之四相互；外卦之五、四，与内卦之三相互也。又有互卦之象焉，爻词取象多参乎此。初、二、三与四、五、上位相应矣。然相应之爻，非一阴一阳，犹为无应。所比、所乘、所承，皆所与也。然不同德，为无与。且六爻之象，以五为最尊，有君道焉。上之在上，以五尊之，则其善者为师保为贤人。以五外之，其不善者又为叛逆也。四、二皆臣，而四为近君之大臣，二为远君之藩臣。三亦五臣，为分任于上、下、内、外之间者。初则为民，为小子，为人身之趾，为草木之本。则上之为末为顶，自可对观而出矣。凡相比、相乘、相承者，多为兄弟，为朋友，为牵系连类之人。其一阴一阳者，亦为夫妇。凡相应者，五、二君臣外，又多为夫妇，在家人。初上之对为父子，五、二之对则又为父母。而五、三，四、二之错对，则又为兄弟妯娌也。至其中之吉凶悔吝，在会阴阳之意以观之。每爻取象，所谓上观天，下察地，近取身、远取物者尽之矣。由此体每卦之象辞、大象切究之，可以观爻，可以观《易》。而阴阳之道，乌在不示吾以法象哉？

揲筮占《易》说

揲筮所以起卦也。占《易》者，则亦即其所起之卦，占其体用动静耳。按占法，本卦为贞，之卦为悔。贞者，体也。悔者，动也。一爻变，则以本卦所变爻词为主，之卦值变爻之词参观。二爻变，则以所变之上一爻为主，下一爻参观。三爻变，则以所变之上爻为主，不变之下爻参观。四爻变，则以二不变之下一爻为主，上一爻参观。五爻变，则以之卦值不变爻为主，本卦不变爻参观。六爻皆变，则以之卦彖辞为主，本卦彖辞参观。六爻皆不变，则内卦为贞，外卦为悔，以彖辞为主，由内卦以观外卦，详其体用、本末、动静可也。若纯《乾》、纯《坤》二卦，其遇六爻皆变者，则占二用焉。

考揲蓍起卦之法，则必本于朱子所传之蓍仪。兹依《周易经义》审删订本录之，云：

择地洁处为蓍室，南户，置床于室中央。（床大约长五尺，广三尺，毋太近壁。）蓍五十茎，韬以纁帛，贮以皂囊，纳之椟中，置于床北。（椟以竹筒或坚木或漆布为之，圆径三寸，如蓍之长。半为底，半为盖，下别为台函之，使不偃仆。）设木格于椟南，居床二分之北。（格以横木板为之，高一尺，长竟床。当中为两大刻，相距一尺。大刻之西为三小刻，相距各五寸许，下施横足，侧立案上。）置香炉一于格南，香合一于炉南，日焚香致敬。将筮，则洒扫拂拭，涤砚一，注水，及笔一、墨一、黄漆板一，置炉东东上。筮者齐洁衣冠北面，盥手焚香致敬。（筮者北面见仪礼，若使人筮则主人焚香毕，小退北面立。筮者进立于床前，少西南向受命。主人直述所占之事，筮者许诺。主人右还西向，主筮者右还北向立。）两手捧椟盖，置于格南炉北。出蓍于椟，去囊解韬，置于椟东。合五十策，两手执之，熏于炉上。（此后所用蓍策之数，其说并见启蒙。）命之曰："假尔泰筮有常，假尔泰筮有常！某官姓名今以某事云云，未知可否？爰质所疑于神于灵，吉凶得失，悔吝忧虞，惟尔有神尚明告之。"乃以右手取其一策，反于椟中。而以左右手中分四十九策，置格之左右两大刻。（此第一营，所谓分而为二，以象两者也。）次以左手取左大刻之策执之，而以右手取右大刻之一策，挂于左手之小指间。（此第二营，所谓挂一以象三者也。）次以右手四揲左手之策。（此第三营之半，所谓揲之以四，以象四时者也。）次归其余之策，或一、或二、或三、或四，而扐之左手无名指间。（此第四营之半，所谓归奇于扐，以象闰者也。）次以右手反过揲之策于左大刻，遂取右大刻之策执之，而以左手四揲之。（此第三营之半。）次归其所余之策如前，而扐之左手中指之间。（此第四营之半，所谓再扐，以象再闰者也。）次以右手反过揲之策于右大刻，而合左手一挂二扐之策置于格上第一小刻。（以东为上，后放此。）是为一变。再以两手取左右大刻之蓍合之。（或四十四策，或四十策。）复四营如第一变之仪，而置其挂扐之策于格上第二小刻。是为二变。又再取左右大刻之蓍合之。（或四十四策，或三十六策，或三十二策。）复四营如第二变之仪，而置其挂扐之策于格上第三小刻。是为三变。三变既毕，乃视其三变所得过揲之策，而画其爻于板。（过揲三十六策，四分之为九，为老阳，其画为口，所谓重也。过揲三十二策，四分之为八，为少阴，其画为一，所谓拆也。过揲二十八策，四分之为七，为少阳，其画为一，所谓单也。过揲二十四策，四分之为六，为老阴，其画为乂，所谓交也。）如是每三变而成爻。（三变以下不命，但用四十九蓍。）凡十有八变而成卦，乃考其卦之变而占其事之吉凶。礼毕，韬蓍袭之。以囊入椟加盖，敛笔砚墨板，再焚香致敬而退。（如使人筮，则主人焚香揖筮者而退。）

又按：蓍为筮，龟为卜，此古来定法。盖龟卜，用火灼龟甲以观其兆，与《易》筮本不相涉也。后世乃用龟甲簸钱三文，卜以求卦，所取重拆单交之名，与揲蓍同。

又取卦捷法，可以乾一、兑二、离三、震四、巽五、坎六、艮七、坤八取卦。初得数为内卦，再得数为外卦。已成本卦，又一再取之为变卦。凡变不变之爻，可依占法求。

乡音同异可通韵学说 备论潮音

荀子曰："五方不同音。"《记》曰："五方之民。言语不通，是声音言语之不能不异者，山川地势使然也。"顾考而同之，详而通之，自有造化自然之理在。如楚人之以乳为毂，取义异，而音与字异。是言语异，纯乎异者也。邾人之以猪为都，义无异而其音转。是言语同，而声音不同，同而异者也。齐人之以登为得，亦义同音转。然以《切韵》考之，得在宫之第十次，为东得；登亦在宫切之第十次，为东登。本同母音，是声音之不同而同，异即同者也。通此，则一切乡音之不同，无不可同，而言语通矣。今考乡音之异，莫甚吾潮。盖潮在海滨，古称扬州外裔，去中土最远。故其言语声音，去正音亦最远也。然以天然音韵比之，皆与韵学通转合。是声音言语，固有造化妙理运乎其间。彼谓潮音多无字，又谓潮音不谐平仄，不协韵学者，皆非知道之言也。兹特考此，最足增长韵学见识。盖潮音之相去最远者通，近者益无不通矣。为条举于左：

以东为当，以江为刚，以通为汤，以风为方，以侬为郎叶（训人）。以丛为庄叶，以双为桑，又以阳为融叶，以房为邦叶，是东、冬、江、阳通。以宫为庚，以钟为征，以龙为陵，以松为成，以雄为行，以春为曾，又以崩为邦，是东、冬、江、庚、青、蒸通，乃宫部之互通也。而读光近君叶，读庚经近均坚金兼叶，又转徵、羽之证。

以皮为裴叶，以规为归，以齐为哉叶，以西为腮，以鸡为街叶，以开为亏，是支、微、齐、佳、灰通，乃商部之互通也。

以鱼叶移予，以虞为哦，以无为毛叶，以和为花叶，以交为高，以毛为摩，以流为劳，以头为涛，以投为刀叶，是鱼、虞、歌、麻、萧、肴、豪、尤通，乃角部之互通也。

真、文、寒、元、删、先，诸音无甚异，但略转耳。惟先读近腮，前近哉，千近才，肩近皆，莲近能，又煎、天、边、绵、偏，为宫宜所及鸡部之宗〇通〇邦〇蒙〇蓬〇。是徵部自通，又转通商之一证也。

侵、覃、监、咸，合口粘唇读，潮音最正，其羽音之互通无疑矣。惟柑、三、篮、担数字，开口读之，稍混入宫沙切家部之转音，且涉刚、桑、郎、当叶音耳。然合口救之，则其音正矣。抑今之讲正音者，又以侵、覃、监、咸混臣、弹、延、寒，或亦羽转徵之证。而潮音之柑、三等，亦转宫之角之证欤。

又按：潮音仅方隅，其依山而居者，则说客话，而目潮音为白话。说白话者之土歌，为畬歌，为秧歌。说客话者之土歌，为采茶歌、山歌。各以乡音叶韵。而客音去正音为近。白话南北行不能数十里，惟东走海滨，则可达福建之漳泉；西滨海，又间达本省之雷、琼，不下千余里也。广东省垣人，言语亦与正音近，而其侵、覃、监、咸之唇音最分明，比潮稍重耳。听其《木鱼歌》，亦似多唇音。独怪廖百子，乃海南人，著《正字通》，甚淹博，而唇音多混。岂为学正音之误，而不能自信其乡音耶？（如干用古安切是矣，而于甘亦用古安切，则使干、甘合为一音，不知吾粤读"甘"字，正与《韵府》古三切合。）

韵学通转叶说

语韵学者多矣，然头绪不清，无异治丝纷之也。予辛酉夏见毛西河先生《韵学指南》，喜得要领。兹撮其略，凡上、下、平共三十韵，分属宫、商、角、徵、羽，是为五部。属宫、徵、羽者有入声，共十七韵，为一界。属商、角者无入声，共十三韵，为一界。是曰两界。毛本以徵为商，以商为徵。今更定：每五部中各部自通，谓之"通"。有入声者十七韵自为互通，无入声者十三韵自为互通，则谓之"转"。两界之分，画然本不相通。无已，偶通之，乃谓之"叶"。观此燎如指掌矣。至上、去、入之通转叶，各视所属平声为准，要之入声韵隘，出宫、徵、羽之十七韵，本自为一界。而古人又有平、上、去三声通押之法，独不得泛用入声。是又以平、上、去为一界，入声为一界，而亦称两界云。此两界间，有互用，亦曰叶。如无入之去，或以叶通入。入声促极，又翻叶通平者是。然亦腭去叶齿，舌去叶喉，入各叶平耳。

宫音者，喉音也。东、冬、江、阳、庚、青、蒸，七韵是也。商音者，腭音也，支、微、齐、佳、灰，五韵是也。角音者，舌音也。鱼、虞、歌、麻、萧、肴、豪、尤，八韵是也。徵音者，齿音也，真、文、元、寒、删、先，六韵是也。羽音者，唇音也。侵、覃、盐、咸，四韵是也。宫七、徵六、羽四，共十七韵，有入声者也。商五、角八，共十三韵，无入声者也。此皆出于自然之天籁。

又按：羽四韵，讲正音者多混入徵韵中，予固疑之。壬戌春，观《李安溪先生文集》，先生亦谓羽音惟闽广间存古人遗韵，他处多缺，乃豁然。抑予又尝静推商五、角八之无入声，非无入声也。商之入声支、微、齐、佳、灰，转而寄之笺、眠、千、坚、贤也。角之入声，其鱼唱、虞翁、歌工、麻蒙、萧松、肴昂、豪红、尤融之转可知矣。此则西河先生所未之辨者。

声音韵相生之说 切韵附见

天主气，地主质。质为色，气为声。色与目接，声与耳谋。其大较也。

气之为声奈何？曰风霆。人禽之息，所相鼓荡者是也。顾质亦有声，金木土壤，戛击之鸣。然戛之击之，仍气之为之也；吹之鼓之，弹之抌之，其为气又昭昭矣。而声之精者为人言，言成文，则有字。即其字而读之，仍为声。声以阴阳转之，成四声。每声又以长短调之，成五音。每音上、中、下读，成十五音。又每音五之、三之，成十五韵。此则字声耳治之大凡也。

四声之阴阳奈何？凡声之起纯乎清，属于太阳，为平声。凡声之承，乃以清交浊，属于少阴，为上声。凡声之转，乃以浊交清，属于少阳，为去声。凡声之合纯乎浊，属于太阴，为入声也。五音之长短奈何？最长主喉，为宫音。次长主腭，为商音。长短中主舌者，为角音。次短主齿，为徵音。最短主唇，为羽音也。而每音皆备四声，每声又皆可调五音云。

声生音，音生韵，自然之理也。一声生四声，每声生五音，为二十音。五音转生十五音，是为六十音。每音生五韵，三之，成十五韵，是为九百韵，自然之数也。此乃正声、正音、正韵之纲，为通韵、转韵、叶韵、双声、叠韵，一切不亿之目所自出。爰先揭之如左：

宫，一声也，为宫、珙、贡、谷四声。又宫、珙、贡、谷四声，声备五音，为宫、皆、孤、干、甘、珙、改、古、秆、敢、贡、盖、固、干、绀、谷、○、○、葛、阁二十音。又宫、皆、孤、干、甘五音也，为宫、姜、庚、皆、归、基、孤、鸠、歌、干、坚、均、甘、兼、金，及上、去、入等，共为六十音。又宫一音也，五转之，为宫、嵩、隆、东、邦。五加三转，则为宫、风、翁、嵩、空、喁、隆、充、戎、东、终、通、邦、蒙、蓬十五韵。合六十音所属，共为九百韵。宫、风、翁、嵩、空、喁、隆、充、戎、东、终、通、邦、蒙、蓬，十五韵也，可取为切母，以切九百韵。及一应有字无字之声音，而得宇宙文字之奥妙。切例以双声为用，随举一字以定韵，再举一字定次，则其音得矣。如齐人以登为得，皆双声也。今以东经切登，顺口取双声，则为宫经、风馨、翁应、嵩星、空竞、喁凝、隆能、充青、戎仍、东丁、终蒸、通腾、邦冰、蒙冥、蓬朋。盖登东同在第十次，是徵之第一音也。得可例推。

十五部备六十部实五十四部分韵之谱 五音为经，四声为纬。

宫一

一宫 平声十五部	一珙 上声十五部	一贡 去声十五部	一谷 入声亦应十五部，但除商角六部音。

宫二

二姜	二讲	二绛	二觉 拙无字，并归宫徵，仅得韵九部。实通。

宫三

三庚	三梗	三敬	三格 共八百一十韵，适应黄钟九十九数。

商一

四皆	四改	四盖	○并叶葛

商二

五归	五鬼	五贵	○并叶洁之骨

商三

六基	六纪	六计	○并叶吉

角一

七孤	七古	七固	○并叶谷

角二

八鸠	八纠	八救	○并叶觉

角三

九歌	九哿	九个	○并叶格

徵一

十干	十秆	十干	四葛

徵二

十一坚	十一简	十一见	五洁

徵三

十二均	十二谨	十二觐	六吉

羽一

十三甘	十三敢	十三绀	七阁

羽二

十四兼	十四减	十四剑	八夹

羽三

十五金	十五锦	十五禁	九及

十五部转三十部之谱 依谱推之，合上去入，寓韵百二十部，实仄声字缺，当依原部。

一宫 转　二恭 宫雍切

三姜 转　四刚 转　五光 转　六觥 宫倾切

七庚 转　八经 宫应切

以上八部，为平水韵之东冬江阳庚青蒸，其音皆出于喉，属宫，可互通。上去入例推。

九皆

十归 转　十一乖

十二基 转　十三居 宫之切

以上五部，为支徽齐佳灰，腭音，属商，可互通。上去例推，入并徵，亦转通徵。

十四孤

十五鸠 转　十六勾 宫讴切，转　十七交 转　十八高

十九歌 转　二十家 宫沙切，转　二十一瓜 转　二十二嘉

以上九部，为鱼虞歌麻萧肴毫尤，舌音，属角，可互通。上去例推，入并宫，亦转通宫。

二十三干

二十四坚 转　二十五关 转　二十六君 宫合切

二十七均

以上五部，为真文元寒删先，齿音，属徵，可互通。上去入例推。

二十八甘

二十九兼

三十金

以上三部，为侵覃监咸，唇音，属羽，可互通。上去入例推。

平声之韵十五部 五音自相经纬，经分韵，纬分音。转韵十五部附。

　　　宫一二　三商一二　三角一二　三徵一二　三羽一二　三

一宫 宫一 宫 风 翁 嵩 空 喁 隆 充 戎 东 终 通 邦 蒙 蓬 恭凶雍〇筇喁龙从茸冬宗彤〇〇〇

149

二姜　二姜　香　央　商　强　娘　凉　昌　襄　玚　将　天叶　边叶　绵　偏

刚行○桑康昂郎仓○当庄汤邦芒旁
光方汪霜匡○○窗○○装○○望○
舡衡嬴○倾○○○○○○○泯烹

三庚　三庚　行　英　生　乡　迎　令　清　人叶　丁　争　呈　兵　明　棚

经馨应星兢凝能青扔丁丞腾冰真明

四皆　商一　皆　谐　埃　腮　开　獃　能　猜　而叶　堆　哉　台　杯　梅　坏

五归　二归　非　威　虽　魁　巍　雷　崔　遗　追　锥　颓　悲　微　培

乖槐□衰○○○○○○○○○○

六基　三基　兮　伊　蓍　欺　疑　离　妻　儿　知　支　堤　比　机叶　披

居○○诗○○闾庇而○之○○○○

七孤　角一　孤　夫　乌　书　区　鱼　娄　趋　如　邾　朱　躇　逋　无　铺

八鸠　二鸠　休　忧　修　邱　牛　飍　秋　柔　丢　周　偷　彪　谋　浮

勾侯讴搜○○楼愁○都邹头麦牟不
交嚣夭萧撬晓謷超饶啁朝迢标猫飘
高蒿拗骚敲瞥劳抄铙刀遭滔包茅褒

九歌　三歌　荷　呵　蓑　科　莪　啰　磋　如叶　多　矬　佗　波　摩　皤

家○鸦沙挝渥刺差○○渣他巴麻爬
瓜花呱○夸○○○○○○○○
嘉霞○余○牙○赊○○○○○○

十干　徵一　干　寒　安　删　刊　言　阑　残　然叶　单　孱　滩　班　蛮　攀

十一坚　二坚　贤　鸢　先　牵　妍　联　千　然　颠　笺　天　边　绵　偏

关番弯酸宽元峦川晅端专团阪漫盘
君分温孙坤垠伦春○屯尊吞奔文盆

十二均　三均　欣　因　申　芹　闉　璘　亲　仁　尘　真　陈　宾　民　频

十三甘　羽一　甘　酣　谙　三　堪　岩　蓝　参　然叶　担　尖　贪　班叶　峦叶　攀叶

十四兼　二兼　嫌　炎　纤　谦　严　廉　金　髯　沾　瞻　添　边叶　绵叶　偏叶

十五金　三金　歆　音　心　钦　吟　临　深　壬　碪　针　琛　宾叶　民叶　偏叶

上声之韵十五部 转韵依平声切

宫一二　三　商一二　三　角一二　三　徵一二　三　羽一二　三

一琫　宫一　琫　澒　瀜　悚　孔　仰叶　拢　宠　氄　董　种　桶　蚌　蠓　搴　拱

二讲　二讲　响　块　想　强　仰　两　敞　壤　典叶　掌　叶十一简　沆广迥

三梗　三梗　幸　影　省　肯　凝叶　冷　请　冗　鼎　井　逞　丙　皿　聘叶　颈

四改　商一　改　海　醢　洒　恺　欸　乃　采　尔叶　殆　宰　待　摆　买　秤

五鬼　二鬼　卉　伟　水　揆　螘　垒　揣　唯　代叶　皋　腿　蓓　尾　配叶　拐

六纪　三纪　喜　倚　徙　起　拟　礼　耻　耳　底　止　体　比　米叶　否　矩

七古　角一　古　府　五　署　苦　语　鲁　处　庾　堵　祖　楮　补　舞　圃

八纠　二纠　否有守口偶柳醜蹂陡酒丑蔀宙剖　苟矫皓

九哿　三哿　火媒所可我裸睉 允叶 朵左妥簸么　假寡贾

十秆　徵一　秆旱罕散侃眼懒屧 允叶 亶瓒坦版满伴

十一简　二简　限远铣犬蠲琏浅悕典践腆辫免编　管袞

十二谨　三谨　很引笋垦阮娿舛忍辗蜎悾腃悯牝

十三敢　羽一　敢喊黪掺坎俨槛惨荏胆斩瞫 叶十秆

十四减　二减　险掩闪歉广敛寝染点飐谄 叶十一简

十五锦　三锦　欿饮审噤唫凛寝饪耽枕监 叶十二谨

去声之韵十五部 转韵依平声切

宫一二　三商一二　三角一二　三徵一二　三羽一二　三

一贡　宫一　贡讽瓮送控 迎叶 弄靓茸栋综痛胖蠓缝　供

二绛　二绛　向恙相牵院量唱让 殿叶 将畅 叶十一见 允犷诇

三敬　三敬　行映性庆凝令倩 刃叶 定政听并命聘　径

四盖　商一　盖害蔼杀忾艾赖蔡 还叶 代在太贝卖沛

五贵　二贵　费畏岁 气叶 伪类粹遗对醉退佩未配　怪

六计　三计　戏意筲弃义离妻寺智禘庇 媚叶 觊倨

七固　角一　固傅恶树去遇路措茹度注兔布务捕

八救　二救　复右秀扣 傲叶 溜臭輮酎就透 报叶 剽戊　构叫告

九个　三个　贺卧 疏叶 课饿逻磋 茹叶 大左惰播磨破　嫁过价

十干　徵一　干汉按散看岸难灿 偄旦赞叹半漫判

十一见　二见　现燕扇牵院炼谎諓 偄叶 殿战甸变面片　灌郡

十二觏　三觏　茧印信 牵叶 憖吝俔 刃叶 阵进镇摈 面片叶

十三绀　羽一　绀玲暗三勘 醶叶 缆掺 任叶 担撎淡 叶十干

十四剑　二剑　压艳赡欠 醶叶 念僭 任叶 店占 叶十一见

十五禁　三禁　珞叶　荫　沁　斺　吟　念叶　深　任　鸠　枕　叶十二觐

入声之韵九部 转韵依平声切

宫一二　三商一二　三角一二　三徵一二　三羽一二　三

一谷	宫一	谷	福	屋	肃	殻	玉	禄	蠱	肉	独	族	读	趵	沐	暴	局
二觉	二觉	学	药	朔	确	岳	略叶	绰叶	若叶	擢	早	彻叶	爆	邈	璞	确郭阙	
三格	三格	核	益	夕	隙	逆	历	戚	渃	滴	绩	惕	迫	莫	魄	棘	
四葛	商一	葛	曷	遏	撮	劫	薛	剌	察	若叶	达	节叶	闳	拔	袜	八	
五洁	二洁	血	咽	设	揭	孽	列	切	热	辙	折	铁	擎	灭	别	决骨	
六吉	三吉	绂	乙	室	蛣	屹	聿	七	日	帙	即	铚	必	密	匹		
七阁	角一	阁	合	欲	十叶	楬	岳叶	衲	戢叶	八	答	杂	塔	叶四葛			
八夹	二夹	侠	厌	涉	箧	业	立叶	杂	八叶	蝶	接	贴	叶五洁				
九及	三及	翕	邑	十	汲	业叶	立	戢	入	蝶叶	集	霫	叶六吉				

　　右自宫至及，横排五十四字，皆宫一；自风至翕，皆宫二；自翕至邑，皆宫三。就五十四字中，"随举"两字连读，音皆相黏，是曰双声。叶韵之道，由此而生。盖所可叶者，不出横排之次也，天籁也。每部直推十五字，"随举"两字，皆是叠韵。而切韵之用，亦缘斯以起，人籁也。窃论之：天籁纯乎自然，不识字者皆可意会。切韵虽以人籁合天籁，必兼明其部居，乃有准而可传也。

诗病说 内详大韵、小韵、双声、叠韵之辨

　　王元美谓沈休文诗有"八病"之说，近于拘滞。与古体相反，惟近律差有关然亦不免商君之酷。按"八病"：一曰平头，乃一、六同平声。如"风劲角弓鸣，将军猎渭城"，"将"字与"风"字同平声也。然此古律俱不必忌。二曰上尾，乃五、十同平声。如古诗"西北有高楼，上与浮云齐"，"楼"与"齐"同平声也。然此律诗自当不犯，人共知之。其古诗不但不忌，且有必要如此者。如白诗"孟冬草木枯，烈火燎于陂"。次句律，上句越欲以此救之，其上联之次句律。此句第五字，亦要用平。如白诗"似行山林外，闻叶履声重。底碍更俯身，渐远昼夜同"。以"身"字救之是也。三曰蜂腰，乃二、四同仄声。如古诗"远与君别者"，"与""别"二仄，夹"君"字，孤平是也。然此乃拗律句，唐律多有之。如"流水如有意"是也。但要下句"腰"字用平拗之，亦不必深忌。四曰鹤膝，乃五与十五同声。如杜诗"水色含群动，朝光切太虚。年侵频怅望"，"望"与"动"皆去声也。按：此五律、七律中二联能避之更佳。五曰大韵，乃九字中有与韵相犯之谓。

如唐诗"胡姬年十五，春日独当炉"，"胡"与"炉"犯。六曰小韵，乃九字中自相犯。如古诗"薄帷鉴明月，清风吹我襟"，"清"与"明"犯。然小韵固无庸忌，大韵之忌亦非。惟押韵之句，七言之第二字、第四字，五言之第二字，乃停读处，不可用本韵字；致有似乎词调短读，押韵之法为非宜耳。然又似当以本韵通韵分大、小韵也。七曰傍纽，即双声。八曰正纽，即叠韵。昔王言谟问谢庄曰："何者为双声、叠韵？"答曰："互护为双声，磝碻为叠韵。"盖"互护"一声双读，是谓双声；"磝碻"叠出一韵，是为叠韵。然亨丰、菁葱，则又为叠小韵之双声。春容、蒙茸，则又为不双声之叠韵。诗病所指，似谓此也。其不谓之双声、叠韵，而谓之傍纽、正纽者何？纽合分之物也，物应分而强合之，是曰纽。亦当于句读间辨之。五言之句，二与三分一读。七言之句，二与三小分一读，四与五大分又一读，乃读分双声纽之，是曰旁纽；读分而叠韵显纽之，是曰正纽。其不当纽之处，且有用之以取致者。如"好穿屈诘崎岖路，来听钩辀格磔声"是也。说者又谓"八病"之外，尚有并头、切脚二病，合为"十病"。此二病与平头、上尾类，颇有理。然彼以音之平仄，此以字之死活。而唐人古厚之笔，转有所不拘。如钱起《湘灵鼓瑟》诗，逸韵以下六句，句法不变，是何尝不佳。要此等说，流传既久，艺林中每举为谈诗柄。故略为言之如此。（又按："钩辀"是叠韵，"格磔"是双声，"屈诘崎岖"是双声而兼叠小韵。）

诗学平仄说

诗学重在音节，平仄其粗迹也。然音节本于天籁，不识字之妇人童子或矢口得之。而有意为文者，转终身莫得其解。必第一聪明人，及老于此道者，乃能得之于手，应之于心。而轮扁斫轮甘苦，究难语人也。

赵秋谷先生著《声调谱》，乃斤斤为古律平仄辨，尚未得其所以然。按平仄之说，古人并不知有此。自沈约定四声，后人始以为作诗必由门户。唐人以诗取士，乃定律体。是欲考平仄句法，必由律诗起。

律诗五言句法，有平平平仄仄，仄仄仄平平，仄仄平平仄，平平仄仄平。七言即于平起者之上加二仄，仄起者之上加二平。二句为联，四句为绝。平起仄承，仄起平承。三句与二句粘，五句与四句粘。此一定律矣。然大凡第一字可平可仄，独平平仄仄平之句，首字之平必不可作仄，犯之则谓之夹平，盖第一字、第三字二仄夹第二字一平，是落调也。精于此道者必不犯此。倘必要以首字作仄，则三字必平，是为仄平平仄平句法。七言则为仄仄仄平平仄平也，似此韵脚亦犯七五二字夹平字之仄。然夹仄不忌，夹平则忌，深于此者知之。且句法自然，则夹仄越有古趣也，但勿施之试场耳。又五言之得古趣者，有数样句法。如唐诗"来参八骏列"，平平仄仄仄之句可用也。"悠悠心所期"，平平平仄平之句可用也。是有天然节拍。"行到水穷处"，平仄仄平仄之句亦可用也。仄平平仄平之句，前已言之，是号拗句。实本句自拗，不用对句作拗，亦曰单救。至对拗双救者，如仄仄仄平仄之句，次句必以"仄/平"平平仄平救之。如"暖气发苹末，冻痕消水中"是也。平仄平仄仄之句，亦可以"平/仄"平平仄平救之。如"流水如有意，暮禽相与还"是也。平平仄仄仄之句不用救。如"来参八骏列，不假二师功"是也。倘误认其例，而以仄仄平平平救之，则非矣。唐贤"偶然值林叟，谈笑无还期"，虽用上句"值"字作救，然入古调矣。大约律诗押韵之句，三、四、五忌三平，不忌夹仄；一、二、三忌夹平，不忌三平也。又五律越拗越妙，唐贤起句竟有用四仄及五字皆仄者，但以次句第三字用平救之。然五仄中必有入声字，盖入声，阴极阳生，可以代平。观填词家以入代平可验矣。如唐贤"士有不得志，楼栖吴楚间"句，以"吴"字救上句是已，而不得二字皆入声，亦明明用入代平也。七律与五律异，本少用拗，而工部竟有通体用拗句，不知者疑为古诗，实拗律也。宋黄山谷多效之，而苏长公亦时有此，是别一格也。至五绝，不但要拗，且要全用古体法。其以近体行之者，每不及古体之有天趣。七绝则不要拗，间亦有之，亦每于押韵处用二平夹一仄法耳。至全用古体者，多属乐府七律之拗句，如平平平仄平平仄可用也，平平平仄仄平平可用也，仄仄平平仄平仄与仄仄仄平平仄仄，亦皆可用也。独仄仄平仄仄平之句为落调，与仄仄平仄仄平仄、平平仄仄平仄平等句，为二、四、六不分明，又夹平均无可救耳。盖平阳气舒，仄阴气促也。五言以二字为读，七言以四字为读。吟者至此，方要停顿。而五言之二必连一为声，七言之四必连三为声。若以仄压之，气不能畅，如何成调。故上字倘用仄者，本字之下必用平以救之，方能舒其气，乃不落调。如五言之"恐惊平昔颜"，七言之"山雨欲来风满楼"是也。其押韵之三平为落调者，则又以其过舒而音散也。古诗韵脚则不忌三平三仄、夹平夹仄。然亦有辨，大约以唐初体，四句转韵者为一例；李、杜、韩、苏体，一韵到底者为一例；柏梁体，句句押韵者为一例。至二、三句转韵者，多准唐初；十句前后转韵者，多准李、杜、韩、苏。而一韵到底格，又最爱三平三仄、夹平夹仄者。其四句转韵格，则多用夹平夹仄，而少用三平三仄，且要间入律句。盖夹平夹仄拗峭，入古律句妍婉便于转身，三平三仄则排宕过纵，不甚相宜也。又有七仄七平、六仄六平之句，以及自韵脚逆数犯四平五平者，柏梁体宜之，一韵到底体少用，唐初体尤少用也。杂言体随意伸缩，随意转韵，本无定格。大要从乐府出，而变换于三体之间。李青莲追踪鲍照，尤长此体。

此篇本为平仄言，故第取唐以下例之。柏梁体肇于汉，亦必以韩、苏为的。此诗学律体、拗体、古体之大凡也。

予素尝谓古人初不知有平仄，作古诗者必以音节为主。郑君所言，实获吾心。其由律而之拗律，由拗律而之古，正缘赵说平仄故，不得不由流溯源也。是为特识。杨璧堂

十图九书探其源，五宫四声发其蕴。《易》、诗之学深矣。洪松湖

六书说

曰汉以前，言文不言字。盖字者文之子，郑渔仲谓"独体为文，合体为字"是也。而文字之祖，始于伏羲之六书。六书之序不一，郑康成《周官·保氏》注，引郑司农说，"一象形，二会意，三转注，四处事，五假借，六谐声"，为近古。窃谓象形为体，处事为用，乃制六书之二纲。会意转注者，所以畅乎象形之义也；假借谐声者，所以广乎处事之例也。然多以推原古体隶篆求之为的。

象形者，如日月之类，象其形体是。会意者，如以止戈为武，人言为信，会合人意是。转注者，如考老之类，建类一首，文意相受，左右相注者是。处事者，指事也，如人

在一上为上，人在一下为下，各指其事者是。假借者，如令长之类，使令令善，短长少长，假此一字借作他字者是。谐声者，形声也，如江河之类，以水为形，以工可为声者是。古注之略如此。

要之象形指事之义，最为明显，即造字托始之方。惟不可以形象，斯以意会之。意有所窒，斯以转注融之，而其义无弗畅。不可直指其事，斯假借于旁贷。借有所左，斯以声谐之，而其例无弗通。又按止戈为武，郑渔仲以其说出左氏，尝议之曰："武下从亡不从止，左氏误以谐声为会意。"然按武上非戈，下亦非亡。予向尝考"步"字上为止，下为少。少，反止也，音挞。乃足之二止为步也。武下"止"字，上乃"弌"字也。足之一举而止之谓也。故曰步武，皆指事也。转注老考之辨，说者纷纷。不知《说文》传以人毛化为老，上爻者毛，古"髪"字作歚（髻）是也[1]。下乚为化，"老"字自属会意，考则自老转注之，耄、耋、耆，则转注兼谐声也。而丂音考，亦谐声也。盖字义惟转注谐声最多，《字典》即转注之书，《佩文》即谐声之书。然于六义中，每有所兼及。能知兼及之义，可与"说"字学。

体用二网，极诸畅义广例，可谓洞彻。造书源流，据《三坟》，六书始自飞龙氏朱襄。所谓象形者，如日月，如山川；会意如忠恕，如本末；指事如耕种，如坐立，谐声如江河，如枝柯。此皆易知。惟转注视假借，每至混淆。窃谓音同义异为假借。如甲乙之甲，借为甲胄之甲；性命之命，借为命令之命是也。音异义异为转注，如中庸之中，转为中的之中。容易之易，转为变易之易是也。似此分别，较诸"考老"之说，更为明朗。杨璧堂

校记

[1] 髻，原作"歚"，字书未见歚字记载。按：髪之古字，形相近者，只有"髻"字，疑即为此字误刻。香港潮州会馆印行的《潮州文献丛刊》本林建翰先生《勘版书后》已指出，见附录，因改。

附　录

香港《潮州文献丛刊》影印本《勘版书后》

　　有道之士，学广而问多，终其身谨圣贤之教，而不求闻达于时者；先儒海阳郑昌时（平阶）明经，其矫矫出群者也。

　　郑明经，清嘉庆时人，读书等身。为举业，曾参策幕府，秉铎广文。著有《说隅》（阐扬《易》理）、《开方卷》（据《礼经》考典）、《岂闲居吟稿》及《韩江闻见录》等书问世。

　　《韩江闻见录》为杂说体之书，内容述忠臣、孝子、义士、高人、奇士、贞女、节妇等之嘉言懿行；天文、地理、山川、水火、木石、花卉、兽禽、鳞介、昆虫……之异状；神鬼、仙佛、僧道之灵奇；《丹经》要旨与炼丹之秘诀；百粤胜迹及地方掌故之探源；治海防、治都里之对策；以至图书、文字、《易》学、诗学、韵学种种之发凡，博无不包。虽其间一至八卷所述灵奇（如卷一之《风雨使者》《高僧袖里物》……卷五之《独脚鬼》《多目神》……）及怪异（如卷二之《虫卉八奇》《动植四异》，卷三之《三十六岁已举三十六男子》，卷六之《外国之异》……）之事，可愕可怪！似涉不经，疑有傅会。然著者言之凿凿，信疑参半，惟有依其言"凡天下事不得以耳目所常闻见者定有无"作解颐。读者视为续《聊斋志异》或古今奇观可耳。

　　全书纂言钩玄，细大不捐；金沙玉璞，瑜多于瑕。所录忠、孝、义、贞、仁、信……诸轶事，足以彰忠烈，昭大节，弘扬吾中华民族之伦理道德与文化精神！其所举证善恶报应之说（如卷二《临财镜》：临财不苟之获善报；《同生证》：恣性嗜杀之遭恶报），盖寓有旌别淑匿、表厥宅里、彰善瘅恶、树之风声之深意。觉世牖民，奚翅季末浇伪之针砭！

　　观其先后向郡太守陈镇条陈海防与捕洋匪计画，代黄冈海防分府傅修孟拟具海防善后办法；及与邑侯徐人麟论治都事宜，持论平实，条理精明。既对粤省地理、海道、要塞、潮汐……暨本邑乡族间之利弊兴革，瞭然于胸，且亦深得治道之诀要，非迂儒庸吏所可同语也。

　　所持图书诸说，文字源流，及丹学、《易》学、诗学、韵学等义理，深具见解。文笔固佳，诗亦隽拔！其名作《观潮》两律、《潮州八景》（八律）、《潮州二十四咏》（共廿四律），戛玉敲金。尤以癸亥"应古学试"抡元之《观潮》诗（见卷六第廿七页《海潮篇》），饶有韵致。故澄邑洪孝廉松湖、有"十图九书探其源，五音四声发其蕴，《易》诗之学深矣"之月旦焉。

　　郑明经生前虽遭际辗轲，然其才志与文章，在百余年后之今兹，犹能获后代乡君子之礼遇。斯集再版，佥信可传布士林。

　　原书为清道光甲申木刻本，共十卷。板本阙讹颇多：（一）缺文：如卷六之一《观风试策》篇，有目录而无内文。（二）缺字：例如卷一第二、五两页，卷五第十页，卷六第二、三、七、十一、十七至十九页，卷十第卅五至卅八页，除可考证者已予填补外；其卷五之第六、九、廿一等页，卷六之第二、三页，卷八之第一页，卷九第七、八、四十九各页之残缺字句，则未敢穿凿。以乏善本参订，姑留空白。（三）错别字：如卷五第十页之《醉仙一段藤》、卷七第五页之"尚存蛟骨二段"。"段"字均误契为"叚"（叚，音"假"，借也。与"假"同，与"段"字不通用）。卷五之第十一页第二行"已杳矣"，"杳"字误契为"查"。又同卷第卅四页第十一行："焚及商人"，"商"字误契为"商"（商音"的"，本也。与"滴"字通）。卷六第廿七页下半页《海潮篇》之《观潮》诗第二首第六句"枚笔当耳纪壮谈"，"耳"字乃"年"字移书之误。卷九第十二页下半页"洞湖垂钓"七律诗第四句"洞古人来寄连情"，"连"字誊错；第十三页下半页"峻阁星枢"七律首句"石布星坦耀水滨"，"坦"字亦契误。上句应为"寄远情"，下句应为"石布星垣"始合。上列各字，已分别更正。卷十第卅八页第五行"古'髮'字作歠……"，查《康熙字典》无此"歠"字。止有"爝"、"顮""顄""虥"四古体字。又序文第一页末行"时遭坎凛"句。"凛"字疑系"壈"或"廪"之刊讹？盖"坎壈"或"坎廪"，其义为失志、不遇、不平及作困穷解（见《楚辞》《文选》《康熙字典》《辞源》《辞海》等书）。顺笔附及。至剞劂之吝工减画，犹其余事。

　　是书列为《潮州文献丛刊》之四，不惟有助词章典故之考校，振发世道人心之瞶聋。且因旁及他省他国之异见奇闻，凡我国人，亦堪一读焉！

　　笔者不敏，叨承以重梓勘版见属，愧未足当载笔之役。权效负山之蚊，冀随乡君子之后；使先正之潜德幽光，能永传于文囿，衣被后学。耆儒硕老，其董正之！乡后学林建翰侠魂谨跋。时维癸丑兰亭第二十七周甲后五年，书于鳌峰桑海庐。

林建翰 侠魂

夏历戊午年畅月下澣

《潮汕文库》大型丛书第一辑书目

系列名	书名	作者
潮汕文库·研究系列（第一辑）	潮汕史简编	黄挺著
	潮汕方言歌谣研究	林朝虹、林伦伦著
	潮汕华侨史	李宏新著
	选堂诗词集通注	饶宗颐著，梅大圣注
	饶宗颐辞赋骈文笺注	饶宗颐著，陈伟注
	饶宗颐绝句选注	饶宗颐著，陈伟注
	汕头影踪	陈嘉顺著
	汕头埠老报馆	曾旭波著
	潮人旧书	黄树雄著
潮汕文库·文献系列（第一辑）	潮州耆旧集	（清）冯奉初辑，吴二持点校
	郭子章涉潮诗文辑录	（明）郭子章撰，周修东辑校
	潮汕女性口述历史：潮州歌册	刘文菊、陈俊华、李坚诚、吴榕青、刘秋梅编著
	人隐庐集	（清）吴汝霖、吴沛霖撰，吴晓峰辑校
	做"缶"与卖"缶"：近现代枫溪潮州窑陶瓷业访谈录	韩山师范学院图书馆、颐陶轩潮州窑博物馆主编，李炳炎、陈俊华、陈秀娜编
	瞻六堂集	（明）罗万杰撰，黄树雄、王缨缨、林小山整理
	四如堂诗集	（清）陈锦汉著，陈伟导读
	醉经楼集	（明）唐伯元撰，黄树雄、王缨缨、陈佳瑜整理
	百怀诗集　龙泉岩游集	（清）陈龙庆撰，陈琳藩整理
	重刻灵山正宏集	（清）释本果撰，郭思恩、陈琳藩整理
	立雪山房文集	（清）黄蟾桂撰，陈景熙、陈孝彻整理
	汕头福音医院年度报告编译（1866—1948）	（英）吴威凛（William Gauld）等著，朱文平编译